# NOUVELLE DESCRIPTION
## DE LA VILLE
## DE PARIS,
### ET
DE TOUT CE QU'ELLE CONTIENT
de plus remarquable.

Par GERMAIN BRICE.

Enrichie d'un nouveau Plan & de nouvelles Figures deſſinées & gravées correctement.

### HUITIEME EDITION
Revûe & augmentée de nouveau.

### TOME QUATRIEME

### A PARIS,

Chez { JULIEN-MICHEL GANDOUIN, Quay de Conty, aux trois Vertus. FRANÇOIS FOURNIER, rue S. Jacques, aux Armes de la Ville.

---

### M. DCCXXV.
Avec Approbation & Privilege du Roy.

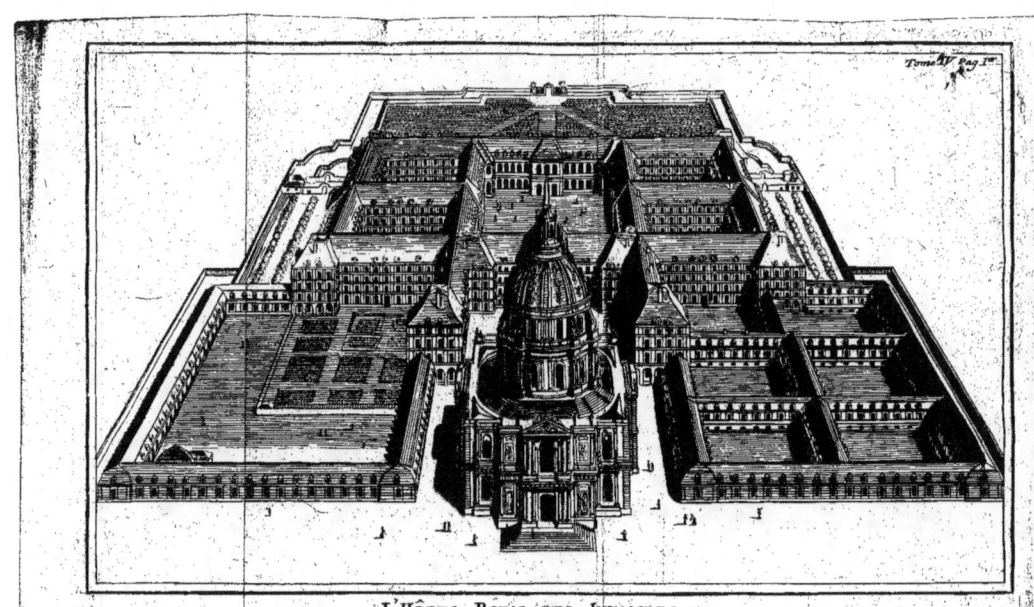

L'Hôtel Royal des Invalides.

# DESCRIPTION
## DE LA VILLE
# DE PARIS,
### ET
## DE TOUT CE QU'ELLE
contient de curieux & de plus remarquable.

## L'HOTEL ROIAL
## DES INVALIDES.

E tous les grands édifices que le roi Louis XIV. a fait élever, il n'y en a point où il paroisse plus de pieté & de magnificence que dans celui-ci.

*Tome IV.*        A

La dépense prodigieuse que l'on a faite pour les vastes & nombreux édifices de l'hôtel roial des Invalides, a été seulement pour l'entretien & pour la nourriture des Officiers & des Soldats estropiez, lesquels n'étant plus en état de servir, auroient mené une vie languissante & miserable, sans les secours abondans qu'ils trouvent dans cet hôtel, où ils sont logez magnifiquement & entretenus de toutes choses, & où ils peuvent achever tranquillement le cours de leur vie dans les exercices de la pieté chrétienne.

Ce qui est surprenant, c'est que ce grand ouvrage a été poussé en l'état où il se voit à present dans l'espace de huit ans, au plus fort de la guerre & dans des conjonctures où il sembloit que tous les soins & toute la dépense dûssent être portez ailleurs.

Ce fut en l'année 1671, le 30 de Novembre, que l'on jetta les premieres fondations de ce grand ouvrage, qui fait à present un des principaux ornemens de la Ville.

L'HOTEL ROIAL des INVALIDES est situé à l'entrée d'une vaste campagne, dans un endroit assez avantageux, parce que les vûes en sont étendues, peu éloigné de la riviere à la verité, dont cependant il reçoit plus d'agrément que d'incommodité.

La figure exterieure de tout ce vaste bâtiment est d'un quarré régulier, qui occupe un terrain de dix-sept arpens ou environ, dans l'espace duquel il se trouve cinq cours de même forme, toute entourées de logemens à trois étages, en comptant le rez de chauffée, & le comble, fort proprement construits.

La cour du milieu est plus grande quatre fois, ou environ, que les autres; & les bâtimens dont elle est enfermée, sont d'une ordonnance plus élegante & plus agréable.

Ce sont deux rangs d'arcades l'une sur l'autre, qui forment des corridors, ou des galeries fort étroites à la verité, à la faveur desquelles on peut aller à couvert tout autour.

Les combles des édifices qui regnent sur cette cour, sont enrichis de divers ornemens qui representent des trophées & d'autres choses semblables, qui auroient produit un plus bel effet, si on n'y avoit pas menagé des ouvertures d'un dessein commun, qui en gâtent l'ordonnance & toute la décoration.

Dans le fond de la cour, vis-à-vis de

la principale entrée, est la porte de l'Eglise interieure, distinguée du reste, par un corps d'architecture de deux ordres, de huit colonnes chacun, d'un Ionique, dont les volutes sont formées par des cornes de bellier, & d'un composé nouvellement inventé, auquel on a donné le nom d'*Ordre François*, dont le succès n'a pas été trop heureux, terminé par un fronton, au milieu duquel on a placé le cadran.

On entre par cet endroit au travers d'un grand vestibule, dans la partie de l'Eglise destinée pour ceux de la maison.

C'est une tres longue nef, s'il est permis de se servir de ce nom, de trente-deux toises d'un bout à l'autre, laquelle est décorée d'un grand Corinthien en pilastres, assez bien executé, avec des bas côtez & des galeries au-dessus qui regnent également de chaque côté, solidement voûtées, de même que tout le reste de cet édifice.

L'interieur de la maison n'a rien d'extraordinaire, si ce n'est la grande quantité des appartemens. Les chambres sont disposées de maniere, qu'elles ont toutes les commoditez qu'elles doivent avoir. Celles des simples soldats sont ordinairement à plusieurs lits ; mais celles des

DE LA VILLE DE PARIS. 5

Officiers font plus propres, quoiqu'elles foient pour trois ou quatre enfemble.

La fale dans laquelle fe tient le Confeil, tous les Jeudis, pour les affaires de la maifon, où préfide le Controlleur general, eft ornée de tapifferies d'ouvrage de levant, qui reprefentent des trophées d'armes, fabriquées par des Invalides que l'on exerce à ce travail, auquel ils réuffiffent affez bien.

Quatre refectoires fe trouvent dans les corps du bâtiment, qui forment les deux côtez de la grande cour, l'on y a peint les principaux fieges des villes prifes, & les batailles gagnées fur les ennemis, dans ces derniers tems ; ce qui donne du plaifir à ceux qui ont affifté aux actions qui y font repréfentées ; mais ces peintures font déja fort gâtées par l'air épais qui regne dans ces réfectoires, qui auroient dû être plus ouverts & plus vaftes, à caufe de la quantité des perfonnes qui y mangent tous les jours. On auroit infiniment mieux fait de les voûter, auffi-bien que les coridors, & d'autres endroits publics qui en avoient abfolument befoin.

Les infirmeries féparées de la maifon par une cour, méritent auffi que l'on fe donne la peine d'y aller, pour voir la

A iij

propreté & l'exactitude avec lesquelles les malades sont servis par les filles de la charité.

Elles consistent en plusieurs longues sales, garnies de lits de chaque côté, qui se coupent en divers endroits où l'on a placé des autels, qui se voient commodément des lieux les plus éloignez.

Enfin on peut dire que rien ne manque à cette maison. Tout y est disposé & reglé de maniere que les choses necessaires de quelque espece qu'elles puissent être, s'y trouvent sans aucune peine.

Le spirituel est administré par les Prêtres de la Mission de saint Lazare, qui s'en aquittent avec beaucoup d'exactitude & de charité, de même que dans les maisons roiales, où ils ont été appellez depuis quelques années.

De peur que l'oisiveté ne corrompe les mœurs des soldats accoutumez au travail, on les occupe à des choses qui conviennent à l'indisposition dont ils sont attaquez.

Tous les jours on fait la garde aux portes de cet hôtel comme dans une ville de guerre, & les exercices militaires s'y font à peu près de la même maniere.

On officie les grandes fêtes dans le

dôme, d'une maniere qui édifie & qui fait plaisir. A quelque heure qu'on aille dans l'Eglise, on y trouve des centaines de Soldats prosternez devant le saint Sacrement, ce qui vient des soins que les Missionnaires prennent de les prêcher, non seulement les Dimanches & les Fêtes dans l'Eglise, mais encore les jours ouvriers dans des sales particulieres. A leur arrivée on commence par leur faire faire une confession generale, après les avoir suffisamment instruits des principales veritez de nôtre sainte religion, s'ils ne le sont pas déja avant leur entrée dans la maison.

Les desseins des grands travaux de cette maison ont été donnez par *Liberal* BRUAND, architecte versé dans l'art & dans la pratique de bâtir.

La nouvelle Eglise à laquelle on a travaillé pendant l'espace de trente années, est non seulement le plus magnifique ornement de cette grande maison, mais encore de tout Paris; & l'on peut ajoûter qu'elle peut être comparée à tout ce qui se voit ailleurs de plus regulier & de plus admiré; il faut dire aussi que les travaux ont été souvent interrompus.

Le *Roi* LOUIS XIV. y est venu le 28 du mois d'Aoust de l'année 1706.

DESCRIPTION

Le principale entrée de cet édifice est du côté de la campagne; afin de rendre cetta même entrée plus belle & plus majestueuse, on a fait une grande esplanade qui doit être entourée d'un portique, ou d'une colonnade, dans l'idée de saint Pierre de Rome, mais terminée par des pavillons ornez d'architecture, où trois longues allées plantées d'arbres il y a déja du tems, doivent terminer, comme on l'a vû par une estampe gravée exprès par le PAUTRE.

Toute la façade de l'Eglise élevée sur un perron de plusieurs marches, est de vingt-huit toises ou environ d'étendue. Elle est ornée d'un grand ordre Dorique, avec un ordre Corinthien au dessus, embellis de tous les ornemens que l'on a pû imaginer, pour l'un & pour l'autre de ces deux ordres d'architecture, executez par les plus habiles maîtres qui se purent trouver alors.

Les deux Anges placez sur le couronnement de la porte, sont de VANCLEVE; & les figures de vertus couchées sur le fronton qui couvre le frontispice, ou le corps avancé du milieu, sont de COYSEVOX.

Dans les niches des côtez, on a placé l'Empereur saint Charlemagne, aussi

DE LA VILLE DE PARIS. 9

DE COYSEVOX, & le roi saint Louis modelé par GIRARDON, executé par COUSTOU; c'est une des plus excellentes pieces de ce maître. Ces grandes statues sont de dix piés cinq pouces de hauteur, d'un seul bloc de marbre.

La figure exterieure de tout l'édifice est un quarré parfait, sur les angles duquel on a placé les Peres de l'Eglise Grecque & de l'Eglise Latine, groupez deux à deux.

Le dôme s'éleve au milieu, autour duquel, pour une plus grande décoration, on a observé un ordre composite, dont les colonnes sont appuiées sur huit massifs, ou piliers butans, irregulierement distribuez, entre lesquels sont douze fenêtres ornées de leur bandeaux.

Ce dôme est fort orné par dehors.

Avec l'ordre composite qui regne en quarante colonnes, dans tout le pourtour exterieur de la tour du dôme, les fenêtres sont enrichies de chambranles & de couronnemens, soûtenus par des têtes de cherubins, & surmontez d'un vase au milieu de deux Anges; mais ces choses se trouvent extrêmement pressées sous la grande corniche qui regne tout autour du dôme.

Il s'éleve un Attique au dessus de l'or-

A v

dre composite, qui a aussi douze fenêtres cintrées par le haut à la difference des autres de tout l'édifice, qui sont en arc legerement bombé; de même que la grande porte, dont on a déja parlé.

Ces fenêtres de l'Attique qui ne fournissent aucune lumiere pour le dedans, sont ornées de festons, attachez à leurs clefs en consoles, qui pendent d'un côté & d'autre sur les bandeaux de ces fenêtres.

Une balustrade regne tout autour sur l'ordre composite, dont les piédestaux portent seize statues d'Apôtres & de Saints, entre lesquelles sont huit enroulemens, ou grandes consoles, qui répondent aux massifs de dessous.

La derniere corniche, qui est celle de l'Attique, semble porter sur ces enroulemens. Elle est chargée de douze grandes torcheres, ou candelabres enflammez, qui font une fort grande décoration.

Le comble en calotte qui couronne tout ce grand édifice, l'enrichit encore beaucoup; il est couvert de plomb par tout, orné de douze grandes côtes, appuiées sur une bande de même largeur, lesquelles s'élevent jusqu'au sommet Entre ces côtes qui répondent aux corps massifs & aux consoles de dessous, on a placé des trophées d'armes, des guirlandes, & des pentes de fleurs en relief, pour remplir les intervales.

La calotte est terminée par une corniche en gorge espacée au droit des côtes des mutules; le tout servant d'emparement à la lanterne qui termine l'amortissement de cette belle machine.

La lanterne entourée d'une balustrade de fer, est ornée de douze colonnes de plomb, groupées trois à trois, entre lesquelles il y a quatre ouvertures cintrées par le haut.

Sur les colonnes les plus saillantes on a placé des vertus, qu'il est impossible de distinguer d'en bas, à cause de leur extrême élevation.

Enfin il s'éleve sur tout ce riche ouvrage une espece d'obelisque cannelé, avec des roses & des fleurs-de-lys dans ses cannelures, qui soûtient une grosse boule de cuivre doré bruni à son extrémité, & une Croix au-dessus, pour terminer entierement ce grand édifice.

Toutes les choses, dont on vient de parler, brillent d'une tres-riche dorure, qui fait distinguer ce dôme de fort loin, dont l'éclat embellit extrémement cet édifice. Quelque chose que l'on vante ailleurs, on ne verra rien qui ait une apparence exterieure plus magnifique, ni qui frappe davantage les yeux que ce dôme, dont la seule dorure a monté à plus de cinquante mille écus de dépense.

Tout cet ouvrage, à qui on a donné environ cinquante toises de hauteur, d puis le rez de chauflée jusqu'à l'extrémité de la Croix, est un des plus élevez du roiaume ; cependant sa hauteur est fort inferieure & n'est point du tout comparable à celle du dôme de saint Pierre de Rome, qui va jusqu'à quatre-vingt-douze toises.

L'interieur de cette Eglise n'a rien qui ne réponde aux magnifiques dehors qui la décorent, dont on vient de parler. Il est distribué de maniere, qu'on le peut comparer à la figure d'une Croix Grecque, au centre de laquelle s'éleve le dôme, accompagné de quatre chapelles rondes & de deux autres aux extrémitez de la traverse terminée en demi cercle.

L'ordre Corinthien en pilastres rudentez de trente & un piés de hauteur, regne également par tout, enrichi de tous les ornemens qu'on a pû imaginer ; & pour plus grande décoration, on a ajoûté deux colonnes isolées aux côtez de la porte principale, & huit autres de même, difposées deux à deux, pour former quatre corps avancez fous les penditifs, vis-à-vis des pilaftres ébrazez des pans coupez du dôme, entre lefquelles font des entrées pour les chapelles.

La partie fuperieure du dôme eft circulaire; & fon diamettre mefuré au rez de chauffée, eft de douze toifes & demie, felon *Davilier*, dans fon *Vignol* commenté; mais quoique cette largeur foit confiderable, elle eft cependant bien differente de celle de fainte Sophie de Conftantinople, à laquelle Grelot en a trouvé dix-huit entieres, & de celle de faint Pierre de Rome, qui eft de vingt & une toifes & demie, c'eft-à-dire pareille au Pantheon, confideré comme le plus fuperbe & le plus regulier morceau d'architecture que l'on connoiffe, fur lequel les plus grands maîtres ont pris l'idée des dômes qui ont été élevez dans ces derniers fiecles, prefque inconnue auparavant.

Depuis le pavé jufqu'à la clef de la feconde voute, il fe trouve ici trente toifes de vuide.

La premiere voute qui a une ouverture circulaire de cinquante piés de diametre, eft diftribuée en douze grands efpaces, dans lefquels *Jean* JOUVENET a peint les douze Apôtres à fresque, designez par les instrumens de leur martyre, d'une maniere qui surprend les plus habiles connoisseurs.

Ces belles peintures sont séparées l'une de l'autre par des montans courbez, ornez de rosons ou de têtes de clous, dans le goût antique, richement dorez.

La seconde voute qui paroît par l'ouverture circulaire de la premiere dont on vient de parler, est couverte d'un grand ouvrage de peinture de la même étendue, où *Charles* de la FOSSE né à Paris, a representé une gloire dans l'idée que les saintes écritures en donnent; exprimée par une multitude infinie de saints & d'esprits bienheureux en adoration. Saint Louis revêtu de ses habits roiaux est dans la partie inferieure, qui offre à genoux son épée & ses armes à la sainte Trinité, de laquelle il sort une grande lumiere, dont toutes les parties éloignées, & les nombreuses figures de cette gloire paroissent animées.

L'interieur du dôme est éclairé par douze fenêtres, ornées de bandeaux & de sculptures, séparées en dedans par des trumeaux sur lesquels il y a vingt quatre pilastres couplez d'ordre composite, qui portent un riche entablement.

DE LA VILLE DE PARIS. 15

Ils font posez sur un stylobate, ou piédestal continu, qui regne dans tout le pourtour du dôme.

Le dé est couvert d'une large bande, ornée de fleurs-de-lys sans nombre en sculpture, sur laquelle sont les portraits en médaillon des rois de France les plus fameux dans l'histoire, dont voici les noms, selon l'ordre qu'ils sont representez.

*Clovis*, premier roi Chrétien.
*Dagobert.*
*Childebert.*
*Charlemagne.*
*Louis le Debonnaire*, son fils.
*Charles le Chauve.*
*Philippe Auguste.*
*Saint Louis.*
*Louis* XII. le *pere du peuple.*
*Henry* IV.
*Louis* XIII.
*Louis* XIV. fondateur de cette maison.

La grande corniche qui regne sous cette partie, est d'une composition fort riche, ornée de consoles & de divers autres ornemens qui produisent un excellent effet.

Les quatre Evangélistes sont placez sur les pendentifs en pennaches entre les arcs doubleaux qui portent toute la masse du dôme. Ils ont été peints par le même *Charles* DE LA FOSSE, dont on vient de parler, qui a passé avec raison pour un grand Peintre ; il est mort depuis quelques années.

Les bordures dans lesquelles on a enfermé ces peintures, sont embellies de quantité de feuillages tres-richement dorez.

Sur les principales entrées des quatre chapelles, on a representé quelques évenemens de la vie de saint Louis, dans huit tableaux en bas relief, executez par des Sculpteurs differens.

Les arcs des grandes voutes & les passages qui conduisent aux chapelles, sont aussi fort enrichis de sculptures, imaginées & placées avec discernement.

Le grand autel est dans un Sanctuaire de neuf toises de longueur, sur six de largeur, & de douze de hauteur jusques sous la clef de la voute, placé de maniere qu'il est également vû du côté de la vieille Eglise & de la nouvelle.

Il est orné d'un grand morceau de peinture, où le mystere de la sainte Trinité est representé ; & l'espace de la même voute qui restoit du côté de la vieille Eglise a été rempli d'une assomption de la sainte Vierge, soutenue & accompagnée de plusieurs anges qui la portent dans le sein de la gloire.

LE GRAND AUTEL DES INVALIDES

Ces peintures font enfermées dans des bordures de forme differente & richement dorées, qui arrêtent agréablement les yeux des spectateurs, elles sont de *Noel* COYPEL ; & pour ne rien laisser de vuide dans tout le sanctuaire, on a encore représenté des concerts d'anges dans les trompes des deux fenêtres qui sont de chaque côté.

*Bon* BOULLOGNE a peint celui qui est à l'Occident ; & Louis Boullogne son frere, l'autre qui est opposé.

Le Baldaquin qui couvre le grand autel, est soutenu de six grosses colonnes torses, sans piedestaux, groupées trois à trois, entourées de pampres, d'épics de blé & de feuillages de diverses especes.

Elles soutiennent sur leurs entablemens quatre faisceaux de palmes, qui s'élevent & se raccordent ensemble, pour porter le Baldaquin garni de campanes, sous lequel est la suspension.

Tout ce riche ouvrage est terminé par un globe surmonté d'une croix, qui en fait l'amortissement. On a disposé plusieurs groupes d'anges & de génies sur des acroteres & des enroulemens particuliers pour remplir les espaces que les faisceaux de palmes laissent vuides.

Cet autel avec tous ses accompagnemens devoit être de bronze doré d'or moulu ; & le modele qui se voit à present, n'est que de menuiserie, auquel on pourroit bien faire quelque changement, quoiqu'on n'ait rien du tout épargné ; cet ouvrage étant travaillé avec un soin particulier & tout couvert de dorures tres riches, mais le dessein principal n'a pas eu toute l'aprobation que l'on en attendoit.

 Les deux chapelles des extrémitez de la croisée sont dédiées, l'une à la sainte Vierge, l'autre à sainte Therese, dont les figures sont de marbre, excellemment dessinées, ainsi que les Anges de métal doré, en action d'humilité, placez de chaque côté sur des piédestaux.

 Les deux Autels sur lesquels les principales figures sont posées, ont des contretables avec des bas reliefs de leur largeur, aussi de métal doré.

 La figure de la sainte Vierge & le bas-relief sont de *Corneille* VANCLEVE ; & *Philippe* MANIER a fait les figures de la même proportion, à l'autel de sainte Therese, où l'or a été emploié par tout avec une extrême abondance.

 Les quatre autres chapelles qui remplissent les angles du quarré de tout l'édifice, entre les bras de la Croix Grecque, sont sous le titre des quatre Peres de l'Eglise Latine.

Elles sont en coupoles de figure ronde, décorées de huit colonnes Corinthiennes, avec des pilastres derriere, dans lesquels elles sont si engagées, que l'on n'en voit que les extrémitez. Ces colonnes sont sur des piédestaux trop exhaussez ; & dans les espaces entre deux, on a disposé des niches pour des figures de Saints, qui ont du rapport aux Patrons à qui ces riches chapelles sont dédiées. L'interieur est couvert d'une abondance surprenante d'ornemens de toute espece, ainsi que les voutes en calottes, où l'or éclate par tout, avec profusion pour ainsi dire.

*Bon* BOULLOGNE a fait les peintures de deux de ces chapelles, à savoir de celle de saint Jerôme & celle de saint Ambroise.

La troisiéme, qui porte le titre de saint Augustin, est de *Louis* BOULLOGNE, son frere.

La quatriéme à l'occident, à côté du sanctuaire, est de CORNEILLE, mort dans le mois de Mars 1708, lequel y a représenté les principaux évenemens de la vie de saint Gregoire Pape, ce que les autres peintres ont observé avec soin dans celles où ils ont travaillé.

Les voûtes de ces chapelles font divisées en six grands cartouches, ornez de bordures tres-riches; & dans le fond de chacune on a representé l'apotheose du Saint, dont la vie a été traitée dans les six tableaux placez au-deffous.

Ces chapelles ont environ douze toises d'élevation jufqu'à la clef, & la moitié pour leur diametre. On entre dans chacune en particulier par trois ouvertures differentes. Il faut ajoûter que rien n'égale la quantité de toute forte d'ornemens de sculptures, d'un fini tres-correct, que l'on y a difpofez. Les peintures fur tout font d'une beauté furprenante, & la correction du deffein répond admirablement à la force & à la beauté du coloris.

Les fculptures font d'une invention ingénieufe & nouvelle, & terminées au delà de tout ce qui fe voit ailleurs.

Enfin la richeffe des dorures n'a point de pareille, fi ce n'eft à la chapelle de Verfailles où il s'en trouve auffi une extrême abondance.

Tous les nombreux travaux de peinture qui fe voient dans cette Eglife, font à frefque; & la maniere hardie dont ce beau genre de peinture y a été traité, fait évidemment connoître que les Italiens ne sont plus les seuls en possession d'y réussir, comme ils l'ont prétendu jusqu'à present. En effet on peut librement avancer qu'on ne voit point ailleurs de fresque d'une plus grande force & plus parfaitement executée que celle-ci : ce que l'on n'avoit osé entreprendre en France jusqu'à present, faute de gens habiles qui l'entendissent ; comme ont fait les maîtres qui ont été emploiez pour executer tous ces grands travaux.

Les marchepiés du grand & des petits Autels sont de divers marbres rapportez, dans le goût de la Mosaïque ; & l'on doit aussi considerer le pavé de toute l'Eglise en grands compartimens de marbre de diverses figures & de couleurs variées, sur un fond blanc, dans lequel on a ingenieusement distribué des fleurs-de lys, des chifres, des enroulemens, & mille autres choses de cette espece, qui font un bel effet.

Les armes de France avec leurs accompagnemens ordinaires, entourées de branches de laurier, de palmes & de divers feuillages, occupent le milieu du sanctuaire ; les dégrez pour y monter, ainsi qu'aux six chapelles, sont aussi de marbre.

Les vanteaux de la grande porte sont couverts de quantité de sculptures dorées, mais leurs guichets cintrez de nouvelle invention ne conviennent guere au lieu où ils sont.

On doit remarquer en particulier les gonds en charnieres, depuis le haut jusqu'en bas, dont l'invention est nouvelle, où l'ouvrier habile a fait paroître son industrie à manier le fer qu'il a poli comme de l'argent.

Il se voit dans la sacristie des ornemens de toutes les couleurs, brodez tres-richement.

Dans celui de velour bleu foncé, que l'on expose le jour de la fête de saint Louis, Patron titulaire de cette Eglise: il y a un excellent tableau en soie, où ce Saint est representé en action d'humilité, qui lave les piés à un pauvre, en présence de plusieurs personnes de distinction de sa suite, fort édifiées de cet acte de charité, le tout d'une composition savante, dont *Jouvenet* a donné le dessein.

Voilà la description succinte de l'Eglise des Invalides, que l'on doit considerer comme le plus magnifique édifice qui soit dans le roiaume; & si l'architecte a negligé quelques regles prescrites

& suivies par les plus grands maîtres, on peut dire d'ailleurs qu'en regardant le tout ensemble avec des yeux moins severes, on trouvera que l'ouvrage de ce grand édifice a d'excellentes parties. On doit admirer sur tout la construction & la propreté de l'appareil, qui se sont efforcées de surpasser l'architecture.

Les desseins de tous ces grands travaux ont été donnez par *Jules Hardouin* MANSART, Surintendant des bâtimens, dont il a déja été parlé plusieurs fois.

*Jean Felibien*, historiographe des bâtimens du Roi, a publié en l'année 1706, une description exacte de l'Eglise des Invalides, enrichie de quantité d'estampes dessinées & gravées avec soin, dans laquelle il fait une savante explication des peintures & de tous les ornemens, avec les noms des peintres & des sculpteurs qui les ont executez.

*Sigismond Ferdinand* de la MONCE, tres-versé dans l'architecture & dans le dessein, a donné en 1711 la coupe de l'interieur & le plan de l'Eglise avec son pavé, dont les estampes se trouvent dans le volume *in fol.* que le Roi a fait graver.

C'est le même qui a fait les principales vûes de cette description.

Ce qu'il y a encore à obferver dans ce quartier, eft le SEMINAIRE DES MISSIONS ETRANGERES, établi dans la rue du Bac en 1663.

Ce Séminaire fournit des Miffionnaires qui vont prêcher l'Evangile aux infideles dans les Indes, dont ils s'aquitent avec un tres grand zele, fuivi d'un merveilleux fuccès, comme on l'apprend par les relations qui viennent de ces payis éloignez, que l'on fait imprimer de tems en tems, pour inftruire le public de tout ce qui fe paffe. Le Roi pour cette raifon a réuni quantité de bénéfices de conféquence à cette nouvelle maifon.

L'Eglife n'a été commencée que longtems après l'établiffement de ce Séminaire, & elle n'a été entierement achevée que depuis quelques années. Elle eft à deux étages ; c'eft-à-dire qu'il fe trouve deux Eglifes l'une fur l'autre, avec une bibliotheque que l'on a encore ménagée dans le comble ; ce qui fait que cet édifice, qui n'a pas une trop grande largeur, paroît d'un exhauffement extraordinaire, & ne produit pas un fort bel

bel effet. Du Buisson, architecte, en a donné les desseins.

Dans le voisinage, les Directeurs de ce même Séminaire, dont les biens augmentent tres considerablement, par les pieuses liberalitez qu'ils reçoivent tous les jours, & par quantité de bénefices que l'on y unit en faveur de la propagation de la foi, ont fait construire deux fort jolies maisons, en l'année 1714, sous la conduite de du Buisson, fils de celui dont ont vient de parler, dans lesquelles il paroît beaucoup de ménagement & de conduite, quoique sur un terrain fort serré. Les appartemens qui ne sont composez que de peu de pieces, ont cependant toutes les commoditez nécessaires; mais ce qui fait du plaisir, c'est que l'on y voit regner par tout un fini d'ouvrage, & une propreté d'appareil qui ont demandé un soin tout particulier. Les faces exterieures de ces deux maisons, particulierement du côté de la rue, sont ingenieusement décorées, & les sculptures qui y paroissent font un fort bon effet.

LES FILLES DE LA VISITATION DE SAINTE MARIE ont un Couvent

dans cette même rue, établi d'abord dans la rue Montorgueil en 1660 ; mais comme elles y étoient trop bornées, & que le terrain leur manquoit absolument, elles sont venues en 1673, se loger dans cet endroit, où elles ont fait bâtir de grands logemens.

On estime fort l'escalier qui conduit aux dortoirs, il est d'une beauté singuliere & parfaitement bien entendu ; mais l'Eglise ou plûtôt la chapelle est tres-incommode pour les personnes du dehors.

Dans la même rue du Bac, on distinguera plusieurs maisons nouvellement bâties par les administrateurs de l'hôpital des Incurables, lesquelles produisent de fort grands revenus.

LE MONASTERE DE L'IMMACULÉE CONCEPTION ETABLI PAR LA REINE MARIE-THERESE D'AUTRICHE, est aussi dans la même rue.

Ces Religieuses ont fait élever une nouvelle Eglise qui a été achevée en l'année 1703, dans laquelle il n'y a rien de particulier.

Le tableau de l'Autel qui represente l'immaculée Conception de la sainte Vierge, est de *Charles* de la Fosse, dont on a déja parlé plusieurs fois.

Presque vis-à-vis est l'Hôpital des Convalescens, fondé en 1652 par *Angelique Favre*, femme de *Claude* de Bullion, Surintendant des Finances, pour huit pauvres malades sortis de l'hôpital de la Charité, qui peuvent y demeurer huit ou dix jours pour se remettre & pour rétablir leurs forces.

La *rue* de la Planche, qui termine à la rue du Bac, a quelques maisons remarquables.

A l'entrée il y en a une fort grande, dont l'apparence a de la beauté, cependant les dedans n'ont pas beaucoup de commoditez. Elle est du dessein de le Duc, qui a élevé des bâtimens où l'on remarque beaucoup d'art & de dessein.

Cette grande maison appartient à *André Potier* de Novion, Président à Mortier, & depuis premier Président, chef d'une des plus anciennes & des plus illustres familles du Parlement. Dans la même rue se trouve encore l'*hôtel* de Saint Gelais, où demeure à present le *Maréchal* d'Alegre.

A l'extrémité de cette même rue du côté des Invalides, se trouve la *rue* de VARENNES, où il y a plusieurs maisons nouvelles d'une beauté particuliere.

Celle qui a été construite par les soins du *Comte* de NOGEANT, est fort logeable, & a de l'apparence: elle a été occupée pendant plusieurs années par *Etienne* d'ALIGRE, Président à Mortier.

Vis-à-vis on en a élevé deux autres en 1704, qui se distinguent fort.

La premiere a appartenu à *François-Chrétien-Gorges* de ROISE, Conseiller au Parlement. Cette maison est à présent occupée par M. de VENDÔME, ci devant grand Prieur de France, qui y a fait de grandes augmentations en l'année 1721.

Le *Prince* de TINGRY, de l'illustre & tres ancienne maison de Montmorency, s'étoit accommodé d'un grand espace à côté, dans un emplacement tres-avantageux. En 1721 il y avoit fait commencer des travaux considerables. L'escalier paroît d'un trait tres-hardi, & le plafond du salon voûté en calotte sur-baissée est un ouvrage remarquable, où la coupe des pierres est emploiée ingenieusement & avec beaucoup d'art. Cet hôtel, quoiqu'imparfait, a été acheté dans le mois de Septembre 1723, par le *Comte* de *Matignon*, qui y sera logé tres-noblement.

Tout proche il y a un autre hôtel, qui appartient au *Marquis* d'ESTAMPES, d'une apparence agréable dont l'étendue de vûe est tres avantageuse. Cet hôtel ainsi que celui de M. de *Vendôme*, sont du dessein du Duc de *Fornary* originaire de Sicile, qui avoit la réputation de s'entendre en bâtimens, à cause de quelques desseins qu'il a donnez.

Plus avant sur la même ligne, dans la rue de *Varenne*, qui termine à présent presque aux Invalides, on a construit en 1708 l'HÔTEL de CLERMONT, pour la *Marquise* de SESSAC, sous la conduite de le BLOND, habile architecte, que le *Czar Pierre Alexcovitz*, mort depuis peu, avoit fait venir exprès en Moscovie, pour la conduite de divers édifices considerables qu'il vouloit faire élever ; mais cet hôtel n'a été entierement achevé qu'en l'année 1714.

Tout ce que l'on y remarque a de la beauté & de l'arrangement. Les deux cours au travers desquelles on passe pour y arriver, sont spacieuses & regulieres, & donnent un air avantageux au principal corps de logis qui se trouve dans le fond, élevé de quelques piés plus que le rez-de-chaussée. Le grand vestibule ouvert de tous côtez qui donne entrée au jardin & à plusieurs appartemens, l'escalier orné de belles figures, & les appartemens du premier étage, fournissent dequoi satisfaire les plus délicats, par divers embellissemens que l'on y distingue, sur tout en meubles disposez avec bien du choix & de la propreté.

Le grand morceau de sculpture placé sur la porte principale est tres-remarquable. Il est de *François* du MONT, né à Paris, de l'Academie de Peinture, dont les ouvrages sont estimez. La plus grande partie des sculptures de cet hôtel sont de son dessein & de son execution. Il en a fait aussi plusieurs à l'hôtel de Toulouse, proche de la place des Victoires, & en divers autres endroits. La figure de marbre qu'il a fait pour son chef-d'œuvre, que l'on conserve au Louvre dans la sale, où l'Academie des peintres tient ses assemblées, lui a procuré une grande réputation. Il reprefente *Urites*, l'un des géans qui entreprirent d'efcalader le Ciel, qui fut precipité du haut d'un rocher à coups de foudre par Jupiter. Cette belle piece eft dans une attitude extraordinaire, & imaginée avec beaucoup d'efprit, & il eft difficile de trouver une piece plus correcte pour le deffein, & terminée avec plus de travail & de précifion.

LA RUE SAINT DOMINIQUE, dans laquelle on doit fe rendre enfuite, n'eft pas fort éloignée des endroits dont on vient de parler.

Cette rue reçoit fon nom du *Noviciat des Jacobins réformez*, qui fuivent la regle de *faint Dominique*, dont la maifon a été la premiere établie dans cette rue, à prefent une des plus belles du quartier de faint Germain des Prez, par fa longueur & par quantité de grandes & nouvelles maifons qui s'y trouvent.

# LE COUVENT DU NOVICIAT DES JACOBINS REFORMEZ.

LE monastere de ces Peres Dominiquains a été fondé par le *Cardinal* de RICHELIEU, qui emploia le *Pere* CARRE', pour l'établissement de cette maison, laquelle dépend immédiatement du General, où l'on devoit élever & instruire des Novices pour des missions en divers endroits du roiaume.

Ces Peres furent logez à cet endroit en 1632, dans une maison de petite étendue, au milieu de quantité de jardins & de terres cultivées. En l'année 1682, ils ont entrepris de grands édifices, non seulement pour leur Communauté, qui est à present tres-commodément logée; mais comme ils avoient encore beaucoup plus de terrain qu'il ne leur étoit necessaire, ils ont élevé plusieurs belles & grandes maisons autour de leur Couvent, qu'ils louent à divers particuliers.

En même tems ils ont entrepris l'édifice d'une nouvelle Eglife, dont la plus grande partie eſt déja achevée, où *Hyacinte Serroni*, premier Archevêque d'Albi, & *Anne de Rohan Ducheſſe de Luynes*, mirent la premiere pierre en l'année 1682.

*Pierre* BULLET habile architecte & des plus emploiez en ſon tems, a donné tous les deſſeins & toutes les dimenſions de l'édifice de cette Egliſe.

Il doit avoir en ſon entier vingt-deux toiſes de longueur, depuis la premiere entrée qui n'eſt pas encore achevée, juſqu'au fond du ſanctuaire. La nef a onze toiſes de hauteur juſque ſous la clef de la voûte, & environ la moitié pour ſa largeur, ſans y comprendre les chapelles voûtées en coupe qui peuvent avoir dix huit piés en quarré.

L'interieur de cette Egliſe eſt orné de grands pilaſtres d'ordre Corinthien, d'une proportion correcte & reguliere, qui portent une corniche enrichie de toutes les moulures qui y conviennent.

On eſtime dans cet édifice la diſtribution & la proportion des ouvertures des fenêtres, parce qu'elles fourniſſent une lumiere moderée, telle qu'on la peut deſirer.

B v

L'autel principal de cette Eglife, quoiqu'il fût du deffein d'une perfonne de grande réputation, mais dont le talent n'étoit pas tourné du côté de l'architecture, a été renverfé & entierement détruit en l'année 1722. Tous les marbres de diverfes efpeces qui en faifoient la décoration, ont été emploiez pour les tombeaux de *Philippe* de *Montaut*, fecond du nom, Duc de *Navailles* Maréchal de France, & de *Suzanne* de *Baudean* de *Nevillan* fa veuve, qui étoient auparavant aux côtés du grand autel, & qui ont été depuis placées des deux côtés de la chapelle qui fe trouve fous la croifée du côté de l'Evangile.

En même tems, on a travaillé à un nouveau chœur derriere le grand autel, pour placer les Religieux plus commodement qu'ils n'étoient autrefois. On l'a orné d'un lambris de belle menuiferie, dont les panneaux doivent être remplis de tableaux du *frere Andrei*, Peintre de mérite, eftimé des habiles connoiffeurs & des Peintres mêmes, qui ne donnent ordinairement leur approbation qu'avec bonne connoiffance.

Cette Eglife eft décorée de plufieurs bons tableaux du même *Frere* ANDREI, né à Paris, qui eft de la même maifon.

Il a fait de longues & utiles études à Rome, où il a pris le bon goût de la peinture, & comme il a de grands talens pour son art, & une extrême assiduité au travail, tout ce qui sort de son pinceau a beaucoup de correction & de beauté.

Les principaux ouvrages que l'on voit de lui dans cette Eglise, sont *saint Thomas d'Aquin* en extase devant un crucifix, qui présente ses écrits à J. C. & qui entend une voix qui lui dit, *benè scripsisti de me, Thoma.*

Le Pape *saint Pie*, cinquième du nom, représenté à genoux aussi devant un crucifix, priant avec ferveur pour l'heureux succès de la fameuse bataille de Lepante, qui paroît dans le fond du tableau, & dans le haut des anges exterminateurs: cette piece a paru si belle, qu'elle a été gravée, dont on a fait une estampe d'une grande beauté. Cette fameuse victoire fut remportée par les Chrétiens sur les Turcs, le 7 d'Octobre de l'année 1571.

*Saint Jacinte* qui passe un grand fleuve emportant le saint Sacrement, pour éviter la fureur des Tartares, qui venoient dans la résolution de piller la ville de Cracovie.

Un autre tableau qui représente la

fraction du pain, d'une force de couleur & d'une entente admirable de lumiere.

Dans la chapelle de *Barthelemy Mascarini*, dont l'autel est formé d'un morceau d'architecture de deux pilastres d'ordre composite, qui soutiennent un arc d'une assez belle invention. Le tableau placé au milieu qui fait voir le martire de saint Laurent, est un des bons ouvrages du même Peintre, ainsi que le grand tableau qui se voit dans la sacristie de ces Peres, où saint Louis est representé dans le tems qu'il reçoit les saintes reliques, que l'on conserve à present dans la sainte Chapelle du Palais. Cette peinture est remarquable par le nombre & la diversité des figures qui y sont representées, dans des attitudes & avec des expressions differentes, qui marquent du respect & de la veneration. Ce pieux évenement de la vie de S. Louis, est rapporté tout au long dans les savans Commentaires de du *Cange*, sur l'histoire de *Joinville*; on le verra plus au long à l'article de la sainte-Chapelle, dans la suite de cette description.

On conserve dans cette Eglise deux précieuses reliques, l'une de saint Hyacinte, donnée par la reine *Anne d'Autriche*, qui l'avoit fait demander de sa part au roi de Pologne, par le Duc d'Arpajou son Ambassadeur, & l'autre de saint Pie, cinquiéme du nom, Religieux du même ordre, donnée par *N. Bossuet*, Evêque de Troyes, qui l'avoit reçûe à Rome, lorsque l'on fit l'ouverture du tombeau de ce saint Pape.

Sous la lampe, vis à vis du maître autel, on peut lire l'épitaphe d'*Hyacinte Serroni*, premier Archevêque d'Alby.

### D. O. M.

*Qui primum hujus templi lapidem posuit hic situs est*
HYACINTUS SERRONI
PATRITIUS ROMANUS,
*Abbas Casæ Dei apud Arvernos, primus Albiensium Archiepiscopus, Et Reginæ matri primus ab eleemosynis: qui octennis Ab Urbano VIII. sancti Nicolai intra muros abbatia donatus. Ubi decimum quartum annum attigit, in sacram divi Dominici familiam cooptatus.*

*Concionator egregius, summus
Theologus,
Magistri sacri palatii socius effectus
est.
Inde accitur in Gallias. Consilii
dexteritate
Regi, Reginæ, aulicis ministris
regiis acceptissimus.
Ad Auriacæ urbis infulas vocatus
vigente bello.
Viduatas pastoribus Tarraconensis
provinciæ diœceses
Jubente pontifice, rege procurante,
quinquennio feliciter administravit.
Pluribus non impar muneribus, vir
amplissimi ingenii provinciæ
Saliorum in rebus maritimis,
Et bellicarum in Cataluania
Inspector, ac pene prorex Regni,
limitum arbiter,
Post confecta cum laude tam ampla
negotia,
ad Mimatensem sedem evectus,
Mimatensibus annuos redditus
XV. millium librarum Episcopo*

*pendi folitos ex lanificiis digna*
*principis indulgentia remifit.*
*Ad Albienfe demum tranflatus*
*folium, poft fundata in utraque fede*
*feminaria, reftauratas &*
*ampliatas ædes,*
*Ubique pietatis, doctrinæ, prudentiæ*

*Parifiis denique coactis Cleri Galli-*
*cani comitiis, dum totus incumbit*
*religioni promovendæ,*
*fcriptis, verbis, operibus;*
*Morbo diuturno, ac gravi correptus,*
*Obiit die* VII. *Januarii, anno* M. DC.
LXXXVII. *ætatis* LXX.

*Patrono fuo optimo, fingulari pietate*
*affectus,*
Francifcus Decamps, *difciplinæ*
*alumnus, Apamiarum Epifcopus*
*defignatus,*
*in tanta benefactoris jactura*
*æternum mœrens*
POSUIT.

## DESCRIPTION

Sous un arc de la croisée, vis-à-vis de la porte de la sacristie, il y a une épitaphe enrichie de marbre, dont le dessein est ingénieux, donné par *Gilles-Marie* OPPENORDT, Architecte de défunt S. A. R. *Monseigneur le Duc d'Orleans*.

Le noviciat des Jacobins dont on vient de parler est la cinquiéme maison d'hommes & de filles qui se trouve en cette Ville, de cet ordre illustre, qui a donné à l'Eglise onze Saints canonisez, plusieurs beatifiez, trois Papes, quarante-huit Cardinaux, vingt-trois Patriarches, tous les maîtres du sacré Palais depuis saint Dominique, qui fut le premier, quarante-deux Confesseurs aux rois d'Espagne, & dix-neuf aux rois de France; voici les noms de ces derniers.

Saint Louis, qui aimoit beaucoup ces Religieux, fit l'honneur au *P. Humbert* leur cinquiéme General, de le choisir pour parrain de son cinquiéme fils Robert Comte de Clermont, chef de l'illustre maison de Bourbon, qui regne à present, venue à la couronne plus de trois cens ans après, par le roi Henry quatriéme.

*Saint Louis* fut le premier des rois de France qui prit des Confesseurs dans cet ordre.

DE LA VILLE DE PARIS. 41
Ce saint Roi eut

*Barthelemy*, Evêque de Nimesie.
*Barthelemy* de *Tours*,
*Geoffroi* de *Beaulieu*,

### PHILIPPE III.

*Laurent* le *François*,

### PHILIPPE IV.

*Nicolas Gorrand*,
*Nicolas* de *Freauville*,
*Guillaume* de *Paris*,
*Renauld* d'*Aubigny*.

### LOUIS X.

*Wibert Bonelli*.

### PHILIPPE V.

*Jean du Temple*,
*Nicolas* de *Clermont*, Prieur de Passy.

### CHARLES IV.

*Imbert*.

### PHILIPPE VI.

*Nicolas Gerand*,
*Pierre* de *Trigny*, Evêque de Senlis,
*Vincent* de *Bourgogne*.

### JEAN I.

*Adam* de *Nemours*,
*Guillaume Rancé*, Evêque de Seez,

## CHARLES V.

*Pierre* de *Villiers*, les *Heriſſez*, Evêque de Nevers, & depuis, de Troyes, Executeur du Teſtament du Roi.
*Maurice* de *Coulanges*.

## CHARLES VI.

Le même *Maurice de Coulanges.*
*Guillaume* de *Vallone*, Evêque de Bethleem, enſuite d'Evreux.

## CHARLES VII.

*Robert Baygard.*

## CHARLES VIII.

*Yves de Maicheue.*

## LOUIS XII.

Le même *Yves de Maicheue.*
*Jean Clarée.*
*Antoine* du *Four*, Evêque de Marſeille.
*Guillaume Parvi.*

## FRANÇOIS I.

Le même *Guillaume Parvi*, nommé à l'Archevêché de Bourges.
*Nicolas Coſſart.*

## HENRY II.

*Jean* de *Guyencour*, Abbé du ſaint-Genyel de Rouen.

### Charles IX.

*Jean Hennuyer*, Evêque de Lisieux. Il s'oppoſa dans ſon dioceſe, au maſſacre de la ſaint Barthelemy.

Parmi les perſonnes illuſtres qui ont paru dans cette maiſon, on ne doit pas omettre le *Pere* Carre', à qui le Cardinal de Richelieu en confia l'établiſſement, comme on l'a déja dit, & l'execution du grand projet qu'il avoit conçû pour l'éducation des novices qui a ſi bien réuſſi.

Son épitaphe qui ſe voit dans l'Egliſe des Jacobins de la rüe ſaint Jacques, donne une grande idée de ſon mérite, ce qui eſt cauſe que l'on la rapporte ici.

### Siste Viator

*Et quos cineres calcas attende & venerare,*
R. P. F. Joannis Baptistæ Carre',
*Ingenii ſolertia, & animi firmitate, ſupra fidem, regularis obſervantiæ, cultu ſupra coævos;*

*zelo salutis animarum unicus,*
*fama sanctus,*
*Luget protoparentem novitiatus*
*Parisiensis,*
*cui primo præfuit, postulante, quod*
*omni laude majus,*
ARMANDO CARDINALI
RICHELLEO
*quem per 14 annos continuos rexit.*
*Viri virtutem mirante Lutetia,*
*cui fatum ultimum attulere vitæ*
*austeritas incredibilis,*
*& officia graviora charitatis,*
*anno ætatis 59. die 25. Jan. 1653.*

Il y a encore eu dans la même maison les PP. *Baron, Contenson* & *Maßoulié,* Theologiens celebres, fort connus par les savans écrits qu'ils ont donnez au public. Le P. l'*Hermite*, le P. la *Crampe*, inquisiteur d'Avignon, & le P. *Lepul*, inquisiteur de Toulouse, visiteur general de son ordre en France; ce dernier étant superieur du noviciat, entreprit les bâtimens de l'Eglise & du Couvent, & les mit dans l'état où ils sont à present. Il y a encore le P. DAURE, fondateur de la communauté de sainte Valere.

Il ne faut pas oublier le *frere Romain*, tres habile dans la fabrique des ponts, parce qu'il a conduit des ouvrages de conséquence. Il fut appellé par ordre du Roi pour la construction du pont-roial, & les desseins qu'il donna pour cette grande entreprise furent suivis avec succès dans l'execution de ce bel édifice, un des plus considerables en ce genre que l'on connoisse à present dans toute l'Europe.

L'Hôtel de Luines, auparavant nommé *l'hôtel de Chevreuse*, est vis-à-vis de l'Eglise des Jacobins, & y fournit un point de vûe avantageux. Il a été bâti pour *Marie de Rohan, Duchesse de Chevreuse*, qui s'est acquise une grande réputation dans les affaires les plus difficiles de son tems, où elle a eu une tres-grande part, dont elle s'est toujours tirée avec beaucoup de prudence & de dexterité.

Les dehors de cet hôtel sont fort décorez, de même que les appartemens qui donnent sur un fort beau jardin, lesquels ont toutes les commoditez necessaires pour loger un grand Seigneur. C'est le Muet, Architecte habile &

en réputation, qui a conduit cet édifice.

Dans la même rue saint Dominique, on doit remarquer une maison que l'Hôtel-Dieu a fait édifier, dont le vestibule est fort joli.

Il est orné de six colonnes Doriques groupées deux à deux, qui font un effet passable en entrant, quoique d'ailleurs la disposition de ces colonnes soit tres-vicieuse, parce qu'elles sont couplées, deux se trouvent au milieu pour former des portiques de chaque côté, ce qui est tout à-fait contraire à la pratique ordinaire. Toute cette maison est du dessein de LE DUC Architecte, qui a élevé d'assez beaux édifices en cette Ville.

Assez proche dans la petite rue SAINT GUILLAUME, est une grande maison qui appartient à l'Hôpital General, laquelle paroît avoir été bâtie avec dépense : les appartemens en sont grands, & la cour spacieuse ; ce qui fait que cette maison est ordinairement occupée par des personnes de qualité.

A l'extremité de la rue saint Dominique, du côté de la campagne, il se trou ve plusieurs maisons bâties nouvellement, c'est à-dire vers la fin du siecle passé & le commencement de celui-ci, où l'art se fait sentir ; une entre autres à l'extremité, qui appartenoit à le *Camus des Touches*, mort en l'année 1713 ; laquelle est basse à la verité, mais dont les dedans sont distribuez d'une maniere fort ingenieuse pour la commodité, avec un jardin tres-propre tourné du côté de la riviere & du cours, qui jouit d'une vûe agréable, par le nombre des grands & magnifiques objets qu'elle fournit.

Les filles saint Joseph sont dans la même suite. C'est un hôpital établi en 1611, où l'on entretient quantité de jeunes filles qui sont occupées à des ouvrages convenables à leur sexe, dont les directeurs tirent une partie de leur subsistance.

Le couvent de Belle-Chasse est assez proche : c'est un Prieuré de chanoinesses du saint Sepulcre, transferé de Philippe-Ville en cet endroit, vers l'année 1636. Ce Prieuré est electif & perpetuel, & la communauté qui le compose est environ de vingt Religieuses qui suivent la regle de saint Auguſtin. On les appelloit autrefois *les filles à Barbier*, fameux Traitant de ſon tems, qui leur avoit donné une partie du vaſte eſpace qu'elles occupent.

On a élevé dans le voiſinage pluſieurs maiſons bâties avec dépenſe, dans un lieu tres-negligé & rempli autrefois d'ordures & d'immondices, lequel devient inſenſiblement un quartier tres-propre & fort agréable; la principale de ces maiſons a appartenu à *madame* de VILLETANEUSE.

Tout proche eſt celle que la *Ducheſſe* du LUDES a fait élever en 1710. Elle a un fort grand plain-pié par bas, & les appartemens ſont meublez magnifiquement.

Une autre à la *Marquiſe* de VARANGEVILLE, ſituée preſque vis-à-vis, laquelle a été conſtruite en l'année 1704, où il paroît que l'on n'a rien du tout épargné.

L'HÔTEL DE NEUCHATEL, bâti de fond en comble en 1768, ſur les deſſeins de l'*Aſſurance*, Architecte. La face de l'édifice du côté du jardin eſt décorée d'une architecture formée par huit colonnes

lonnes qui portent un fronton auquel on pouvoit donner une plus belle & plus correcte proportion, ainsi qu'à la corniche qui le couronne. Les dedans de cet hôtel n'ont rien d'extraordinaire. Il a changé de nom, on l'a nommé l'hôtel de Béthune pendant quelque tems, à présent c'est l'hôtel de Châtillon.

*Germain* de BOFFRAND, Architecte de l'Académie, & des plus emploiez à présent, a fait construire en l'année 1712, une maison à côté de celle-ci, dans laquelle on remarquera des dispositions extraordinaires & hazardées, lesquelles cependant paroissent fondées en raison pour plusieurs commoditez qui s'y trouvent. Les faces de cette nouvelle maison sont decorées d'architecture en pilastres Corinthiens; & l'exterieur du côté de la cour & du Jardin, est d'une grande apparence; elle a été occupée par *Michel Jean* AMELOT DE GOURNAY, qui a été emploié à des ambassades de distinction, à Venise, en Portugal & en Espagne, où il a fait paroître une habileté toute particuliere.

Un peu plus avant & de l'autre côté de la rue, vis-à-vis du couvent des *Filles de Belle-Chasse*, est la maison que le

Tome IV. C

*Comte* de REVEL a fait élever, à laquelle on a travaillé en 1704; il y a un jardin derriere, d'une assez belle étendue, fort ingénieusement disposé : cette maison a un air de grandeur à cause des colonnes sur lesquelles elle est soutenue, qui forment des portiques, dont l'effet est assez agréable : elle appartenoit en l'année 1710, à *Poulin* de *Beaumont*, paieur des Rentes de l'Hôtel de Ville, qui n'en a pas joui longtems, quoiqu'il y eût fait faire de nouveaux embellissemens en 1711, par *Boffrand* fameux Architecte, & qu'il eût orné les appartemens de quantité de meubles très-riches. Mais depuis elle est venue au *Comte* de BROGLIE, qui y est à présent parfaitement bien logé. En 1720, on y a fait des ajustemens considerables.

L'*Abbé* de BROGLIE, qui loge fort proche, a un cabinet de fort beaux tableaux dont le nombre augmente tous les jours, que des amateurs de la peinture auront bien de la satisfaction d'examiner.

Sur la fin de l'année 1722, on a tiré une nouvelle rue qui termine à la riviere, que l'on doit nommer la *rue de Bourgogne*.

DE LA VILLE DE PARIS. 51

L'HÔPITAL DE LA CHARITÉ est dans la rue de faint Pere à l'extremité de la rue de Taranne, où les curieux ne trouveront rien qui les satisfasse.

Les malades y sont servis fort proprement par les freres de l'ordre de SAINT JEAN DE DIEU, lesquels ne s'attachent qu'à leur procurer gratuitement toutes les choses dont ils peuvent avoir besoin. Ces Religieux furent d'abord établis en cette Ville, vers l'année 1602, dans une maison de la rue des petits Augustins; mais en 1606, ils furent instalez dans la rue de saint Pere, au milieu de plusieurs jardins qui se trouvoient alors à cet endroit, proche d'une petite chapelle dédiée à saint Pierre, qui a dnoné le nom à la rue qui commence à la rue de Grenelle & qui termine à la riviere.

Cet hôpital jouit à present de fort grands revenus, par les donations continuelles que l'on y fait. Il occupe un terrain considerable. Trois longues sales sont remplies de lits de chaque côté, tous fondez par des personnes charitables qui ont droit de nommer les malades pour les occuper, lesquels sont traitez avec beaucoup de soin & une tres grande propreté, ce qui contribue infiniment à leur guérison.

C ij

Dans la plus grande des sales, proche de l'Eglise, on estime uu tableau de *Louis* TESTELIN, Peintre de l'Académie, dans lequel saint Louis est representé qui panse un malade. Il est à une chapelle à l'extremité. On remarque aussi dans le même endroit les portraits en grandeur naturelle de quelques personnes distinguées, peints par des maîtres en réputation.

L'Eglise n'a rien d'extraordinaire. Le tableau placé au fond du chœur, qui represente un crucifix, est de *Gabriel Benoist*. Dans une chapelle à main gauche, on verra saint Jean de Dieu enlevé par les anges, qui est de *Jouvenet*; & vis à vis dans la même chapelle un autre tableau attaché à la muraille, où une femme est representée, qui jette de l'eau sur une flamme; c'est un des premiers morceaux de le *Brun*, qui n'est pas de la correction & de la beauté des ouvrages qu'il a faits depuis.

*Claude* BERNARD prêtre, né à Dijon, que l'on nommoit ordinairement le *pere Bernard*, mort en odeur de sainteté le 23 du mois de Mars 1641, âgé de cinquante-trois ans, est enterré dans l'Eglise de cet hôpital. Il est representé à genoux sur son tombeau au milieu de la chapelle de la Vierge. La figure grande comme nature, est de terre cuite, de l'ouvrage d'*Antoine* BENOIST Peintre de l'Académie, qui y a donné une grande ressemblance. Ce saint Prêtre après avoir fait de grands efforts pour convertir un criminel endurci, qu'il avoit exhorté en allant au suplice, qui se rendit enfin après une tres-longue resistance, se sentit attaqué d'un violent mal de tête dont il mourut en peu de jours.

Les freres de la Charité ont déja trente-neuf hôpitaux dans le roiaume, quoique leur établissement ne soit pas fort ancien. Ces Religieux sous le titre de *Freres ignorans* DE LA CHARITE', de l'*ordre de saint Jean de Dieu*, sont venus de Portugal, & n'ont paru en France que sous le regne de Henri IV. qui leur accorda sa protection.

Proche de la porte de l'Eglise de la Charité, du côté de la rue de Taranne, il y a une fontaine, sur laquelle ces vers de SANTEUL sont gravez.

QUEM PIETAS APERIT MISERORUM

IN COMMODA FONTEM,

INSTAR AQUÆ LARGAS FUNDERE

## MONSTRATOPES.
### M. DC. LXXV.

On peut faire remarquer ici en paſſant, que cette fontaine eſt preſque la ſeule publique qu'il y ait dans tout le quartier de ſaint Germain, qui eſt à preſent ſi étendu & ſi peuplé, qu'il auroit un extrême beſoin d'avoir pluſieurs autres fontaines, y aiant quantité de rues fort éloignées de la riviere, où il eſt impoſſible que l'eau ne ſoit rare; ce qui ne cauſe pas peu d'incommoditez aux particuliers qui y ſont logez, l'eau étant un élement des plus néceſſaires à la vie.

LA RUE DE TARANNE nommée en 1531 la rue des Vaches, auſſi-bien que la rue ſaint Dominique, qui la continuoit, eſt embellie de quelques maiſons remarquables, dont les principales ſont,

L'HÔTEL DE SAINT SIMON, à preſent l'HÔTEL DE LA FORCE, le Duc de ce nom l'aiant acheté en l'année 1715; qui y a fait faire de grandes réparations. L'emplacement de cet hôtel ſe trouve à l'extrémité d'une rue d'une tres-belle largeur, qui y termine avantageusement.

Il y a encore une grande maison dans la même rue, qui a l'agrément d'un jardin, à l'extrémité duquel il se trouve un bosquet coupé par des allées, où l'on peut jouir de la solitude & de la fraîcheur en esté avec autant de tranquilité, que si on étoit fort éloigné du tumulte & de l'embarras de la Ville ; mais cette maison dans un tres-bel emplacement, n'a rien de commode ni de beau. Les appartemens ont peu d'étendue, sont mal tournez & tres-mal propres, par l'extrême negligence de ceux à qui elle appartient.

La rue de Saint Pere commence à la rue de *Grenelle*, & termine au bord de la riviere. Elle a reçu son nom d'une petite chapelle dédiée à saint Pierre, qui étoit dans le même endroit où est à present l'église de la Charité, comme on vient de le dire, dont le titre a été transporté à la paroisse de saint Sulpice, qui a pris depuis ce saint Apôtre pour son second patron.

Cette rue a des maisons remarquables ; entre autres, celle qui a été bâtie

C iiij

par les soins de *Marie de Cossé*, *Veuve de Charles de la* MEILLERAYE, *Pair & Maréchal de France*, qui y avoit donné le nom de l'illustre maison dont elle étoit sortie. Cet hôtel a été élevé avec dépense, & l'art s'y fait voir en bien des endroits. La porte est ornée de deux colonnes Ioniques, dans le dessein de *Scamozzi*, qui sont d'une proportion reguliere. GITTARD en a donné les desseins. En 1701, cet hôtel a été aquis par *Claude* PECOIL, Maître des Requêtes, il y a fait faire des réparations & des embellissemens tres-considerables. Il est mort dans le mois de May 1719. Cet hôtel est à present occupé par le Duc de BRISSAC.

L'HÔTEL DE CAVOYE est un peu plus avant, il a été embelli depuis quelques années. On estime particulierement l'escalier, parce qu'il est assez clair, fort commode & dans une distribution avantageuse.

# LA RUE DE L'UNIVERSITE'

CEtte longue rue change de nom en trois endroits differens.

Le long des hautes murailles de *l'Abbéie de saint Germain des Prez*, on l'appelle la RUE DU COLOMBIER, à cause qu'il y avoit autrefois un grand colombier dans la ferme des Religieux de cette Abbéie, qui se trouvoit à cet endroit.

Plus avant & au milieu, on la nomme LA RUE JACOB ; & à son extrémité du côté du Pré-aux-clercs, la RUE DE L'UNIVERSITE'. Cette derniere partie est remplie de quantité de grandes maisons, entre lesquelles il y en a de fort logeables & de fort belles.

Celle que l'on remarque plus que les autres, est LA MAISON bâtie par les soins d'*Antoine* TAMBONNEAU, President à la chambre des Comptes. Elle est ornée d'un ordre Dorique en pilastres. Rien n'est plus beau que la regularité & la distribution des appartemens doubles, qui sont composez de plusieurs grandes pieces tres-commodes, & tres-regulieres

C v

pour un grand seigneur. La cour est d'une grandeur qui y procure de la beauté. Cette maison est du dessein de *Louis* le Vau, premier architecte du Roi, dont on a déja parlé plusieurs fois. Elle a longtems été occupée par le *Comte* de *Marsan*, de l'illustre maison de Lorraine, des heritiers duquel le Comte de Matignon l'a achetée en 1710.

Le jardin qui regne derriere dont l'étendue est assez considerable, a servi autrefois à *Jean* de la Quintinie fameux directeur du potager du Roi, à Versailles, où il a fait voir sa science dans la culture des arbres fruitiers. C'est dans le jardin de cette maison, qu'il a fait, pour ainsi dire, son apprentissage. On a de lui un volume *in quarto*, qui contient bien des préceptes sur cette matiere, qu'il a traitée avec beaucoup plus d'art & d'exactitude, que l'on n'avoit fait avant lui, & cet ouvrage est fort estimé de ceux qui s'appliquent au jardinage. Cet hôtel est à present occupé par le *Prince* de Pons, de l'illustre maison de Lorraine.

Plus avant & du même côté, est la maison bâtie par *Laugeois* d'Imbercourt, autrefois Fermier general des Fermes du Roi; elle est solidement bâtle, & la plus groſſe depenſe n'y a pas été épargnée ; mais avec tout cela elle n'a rien de beau, tout y paroiſſant lourd & maſſif dans la diſpoſition & plus encore dans l'execution.

La cour eſt trop petite pour la hauteur des bâtimens qui l'enferment, & les entreſols qui ſont ſous le premier étage des aîles, gâtent encore le reſte dans cette maiſon, comme en pluſieurs autres, où cette ſorte d'appartement n'a jamais rien que de meſquin & de bourgeois, dont cependant la mauvaiſe & ridicule mode vient d'Italie, comme on le voit dans tous les palais les plus renommez de Rome, de Florence & de Naples, qui en ſont gâtez la plûpart.

*Achiles* de HARLAY, qui a rempli la charge de premier Preſident du Parlement l'eſpace de pluſieurs années, avec toute l'integrité & tout le deſintereſſement que l'on peut demander dans le plus grand magiſtrat, a occupé cette maiſon depuis l'année 1708, juſqu'à ſa mort, arrivée au regret de tous les gens de bien, le 22 de Juillet 1712.

Cette maiſon a été achetée en 1716, par *Eſtienne* d'ALIGRE Preſident à mortier, qui l'occupe à preſent avec toute ſa famille.

C vj

A côté dans un lieu qui a autrefois servi pour une Academie à monter à cheval, & ensuite à la manufacture des glaces du grand volume de verre fondu, à present établie au faubourg saint Antoine, comme on l'a dit ailleurs, on a élevé en 1701 une maison tres-propre, sur les desseins de GOBERT, laquelle appartient à present à la *Présidente* de BROU, qui y est magnifiquement logée.

De l'autre côté de la rue, un peu plus avant, il y a une autre maison, où l'art & la belle maniere de bâtir se font appercevoir.

Elle est ornée de colonnes Ioniques, avec une balustrade sur l'entablement, dont les piédestaux sont chargez de trophées & de vases. Les appartemens sont fort bien entendus; & cette maison dans un espace étroit & assez serré, fournit quantité de logemens. Le *Marquis* de CLERAMBAULT, à qui elle a appartenu, a fait peindre la galerie par *Paul* MATHEI, qui n'a pas mieux fait ici que chez *Crosat*, & dans les autres endroits où l'on a eu le discernement assez mauvais, pour souffrir les ouvrages de ce peintre Napolitain.

On trouve plus avant deux grandes maisons, sur la porte desquelles sont les armes de l'Université, à qui elles appartiennent, lesquelles ont donné le nom à cette même rue. Le fond de ces deux maisons appartenoit autrefois aux Religieux de l'Abbéie de saint Germain, qui le céderent à l'Université, pour appaiser un tumulte excité entre les écoliers & leurs domestiques.

A l'extrémité de cette même rue, on a élevé deux fort jolies maisons à l'entrée de la campagne : l'une appartient au *Président* BAUDOUIN; & l'autre au *Président* DURET, qui se distinguent par la symetrie réguliere & agréable de leur exterieur.

Dans le même tems, c'est-à-dire en 1702, on a ouvert une nouvelle rue, qui termine au bord de la riviere, nommée la RUE DE POITIERS, pour procurer de la commodité à tout ce quartier, autrefois fort négligé & presque sans habitations.

Dans le voisinage des deux maisons, dont on vient de parler, le *Comte* d'AUVERGNE défunt, a fait construire un fort grand hôtel, sous la conduite de l'Assurance, architecte de l'Académie, dans lequel il y a des appartemens en haut & en bas, composez de plusieurs chambres fort bien décorées. L'escalier a un vestibule qui est remarquable à cause de sa grandeur & de sa disposition.

Cet hôtel avec tous ses accompagnemens a été terminé & occupé en l'année 1708.

L'Hôtel de Maisons, qui a appartenu au Président à Mortier de même nom, d'une des plus anciennes & des plus illustres familles du Parlement, est fort proche. C'est un bâtiment des mieux imaginez, dans lequel il paroît bien du goût & une tres-grande propreté d'execution, qui a aussi été achevé dans l'année 1708. Cet hôtel est de la conduite & sur les desseins de l'Assurance, architecte renommé de l'Academie, dont on vient de parler.

Plus avant dans la campagne, on a alligné une nouvelle rue qui allonge beaucoup la rue de l'Université, où la *Marquise* de *Noailles*, à present *Duchesse* de *Richelieu*, a fait construire de fond en comble un fort grand hôtel, avec bien de la dépense, dans un endroit peu frequenté autrefois. Les curieux y pourront voir des tableaux du fameux RUBENS, & de quelques autres grands maîtres, avec des raretez de prix, & des meubles tres-riches.

Cet hôtel a été bâti quelques années avant ceux dont on vient de parler.

A côté de cet hôtel on en a élevé un autre, dont l'exterieur paroît agréable; on le nomme l'*hôtel d'Agenois*.

Après cette course, il faut encore rentrer dans le quartier de saint Germain.

On ira ensuite aux PETITS-AUGUSTINS. Ces Peres ont leur Couvent dans une rue qui porte leur nom, laquelle d'un bout termine à la rue du Colombier, & de l'autre au bord de la riviere, sur le *quai Malaquest*.

La maison de ces Peres n'a rien du tout d'extraordinaire, non plus que leur Eglise, dédiée sous le titre de *saint Nicolas de Tolentin*, dont ils ont chargé la voute de quantité de peintures grossierement executées.

Le grand Autel est cependant d'une architecture Corinthienne, feinte de marbre, de l'ouvrage d'un fameux menuisier nommé *Langlacé*, fort habile dans ce genre d'ouvrage. On y verra quelques statues de Saints & de Saintes de l'ordre de ces Peres, qui ne sont pas mal dessinées ; lesquelles sont de terre cuite, de l'ouvrage du nommé BIARDEAU, originaire d'Anjou.

La figure de l'agonisant dans une grande niche cintrée au milieu de l'Autel, à la place d'un tableau, est d'une excellente beauté ; & le fameux VARIN en estimoit la tête au poids de l'or, à cause de l'expression touchante qui s'y remarque.

La reine *Marguerite* de VALOIS, premiere femme du roi *Henri* IV. & sœur de trois Rois, a été une des principales bienfaitrices de ce monastere. Par son testament, elle laissa à ces Peres une partie de sa vaisselle d'argent, de laquelle ils se sont servis pour faire la riche argenterie, qu'ils exposent sur leur grand Autel les jours des fêtes principales.

Cette Reine a fait bâtir la chapelle à main droite à côté du grand Autel, dont la voute est en coupe, la premiere que l'on ait construite à Paris de cette forme, dans laquelle il y a quelques

DE LA VILLE DE PARIS. 65
peintures, mais de peu de conséquence. L'inscription qui suit est gravée dans un marbre noir attaché sur le lambris de la chapelle à main gauche : elle peut instruire de quelques particularitez qui ne sont pas inutiles.

LE 21 MARS MIL SIX CENS HUIT, LA REINE MARGUERITE, DUCHESSE DE VALOIS, PETITE FILLE DU GRAND ROI FRANÇOIS, SŒUR DE TROIS ROIS, ET SEULE RESTE'E DE LA RACE DES VALOIS, AYANT ESTE' VISITE'E ET SECOURUE DE DIEU, COMME JOB ET JACOB ; ET LORS LUY AYANT VOUE' LE VŒU DE JACOB, ET DIEU L'AYANT EXAUCE'E, ELLE A BASTI ET FONDE' CE MONASTERE, POUR TENIR

DESCRIPTION LIEU DE L'AUTEL DE JACOB, OÙ ELLE VEUT QUE PERPETUELLEMENT SOIENT RENDUES ACTIONS DE GRACES, EN RECONNOISSANCE DE CELLE QU'ELLE A RECEUES DE SA DIVINE BONTÉ. ELLE A NOMMÉ CE MONASTERE DE LA SAINTE TRINITÉ, ET CETTE CHAPELLE DES LOUANGES, OÙ ELLE A LOGÉ LES PERES AUGUSTINS DECHAUSSEZ.

Il paroît par les derniers termes de cette inscription, que c'est des petits Peres, à présent établis proche de la Place des Victoires, dont on a voulu parler, lesquels après avoir demeuré quatre ans dans cette maison, la céderent aux Augustins de la réforme de Bourges, qui l'occupent à présent. *Marguerite de Va-*

*lois* fit cet établiſſement en faveur de *François Amet*, ſon Confeſſeur, né à Montargis, fameux dévot de ſon tems, qui étoit Religieux de cette maiſon, laquelle n'a été entierement établie qu'en l'année 1608.

La chapelle de ſainte Anne appartient à *Claude* de PECOIL, Maître des Requêtes, qui l'a fait reſtaurer & embellir depuis peu, dans laquelle il y a d'aſſez beaux tableaux encaſtrez dans les panneaux du lambris dont elle eſt revêtue.

La réforme des petits Auguſtins a été faite à Bourges vers l'année 1594, par *Eſtienne Rabache*, premier Religieux de la Congrégation de ſaint Guillaume ; il étoit Docteur de Paris, Prédicateur fameux, & fort conſideré à cauſe de ſon zele & de ſa pieté.

Le P. *André* BOULENGER, d'une famille conſiderable de Paris, connu ſous le nom de *petit-Pere* ANDRE', étoit de cette maiſon. Il avoit la réputation de bon Theologien, & prêchoit avec ſuccès ; il mêloit ſouvent quelques mots enjouez dans ſes ſermons, & diſoit que c'étoit pour réveiller ſes auditeurs. Il eſt mort le 21 de Septembre 1657, âgé de ſoixante & dix-neuf ans.

Le P. *Augustin* LUBIN, aussi né à Paris, étoit bon Géographe : c'étoit un savant Religieux fort appliqué à ses devoirs monastiques & à l'étude. Il a donné une traduction latine de *Stephanus de Urbibus*, imprimée à Paris en 1678. & une autre françoise, de l'histoire de la Laponie, composée en latin par *Jean Chœffer*, né à Strasbourg, Professeur de l'Académie d'Upsal, fort estimé de la reine Christine de Suede.

PORBUS, peintre habile mort en l'année 1623, selon *Felibien*, dans ses excellens discours sur la vie & les ouvrages des peintres renommez, a été enterré dans l'Eglise de ces Peres.

Il excelloit particulierement en portraits, & ceux que l'on voit encore de lui dans divers cabinets de cette Ville, ont des beautez particulieres.

NICOLAS MIGNARD, né à Troye, surnommé d'Avignon, par ce qu'il avoit longtems travaillé dans cette Ville, frere aîné de Pierre Mignard dont les ouvrages sont si estimez, est enterré dans l'Eglise de ces Peres ; il est mort en 1668. L'Academie de peinture dont il avoit été Directeur, lui fit un service solemnel dans l'Eglise des Feuillans. Ses principaux ouvrages se trouvent dans les ap-

DE LA VILLE DE PARIS 69

partemens bas du palais des Tuilleries, où il a fait des choses d'une perfection distinguée. Une singularité de ce peintre, c'est qu'il peignoit de la main gauche ; ce que *Felibien* ne manque pas de remarquer comme une chose tres-extraordinaire.

Le cloître de ces Peres est orné de quantité de peintures qui ne sont pas tout à fait à mépriser, dans lesquelles ils ont representé les plus belles actions de plusieurs saints de leur ordre, sur des fonds de payisages assez bien imaginez.

On peut lire dans ce cloître l'épitaphe de l'Archevêque de Tours. Ce prélat s'étoit aquis une grande réputation par sa sage conduite & par sa grande habileté dans le maniment des affaires les plus délicates.

Voici une copie de cette épitaphe, dont la lecture pourra donner d'excellentes & rares idées de ce grand prélat.

## HIC JACET

MATTHÆUS ISORE' D'AIRVAUT

ARCHIEPISCOPUS

TURONENSIS,

*Vir*
*Nobilitate generis apud Pictonas*
*clarus,*
*Ingenii robore,*
*Animi magnitudine,*
*Morum candore,*
*Rerum peritiâ,*
*Clarior.*
*Romæ auditoris Rotæ officio per*
*XIV. annos functus,*
*Papæ, Regis, Regni*
*suffragia & laudes meruit.*
*In Galliâ ad Archiepiscopatum*
*Turonensem evectus,*
*Vitæ integritate, fide, charitate,*
*justitiâ,*
*Clero, cunctisque fidelibus*
*Spectaculum factus, & exemplum,*
*Sacrorum Ecclesiæ dogmatum*
*Propugnator invictissimus,*
DEUM UNUM EPISCOPIS ET
REGIBUS DOMINARI
CREDIDIT ET DEFENDIT.
*Veritatis amantissimus,*
*Improbo labori non impar,*

*Asserendæ Ecclesiæ pacis causâ
Parisios jam æger evocatus,
Ibidem morbo ingravescente,
Ultimum vidit diem, nec timuit
Spei plenus.
Obdormivit in Domino
Anno R. S. 1716, ætatis 69.
Die Julii 9.
Tanto Præsuli Præsul alius
Antiquæ amicitiæ vinculo
conjunctissimus
M. P.*

LA RUE DE SEINE se trouve derriere le College des *Quatre-Nations*, & n'est pas fort éloignée.

Elle est ainsi nommée parce qu'elle conduit à la riviere de Seine, de même qu'une autre rue, à côté de l'Abbéie roiale de saint Victor, qui a une pareille route & porte le même nom. La premiere de ces rues, selon le Manuscrit de du *Tillet*, ne fut pavée qu'en l'année 1544, par un arrêt du Parlement aux dépens des proprietaires des maisons, & elle ne devoit avoir que demi pouce de pente par toises.

Dans cette rue est l'HÔTEL de LIAN-

COURT, du nom du Duc qui l'a fait bâtir, fort considéré dans son tems, non seulement à cause sa probité exacte & sincere, mais aussi à cause de la grande connoissance qu'il avoit des belles choses, & de l'amour qu'il témoignoit pour les beaux arts, qui sont des qualitez toûjours tres-rares dans les grands seigneurs de ces dernieres années, qui se font gloire la plûpart, de l'ignorance la plus crasse, & traitent avec mépris ceux qu'ils croient en savoir plus qu'eux.

Ce Seigneur, bien éloigné de cette indigne maxime, avoit amassé quantité d'excellens tableaux, dont on conserve encore avec soin une bonne partie dans cet hôtel; entre lesquels on estime infiniment un *Ecce Homo* d'*André* SOLARIO, qui est un tableau sans prix, par les expressions vives & touchantes qui s'y remarquent; duquel il y a un grand nombre d'excellentes copies, faites par d'habiles maîtres.

Cette maison à present l'HÔTEL DE LA ROCHEFOUCAULT, a un jardin d'une assez grande étendue & une cour spacieuse. Les bâtimens qui regnent sur l'un & sur l'autre, sont décorez d'une architecture Dorique en pilastres, avec des vases sur l'entablement.

La

DE LA VILLE DE PARIS. 73

La porte principale du côté de la rue de Seine, a été élevée sur un dessein médiocre, qui ne donne aucune idée de la maison d'un grand seigneur.

Cet hôtel est à présent occupé par le Duc de la *Rochefoucault*, Grand-Maître de la Garderobe, d'une des plus anciennes & des plus illustres familles du roiaume, qui a produit des hommes d'un mérite distingué, dont l'histoire parle avantageusement.

A l'extrémité de la *rue* de SEINE, du côté de la riviere, il reste sur pié une vieille maison qui a longtems porté le nom de l'hôtel de la *reine Marguerite*.

Cette Princesse, premiere femme du roi Henri IV. revint à Paris en l'année 1605, après plusieurs instances, particulierement lorsqu'elle vit que la reine Marie de Medicis avoit plusieurs enfans. Elle logea d'abord à l'hôtel de Sens, qu'elle quitta à cause du facheux accident qui lui arriva. Ensuite elle vint s'établir dans la rue de Seine, au faubourg Saint Germain, où elle fit bâtir cet hôtel que l'on y voit encore, qui a conservé son nom pendant plusieurs années. Elle fit dresser de grands jardins le long de la riviere, dont le terrain a été vendu

*Tome IV.* D

depuis à des particuliers, où ils ont fait élever des maisons grandes & spacieuses la plûpart.

*Mezeray* dans son histoire *t.* 3. *p.* 468. *édit.* 1690 ; dit que ce fut là qu'*elle tint sa petite cour le reste de ses jours, entremêlant bijarement les voluptez & la dévotion, l'amour des lettres & celui de la vanité, la charité chrétienne & l'injustice; car comme elle se piquoit d'être vûe souvent à l'Eglise, d'entretenir des hommes savans, & de donner la dixme de ses revenus aux moines, elle faisoit gloire en même tems d'avoir toûjours quelques galanteries, d'inventer de nouveaux divertissemens, & de ne payer jamais ses dettes*. Elle est morte le 27 de Mars 1615.

Elle avoit épousé Henri IV. en 1572, alors roi de Navarre, dans le tems de l'insigne massacre de la saint Barthelemi, ce qui fut cause que l'on donna le nom de *Nuptiæ Parisienses* à ce cruel évenement ; mais son mariage fut cassé depuis par le Pape Clement VIII. en l'année 1699, à cause sa sterilité.

Le *Président* GILBERT a acheté l'hôtel de la reine Marguerite, en l'année 1718 ; mais comme les appartemens n'avoient aucunes descommoditez que l'on demande à present, & que tout y paroissoit fort grossier, il y a fait faire des réparations & des ajustemens convenables qui en rendent à present la demeure infiniment plus agréable qu'elle n'étoit autrefois.

LA RUE MAZARINE est parallele à la rue de Seine.

Elle se nomme ainsi, depuis que l'on a bâti le college des quatre Nations à l'extrémité, dont le *Cardinal Mazarin* est le fondateur, comme on le dira dans la suite.

Autrefois elle étoit appellée la rue des *Foßez de Nesle*, d'une porte de ce nom, qui se trouvoit à l'extrémité du côté de la riviere, proche de laquelle il y avoit une tour fort élevée, qui a été démolie depuis, ainsi que quantité d'autres vieux travaux, pour faire place aux grands ouvrages du college des quatre Nations.

L'hôtel de *Nesle* situé à cet endroit étoit une belle & fameuse maison sous les regnes de Charles V. & Charles VI. & de quelques Rois ses successeurs, qui avoient des jardins vastes & d'une grande étendue, le long de la riviere, avec plusieurs embellissemens fort estimez autrefois.

D ij

## DESCRIPTION

LA RUE DES FOSSEZ SAINT GERMAIN est sur la même ligne, à l'extremité de la rue Mazarine, & vient aboutir à un carrefour des plus frequentez de tout Paris, dans lequel cinq grandes rues terminent avantageusement, dans l'espace duquel il étoit tres aisé de faire une place magnifique qui eût fort embelli ce quartier.

Ces deux rues ont été nommées ainsi, parce qu'elles regnent le long des fossez de la ville, qui se trouvoient à cet endroit ; comblez depuis le commencement du siecle passé, pour élargir ce quartier, & pour le rendre plus commode & moins divisé du reste de la ville qu'il n'étoit auparavant, lorsqu'on le consideroit comme un lieu séparé, qui avoit sa jurisdiction & ses magistrats particuliers.

# LE THEATRE DE LA COMEDIE FRANÇOISE.

AU milieu de la *rue des foßez saint Germain*, la troupe des Comediens du Roi a fait élever une grande maison en l'année 1688, sur les desseins de *François* d'ORBAY, habile Architecte, dans laquelle est le seul theatre, où il est permis de representer des pieces françoises.

La même troupe avoit auparavant demeuré pendant quelques années, dans la *rue Mazarine*, proche de l'extremité de la *rue de Guenegaud*; mais comme elle y étoit trop incommodée, & que les Comediens manquoient de la plus grande partie des lieux qui leur étoient necessaires; peutêtre aussi à cause de l'embarras que le voisinage auroit pû causer au college des quatre Nations, qui fut ouvert dans le même tems; la troupe se résolut d'acheter un jeu de paume, & quelques maisons voisines dans la rue des fossez de saint Germain, où elle a fait construire un theatre & tous les accompagnemens dont elle pouvoit avoir besoin.

Il est vrai que l'on n'a pas affecté une grande magnificence dans cet édifice ; mais à cela près, tout y est dans des proportions assez raisonnables.

Les loges sont commodes.

Le parterre & l'amphitheatre peuvent contenir un grand nombre de spectateurs.

Le plafond qui est de BOULOGNE, est peint avec beaucoup d'art ; & la perspective que l'on y remarque, produit de riches objets, mais la peinture de ce plafond est si negligée & si malpropre, qu'àpeine voit-on à present ce que le Peintre a voulu qu'elle representât.

Les décorations du theatre pourroient être plus belles; & les Comediens en cela comme en bien d'autres choses, font paroître une humeur trop crasse, sur un article qui leur feroit honneur & qui contribueroit infiniment à faire valoir les pieces qu'ils representent ; mais en récompense ils n'épargnent rien pour la magnificence & la richesse des habits : & l'on ne peut trop louer l'art & l'industrie qu'ils ont pour s'ajuster, particulierement les femmes, qui l'emportent

DE LA VILLE DE PARIS. 79

Infiniment sur tout ce qui se voit ailleurs dans quelques spectacles que ce puisse être.

La dépense que les Comédiens font en cette occasion, est tres considerable, & fait aisément juger, qu'ils tirent du theatre un profit tres-considerable, qui va au moins à neuf ou dix mille livres par an, pour une seule part.

A l'occasion de quoi on peut dire ici que les spectacles publics produisent à Paris quatre cens mille livres tout au moins dans les années de guerre, & plus de six cens mille pendant la paix, à cause de étrangers & des officiers d'armée, qui sont alors en grand nombre dans cette Ville, & qui frequentent ordinairement les spectacles, n'aiant souvent rien autre chose à faire.

Par une declaration du Roi donnée le 25 de Fevrier 1699, & par une autre du 30 d'Aoust 1701, il est permis aux Comediens & à l'Opera d'augmenter le prix ordinaire des entrées, qui doit être appliqué au profit des pauvres de l'hôpital general, dont les Comediens ni l'Opera ne ressentent aucune perte, les choses étant toûjours d'ailleurs à leur égard sur le même pié qu'elles étoient auparavant.

En Angleterre, en Hollande & en

D iiij

d'autres endroits de l'Europe, où la police & l'amour de la chose publique sont dans leur vigueur, les Comediens sont gagez à proportion de leur habileté ; & tout le produit des theatres, les frais paiez, est appliqué au profit des Hôpitaux, dont les pauvres reçoivent tous les jours un soulagement considerable.

Les Comediens ne prenoient autrefois que cinq sols au parterre, dix sols aux loges ou galeries; & en cas qu'il y eût quelque piece nouvelle à representer où il falût des frais extraordinaires, le Lieutenant civil du Châtelet devoit ordonner du prix des entrées, ce qui étoit tres-avantageux au public.

Il est juste de remarquer à la louange de la troupe Françoise, qu'elle est composée d'Acteurs entre lesquels il y en a qui réussissent assez bien dans l'un & l'autre genre, & qui donnent de la satisfaction quand ils veulent bien se donner la peine de jouer avec attention : ce qui à la verité n'arrive pas toujours, au grand mécontentement des Spectateurs, qui remarquent souvent leur négligence avec de la peine & du dégoût. Cette négligence est quelquefois si grande, soit dans l'action ou dans le récit, qu'on a assez de peine à entendre ce qu'ils veufent dire. Quelques-uns d'entre eux ont la voix mauvaise & d'un son tres sourd. Ils affectent avec cela une nonchalance, qui détruit toute la beauté des choses merveilleuses qu'ils récitent, particulierement dans les pieces dramatiques qui demandent plus de majesté & d'exactitude.

Les pieces qu'ils representent, dont la composition est souvent pleine d'esprit & d'agrément, contribuent à les faire admirer. En effet on ne peut desirer de plus ingenieux & de plus magnifique spectacle, que celui des poëmes dramatiques de *Pierre* CORNEILLE, de *Jean* RACINE, & de quelques autres auteurs; de même que pour le comique, aucun n'a encore atteint le fameux MOLIERE; ces grands hommes aiant des admirateurs intelligens, qui ne trouvent rien de plus parfait & de plus touchant, que les pieces sorties des mains de ces fameux maîtres.

Il est cependant certain qu'il paroît de tems en tems des nouveautez d'une excellente beauté, peutêtre en paroîtroit-il un bien plus grand nombre pour la satisfaction du public, si les Comediens étoient plus faciles & moins interessez à les recevoir ; mais comme il ro-

D v

gne parmi eux beaucoup de brigue & de cabale, il arrive souvent qu'un auteur qui est à son aise, ne veut pas s'abaisser à faire la cour à cette sorte de gens, pour obtenir d'eux que sa piece réussisse. Il aime bien mieux demeurer oisif & tranquille, que d'entreprendre un penible travail, dont le succès seroit tres-incertain par le mauvais ordre que l'on a tenu jusqu'ici.

Il est même arrivé que quelques-uns se sont hardiment attribuez des pieces qu'ils ont surprises aux auteurs, lesquels n'en ont pû obtenir justice; ce qui leur auroit fait de grandes affaires, s'ils n'avoient pas été dans le puissant crédit où ils sont à present.

Depuis quelques années les Comediens ont obtenu des graces qu'ils n'auroient pas osé esperer dans un autre tems. Il est vrai aussi que le theatre est moins dissolu qu'il n'étoit autrefois. La bienséance & la modestie y sont observées mieux qu'elles ne l'ont jamais été; mais il faut convenir qu'on est redevable de cette correction & de cette regularité aux auteurs habiles, lesquels ont purgé les spectacles de mille indécences grossieres, & d'équivoques sales & basses, ausquelles le public étoit accoûtumé, &

que les Acteurs faisoient encore valoir le plus qu'ils pouvoient, pour attirer du monde chez eux.

Il n'y a pas encore fort longtems que les Comediens étoient regardez comme des gens avec lesquels il n'étoit pas permis d'avoir des relations directement ou indirectement ; ils ne sont pas même encore admis à present aux Sacremens de l'Eglise, si ce n'est à l'extrémité, & en renonçant au theatre : mais le relâchement des dernieres années, en cela comme en bien d'autres choses, leur a été si favorable & si avantageux, qu'ils sont peu distinguez aujourd'hui des honnêtes gens, à moins que leurs déportemens licentieux & irreguliers ne leur attirent un nouveau mépris.

La troupe Françoise est tres-nombreuse. Elle est composée de trente Acteurs, hommes & femmes, entre lesquels il y en a qui ne reçoivent qu'une demi-part, d'autres encore moins, à peu près selon l'habileté qu'ils peuvent avoir, ou selon le rang d'ancienneté qu'ils ont dans la troupe.

Cependant on peut dire que les plus distinguez d'entre eux ont porté assez loin la pompe & la majesté du theatre, aiant fait une étude particuliere des actions les plus nobles & les plus touchantes ; ce qui fait que les gens de bon goût, & particulierement les étrangers qui ont le plus voiagé, ne se lassent point de voir & d'admirer la scene Françoise, qui surpasse à leur jugement tout ce qu'on peut imaginer de plus grand & de plus élevé, en un mot tout ce qui se voit ailleurs dans ce genre.

On peut avancer hardiment en cette occasion, qu'il ne se voit rien dans toute l'Europe, qui puisse être comparé à la regularité de la scene Françoise.

L'Italie seule se peut vanter de ses Operas, qui sont cependant assez défectueux & tres imparfaits en bien des choses. Si on les examine sans prévention, rien ne doit paroître plus ridicule & plus choquant, que de voir une femme sous le personnage d'un Empereur ; & un homme mutilé, y representer une déesse ou une amante passionnée, comme il arrive ordinairement à Venise & à Naples. Il s'en faut infiniment que les theatres Italiens ne fournissent des pieces pleines d'esprit & de beautez, comme celles qui se representent souvent sur le theatre de cette Ville. Les Comedies dans toute l'Italie sont pitoiables, & toujours remplies de tant de saletez & d'infamies, que les honnêtes gens n'y peuvent aller sans être scandalisez.

A l'égard de la tragedie, elle y est absolument inconnue, parce que la langue Italienne pleine de diminutifs, n'est point du tout capable de cette haute & sublime éloquence où la langue Françoise est parvenue, & si necessaire dans le poëme dramatique : d'ailleurs les Italiens ne peuvent s'assujettir aux regles severes de ce genre de poësie, dans lequel nos habiles auteurs aidez des anciens, ont cependant surpassé, ou du moins égalé en bien des choses, les plus grands maîtres de l'antiquité.

Il y avoit autrefois trois theatres pour la comedie Françoise à Paris ; un au Marais du Temple, un autre à l'hôtel de Bourgogne, & celui de la rue Mazarine, où étoit la troupe du Roi, la même dont on vient de parler, à laquelle on joignit celle de l'hôtel de Bourgogne en 1680 : mais depuis ce tems-là il n'est plus resté qu'un seul theatre pour la Comedie, les choses sont demeurées dans le même état, & n'ont reçu aucun changement, quoiqu'il ne fût pas inutile qu'il y eût plus d'un théatre dans une ville aussi nombreuse que Paris, dans laquelle il y a tant de gens oisifs qui ont besoin d'amusemens, & pour donner de l'émulation aux Comediens, qui auroient plus de soin & d'attention qu'ils n'en ont à bien faire à present.

De la *rue des Fossez saint Germain*, où se trouve la Comedie Françoise, on doit passer par la rue DAUPHINE, pour se rendre sur le QUAI DES AUGUSTINS, il commence au Pont saint Michel, & va terminer au Pont Neuf.

LA RUE DAUPHINE, à laquelle on a donné trente-six piés de largeur en la construisant, fut ainsi nommée à cause qu'elle fut commencée vers le tems de la naissance du roi Louis XIII. Ce qui causa d'autant plus de joie qu'on n'avoit point vû de Dauphin depuis *François Duc de Bretagne*, fils du roi François I. mort empoisonné à Tournon en l'année 1536, âgé seulement de dix neuf ans, par un medecin Juif, engagé à cette horrible action par des puissances étrangeres.

L'emplacement de cette rue n'étoit autrefois qu'un grand terrain rempli de jardins & de vieilles masures qui furent détruites pour faire un accès plus libre & plus facile au Pont Neuf, qui avoit été construit quelques années auparavant.

DE LA VILLE DE PARIS. 87

Le College de Saint Denys, situé à cet endroit, fut renversé de fond en comble; c'étoit un tres-ancien édifice qui appartenoit aux Religieux de l'Abbéie de Saint-Denys, qui y venoient étudier, & où les abbez du même lieu faisoient quelquefois leur résidence. Enfin on fit bien de la dépense pour rendre la rue Dauphine comme elle est à present, dont la plûpart des maisons qui produisent des revenus considerables, apartiennent aux grands Augustins; ce qui accommode fort ces bons Peres.

Il y avoit à l'extrémité de la rue Dauphine, du côté du faubourg saint Germain, une porte de même nom abbatue en 1673, en conséquence d'un arrêt du Conseil donné l'année précedente, dont on peut lire la copie gravée sur un marbre posé dans le même endroit, où cette porte étoit autrefois.

Dans la rue CHRISTINE, qui d'un côté aboutit à la *rue Dauphine* & de l'autre à celle *des grands Augustins*, on peut voir *Nicolas* MAHUDEL Docteur en medecine, & de l'Académie roïale des inscriptions & belles lettres; connu par son gout singulier pour l'histoire naturelle & pour l'antiquité, à l'étude desquelles il consacre les momens que peut lui laisser de libres la pratique de sa profession; il est dépositaire d'un recueil de monumens antiques Egyptiens, Grecs & Romains, des plus considerables que l'on ait encore fait, par le nombre, le choix, & la rareté des pieces qui le composent. C'est l'assemblage de trois ou quatre autres recueils de ce genre dont le plus célebre est celui feu de *Nicolas-Joseph Foucault*, Conseiller d'Etat, si distingué par l'amour qu'il avoit pour cette belle curiosité, & par le point auquel il l'avoit poussée.

Cette collection est d'autant plus belle par les soins qu'ont pris ceux qui l'ont formée, de n'y rien laisser entrer de suspect, qu'elle fournit à l'histoire de la Mithologie, de la Theologie, & des coûtumes de ces anciens peuples, des preuves incontestables, que la dureté des métaux & des pierres a défendues contre les injures du tems: toutes ces pieces sont contenues dans six grandes armoires; dont

La premiere renferme tout ce qui regarde l'Egypte.

La seconde est un laraire des divinitez de la premiere classe qui étoient adorées par les Grecs, & les Romains.

DE LA VILLE DE PARIS. 89

La troisiéme comprend celles de la seconde & troisiéme classe, qui entroient dans le Pantheon romain.

La quatriéme, les vases, les instrumens de sacrifices, les monumens funeraires, & autres qui avoient rapport à leur religion.

La cinquiéme est une collection de bustes des heros, & d'hommes illustres.

Et la sixiéme contient une quantité prodigieuse de pieces d'instrumens, de toute espece, qui étoient à l'usage des anciens, parmi lesquelles il y en a qui sont de nos Gaulois.

Les grandes figures qui excedent la hauteur des étages de ces armoires, occupent dans ce cabinet les espaces qui leur servent d'intervales, & toutes ces pieces sont dessinées avec un grand soin, & expliquées chacune en particulier dans autant de porte fueilles qu'il y a d'armoires.

Un medailler qui comprend une suite de médailles antiques, Consulaires & Imperiales, d'argent, & de médaillons de ce genre, & de ce métail, des plus nombreuses, des mieux choisies, & des plus conservées, tient lieu d'une septiéme armoire dans laquelle il y a un recueil de singularitez, en fait de médailles antiques, qui est le fruit d'une infinité de recherches & d'observations faites par les plus savans antiquaires.

Enfin une bibliotheque composée d'un grand nombre de traitez singuliers de Physique, d'histoire naturelle, ancienne, & de France, de belles lettres, & de critique, acompagne ce cabinet, où l'on est reçu avec toute la politesse dont est capable celui entre les mains de qui il est.

# LE COUVENT

### DES

## GRANDS AUGUSTINS.

LA maison de ces Peres n'est pas d'une si haute antiquité que celles des autres religieux mendians, dont on a déja parlé. Il y avoit avant eux dans cette Ville les Jacobins, ou les Freres-prêcheurs que l'on reconnoît encore pour les premiers établis ; ensuite les Cordeliers & les Carmes, & enfin les Augustins, qui ont été les derniers.

Les historiens disent que ces Peres vinrent à Paris vers l'année 1270, & qu'on les nommoit alors les *Hermites de saint Augustin*. La premiere maison qu'ils habiterent, étoit située vers le quartier de la rue Montmartre, dans la rue des vieux Augustins, qui en a retenu le nom ; & l'Eglise de *sainte Marie Egyptienne*, que l'on voit encore à present sur pié, laquelle n'en est pas éloignée, leur a servi pendant plusieurs années qu'ils ont demeuré dans ce quartier.

Ces Peres changerent de lieu ensuite,

& vinrent dans la rue des Bernardins, au même endroit où est à présent l'Eglise paroissiale de *S. Nicolas du Chardonnet*; mais enfin ne trouvant pas des commoditez plus grandes dans ce lieu que dans le premier, ils se résolurent de changer encore une fois. Pour cette raison, ils s'associerent avec des Pénitens nommez *Sachetins*, vêtus d'une maniere de sac, que saint Louis avoit établi sur le bord de la riviere, lesquels cederent leur place aux Augustins, après avoir été dispersez en diverses maisons religieuses.

L'Eglise de ces Peres ne fut bâtie, comme elle est à présent, que sous *Charles* V. surnommé le Sage, ce que l'on connoît par cette Inscription qui se voioit il y a quelques années aux piés de la statue de ce Roi, placée à gauche à l'entrée de la grande porte.

*Primus Francorum Rex Delphinus fuit iste*

*Exemplar morum.* CAROLUS *dictus, bone Christe,*

*Merces justorum, dilexit fortiter iste:*

*Hic patet exemplum tibi, nam complevit honore,*
*Hoc præsens templum Deo ditetur honore.*

Cette Eglise ne fut dédiée qu'en l'année 1453, sous le regne de Charles VII. par *Guillaume Chartier*, Evêque de Paris, assisté d'un grand nombre de prélats qui firent cette cérémonie avec beaucoup d'appareil & de pompe.

La structure de cette Eglise est grossiere, point voûtée & d'un dessein fort simple ; la forme generale de cet édifice est d'une fort vilaine invention, l'architecture, dans le siecle où elle a été construite, étant tombée dans la plus grande décadence où elle eût été depuis plusieurs années.

Le grand Autel est un ouvrage moderne achevé en 1678 ; le BRUN en a donné le dessein, qui n'est pas fort different de celui de l'autel de saint Severin, dont on a parlé. Celui-ci est orné de huit colonnes Corinthiennes, de marbre de *Saraveche*, disposées sur un plan courbe, qui soutiennent un entablement double & une demi-coupole, dans le fond de laquelle le Pere éternel accompagné de plusieurs anges, est representé en sculpture.

Le tabernacle de forme octogone, estimé autrefois, est un present de *Leonora* CALIGAY, Maréchale d'*Ancre*, Dame d'atour, & confidente de la reine *Marie* de *Medicis*, qui finit ses jours d'une maniere tres malheureuse.

La menuiserie du chœur est fort ornée d'ouvrages de relief, & a passé pour une des plus belles de Paris.

Le jubé qui separe la nef du chœur, est orné de colonnes Corinthiennes de marbre de Dinan, mais d'un dessein tres-sec, & fort mal inventé.

Deux chapelles sont placées sur le devant, l'une est dédiée sous le titre de la sainte Vierge, & l'autre de saint Nicolas de Tolentin; mais à dire le vrai, l'architecture traitée dans la face de ce jubé, ou de cette tribune, est d'un dessein miserable, parce que l'on n'y voit point cette belle forme qui fait plaisir aux connoisseurs.

La chaire du Predicateur est embellie d'une grande couronne roiale de menuiserie dorée, & de quelques bas-reliefs autour, que l'on a conservez, à cause qu'ils sont de *Germain* PILON, sculpteur tres-habile. Ces Peres cependant se sont avisez de faire dorer ces bas-reliefs, croiant leur donner de la beauté, mais ils ont vû le contraire lorsqu'il n'en étoit plus tems.

La chapelle des Chevaliers de l'ordre du saint Esprit à côté du grand Autel, est décorée de quelques bons tableaux : celui de l'Autel, qui fait voir la *descente du saint Esprit* sur la sainte Vierge & sur les Apôtres, est de *Jacob* BUNEL, peintre, qui avoit de la reputation.

Il y en a un autre de la même grandeur à côté, où le roi Louis XIII. est representé en habit de ceremonie, accompagné des principaux de l'ordre, qui donne le collier du saint Esprit au Duc de Longueville, dans la promotion de l'année 1633. Ce tableau est de *Philippe* de CHAMPAGNE, peintre fort estimé, qui n'a rien fait de plus achevé que ce grand morceau, où le coloris est d'une force singuliere.

C'est dans cette chapelle que l'on faisoit autrefois la ceremonie des grandes promotions; & le roi Henri III. la cholsit lorsqu'il institua l'ordre du saint Esprit, au mois de Decembre 1578, & y fit la premiere fonction, le premier de Janvier de l'année suivante, ce qui étoit marqué par une inscription qui a été ôtée depuis, dont voici cependant une copie.

*Fortissimis & prudentissimis utriusque militiæ Equitibus priscæ nobilitatis bello & pace optimè de Rep. meritis*, Henricus III. *Galliæ & Poloniæ Rex augustus, divini Spiritus apud Christianos Symbolum pro equestri Stemmate esse voluit, jussit, decrevit, plaudente, venerante populo, & vota pro salute Principis nuncupante ob singularem ipsius pietatem.*

Lutetiæ Parisiorum.
Kal. Januar. cIɔ. Iɔ. LXXIX.

Il y a apparence que le roi Henri III. institua l'ordre du saint Esprit en memoire de ce que le jour de la Pentecôte il lui vint deux couronnes, celle de Pologne en 1573, & celle de France en 1574.

On rapportera deux traits d'histoire touchant l'origine de cet ordre, que les curieux ne seront pas fâchez de trouver en cet endroit.

Le

DE LA VILLE DE PARIS. 97

*Le Laboureur* raconte, & *Maimbourg* après lui, dans son histoire de la Ligue, que la premiere institution de l'ordre du saint Esprit, est de *Louis d'Anjou*, dit de *Tarente*, Prince du sang roial de France, roi de Jerusalem & de Sicile, lequel en 1333 institua cet ordre militaire, le jour même de la Pentecôte, dans le château de l'œuf à Naples, par une constitution qui contenoit vingt-cinq chapitres. Comme ce Prince ne laissa aucune posterité de la reine Jeanne sa femme, & qu'après sa mort il arriva d'étranges révolutions dans ce roiaume, cet ordre nouvellement institué déchut de telle maniere, qu'il n'en seroit resté aucune memoire, si l'original de la constitution du roi Louis d'Anjou, ne fût tombé par hazard au pouvoir de la république de Venise, qui en fit present à Henri III. comme il revenoit de Pologne. Ce Roi prit ce qui lui plût des statuts de cet ordre, & commanda au Chancelier de *Chyverny*, de brûler l'original de la constitution, afin qu'on ne pût connoître qu'un ordre semblable à celui qu'il vouloit instituer, eût été déja établi auparavant. Mais ce Ministre, quoique tres-fidele à son maître, ne crut pas être obligé de lui obéir en cette

*Tome IV.* E

occasion, & cette piece rare & singuliere échut à l'Evêque de Chartres son fils, duquel par la suite est passée entre les mains du President de *Maisons* : ce que l'on apprend particulierement de le *Laboureur*, qui en a donné une copie fidelle dans ses additions aux memoires de *Castelnau*.

L'ordre des Chevaliers de saint Michel, qui étoit la plus illustre récompense de la vertu militaire, aiant été avili par l'indignité des sujets, que le désordre des regnes précedens y avoit introduits, le roi Henri III. institua l'ordre du saint Esprit, comme on vient de le dire.

Cet ordre devoit être composé de cent personnes, en y comprenant le Roi, quatre Cardinaux, quatre Prélats, & les Officiers. Les Officiers furent nommez *Commandeurs*, parce que le Roi avoit résolu au commencement de leur donner des commanderies, comme en Espagne, qu'il prétendoit enrichir des revenus des meilleurs benefices ; ce dessein lui fut insinué à son retour en France, par le Cardinal de Lorraine : cet ambitieux Prélat qui possedoit déja les plus riches benefices du roiaume, lesquels sous pretexte de ces commanderies, il avoit esperé de rendre hereditaires dans sa maison. Ce détour spécieux lui fut reproché publiquement par le Clergé & par ses amis, peu de jours avant sa mort. Le Pape malgré les pressantes sollicitations qui lui furent faites, & les raisons apparentes dont on couvroit cette usurpation, ne voulut jamais consentir à la desunion des biens sacrez: cependant les Chevaliers de cet ordre ont toûjours conservé depuis le titre de commandeurs. C'est ainsi, ajoûte le même auteur, que de tout tems plusieurs ministres ont abusé de la confiance de leurs Princes, pour rendre leurs familles puissantes aux dépens du bien public. *de Thou*, tome 3. liv. 68.

On lit dans le journal de *Henri* III. que la chapelle du saint Esprit servoit aussi à la fameuse confrerie des Pénitens nommez *Blancs-batus*, établie par ce Prince au mois de Mars 1583. laquelle ne fut pas d'une longue durée. Elle étoit composée des plus grands seigneurs de la cour, & particulierement des favoris. Leur habit étoit de toile blanche, d'une forme bizarre & singuliere avec de grandes dissiplines, à plusieurs nœuds, pendues à leur ceinture; & ce qui étoit de plus particulier, c'est qu'ils faisoient des processions à pié depuis le Couvent des Chartreux, dans la rue d'enfer, où se faisoit l'assemblée, jusqu'à l'Eglise de Nôtre-Dame de Chartres, à dix-huit lieues de Paris, en deux jours seulement. Le Roi lui-même assistoit à ces processions, habillé comme les autres, animant chacun par son exemple & par son zele à cette devotion outrée & extraordinaire que bien des gens n'aprouvoient pas, & qui ne donnoit pas une grande idée de sa pieté, quelque soin qu'il fit paroître.

Plusieurs personnes de distinction ont choisi leur sépulture dans l'Eglise des grands Augustins, entre lesquels *Philippe* de COMINES doit tenir le premier rang.

Ce fameux Ministre, un des plus fins & des plus habiles politiques qui aient paru en France, vivoit sous le regne de Louis XI, dont il étoit chambellan & favori : ce qui n'empêcha pas cependant qu'il n'essuiât les caprices & la mauvaise humeur de ce Prince bizare & défiant, comme il le dit lui même. Les memoires qu'il a laissez, qui contiennent seulement l'histoire de trente-sept ans, sont si curieux & si utiles, qu'ils ont été traduits en diverses langues ; & *Denys Go-*

*defroy* historiographe de France, en a donné une excellente édition en langage original, de l'impression du Louvre, enrichie de titres & de remarques tres-curieuses. Ces mêmes memoires ont été mis en latin par *Sleidan*, auteur de plusieurs ouvrages de consequence. *Nicolas Reince*, né à Paris, Secretaire du Cardinal du Bellay, qui avoit été plusieurs années en Italie, emploié à des négociations secretes & délicates contre l'Empereur Charles-Quint, en fit une excellente traduction Italienne à la priere de *Paul Joue*, qui la fit imprimer à Venise. Enfin ils ont aussi été traduits en Espagnol, par *Jean Vitrian*, qui y a ajoûté des notes tres-instructives. Ces memoires ont aquis tant de réputation à leur auteur, qu'il a été nommé par quelques-uns, le Tacite des derniers siecles. Il est mort en l'année 1509, âgé de soixante & quatre ans. Sa femme est inhumée dans le même endroit avec leur fille unique, mariée à René de Bretagne, Comte de Penthievre. Ces tombeaux sont dans une fort petite chapelle, derriere celle du saint Esprit, que l'on ne peut voir, si le sacristain n'ouvre le lieu où elle est, qui ne paroît point du tout en dehors.

*Guy Dufaur*, sieur de PIBRAC, est enterré assez proche du grand Autel. Il étoit President à mortier au Parlement, & un des grands hommes de son tems. Ses quatrains pleins de morale & de sentences chrétiennes, ont eu une approbation universelle, de même que ses harangues & les louanges de la vie rustique. La reine Catherine de Medicis se servit de lui dans des negociations importantes, & l'envoia en Pologne pour l'élection du roi Henri III. comme le remarque l'abbé de la *Bizardiere*, dans son traité curieux des *Diettes de Pologne*. *Pibrac* alla au Concile de Trente, où il fit admirer son éloquence & sa capacité; & ces deux qualitez lui servirent beaucoup en Pologne, après la retraite du roi Henri III. où il courut risque de la vie; à son retour en France, il fut recompensé de la charge de President à mortier, qu'il remplit avec bien de la probité & de l'honneur.

*Charles Pascal*, qui a écrit sa vie, marque quantité de traits curieux à la gloire de ce grand homme, mort le 12 de Mai 1584, âgé de 56 ans.

*Jean-Baptiste* SAPIN, Conseiller au Parlement, s'est rendu illustre par le malheur qui lui arriva. Il étoit un des

Ambassadeurs que le roi Charles IX. envoioit à Tours, & de là en Espagne, en l'année 1562, avec *Odet de Selves* & *Jean de Troye*, *Abbé* de *Garines*. Tous trois furent pris pendant les troubles de la Religion, par un parti de la garnison d'Orleans; & le chef de ce parti fit pendre ces trois Ambassadeurs, sans avoir égard à leur caractere, ni au droit des gens, en disant que ces prétendus criminels devoient être executez à mort, pour avoir persecuté ceux qui faisoient profession de la Religion évangelique. Le corps de cette illustre victime de la fureur des prétendus reformez, fut apporté à Paris; & le Parlement extraordinairement assemblé pour ce sujet, declara que c'étoit lui-même qu'on avoit si cruellement outragé en cette occasion. Toutes les Cours souveraines lui rendirent les derniers honneurs par des funerailles magnifiques, dans l'Eglise des Augustins. On mit une épitaphe sur son tombeau, digne d'un martyr; ainsi la mort de *Jean-Baptiste Sapin*, malgré l'infamie de son supplice, sera glorieuse à ses descendans; ce que *Maimbourg* & d'autres auteurs plus exacts & plus fideles rapportent dans *l'histoire* du *Calvinisme*.

Voici son épitaphe.

VIRO INTEGERRIMO
Omni doctrinarum genere prædito
Epitaphium
J. B. SAPIN.

*Quod antiquæ & Catholicæ,*
*Religionis adsertor fuisset,*
*Turpissimæ morti addictus....*
*Honestam & gloriosam*
*Pro Christi nomine*
*Et Christiana Rep. mortem*
*Perpesso.*
*13. Novemb. 1562.*

*Remy* BELLEAU, poëte célebre, mort le 6 de Mars 1577, est inhumé dans le chœur de cette Eglise. Il étoit un des sept de la plaiade Françoise qui avoit été formée à l'exemple des Grecs & des Romains sous les regnes de Henri II. & de Charles IX. Les autres étoient, *Joachim du Bellay*, *Jodelle*, *Ronsard*, *Dorat*, *Baif*, & *Pontus du Thiard*. On a de Belleau la premiere traduction des Odes d'Anacréon & des Pastorales, qui ont eu un grand cours pendant sa vie.

On lisoit autrefois quelques épitaphes sur son tombeau, entre lesquelles étoit celle-ci.

*Ne taillez, mains industrieuses*
*Des pierres pour couvrir* BELLEAU,
*Lui-même a bâti son tombeau,*
*Dedans ces pierres precieuses.*

Jacques de SAINTE-BEUVE, docteur de Sorbonne, excellent casuiste, que les plus grands Prélats consultoient sur des matieres délicates de conscience & de discipline ecclesiastique, est enterré dans la même Eglise, assez proche du grand autel, du côté de l'Evangile.

Jerôme de *Sainte-Beuve*, son frere, y a fait apposer cette épitaphe.

*Hic situs est*
JACOBUS DE SAINTE-BEUVE,
*Parisinus.*
*Presbyter Doctor, ac Socius Sorbo-*
*nicus, Regius S. Theologiæ*
*Professor,*
*Qui vixdum XXVIII. transgres-*
*sus annum, à Clero Ecclesiæ*

E v

Gallicanæ anno M. DC. XLI.
Meduntæ congregato
Cum aliquot viris eruditis ad componendum Theologiæ Moralis
corpus, est delectus :
Et biennio post in Schola Sorbonæ
Theologiam docuit magnà famà,
magnâ studiosorum frequentiâ.
Doctrinam ejus eximiam cum singulari pietate sapientiaque conjunctam
Testantur nonnullarum Galliæ Ecclesiarum Breviaria ac Ritualia
diligentissimè emendata ;
Plurimi hæretici ad Catholicam
Religionem felicissimè adducti,
Multæ controversiæ privatorum,
qui ipsum ultro arbitrum elegerant,
compositæ ;
Complures omnium ordinum ad emendationem morum prudentissimis
admonitionibus consiliisque
compulsi.
Cùm idem undique non à civibus
& popularibus modò,
sed etiam ab Exteris,

*De rebus ad disciplinam Ecclesiasticam & ad mores pertinentibus quotidie consuleretur, cunctisque indefessus satisfaceret:*
*Antistites, qui ex omnibus Regni Francisci Provinciis anno Domini M. DC. LXX. apud Pontem Isaræ Conventum habebant, Virum optimè de Ecclesia meritum honorario donavere.*
*Vixit annos* LXIV. *Obiit* XVIII. *Kalendas Januarias anno* M. DC. LXXVII.

## HIERONYMUS DE SAINTE BEUVE,
PRIOR MONTIS AUREOLI,
FRATRI OPTIMO ATQUE
CARISSIMO MOERENS
POSUIT

Dans le cloître, on voit une figure de saint François d'*Assise* à genoux representé dans l'état qu'il pouvoit être lorsqu'on prétend qu'il reçut les *Stigmates*, ou les marques des cinq plaies de N. S.

On estime cette piece, parce qu'elle est le modéle d'un marbre que *Germain* P1LON avoit fait pour la chapelle du Louvre. Celle ci n'est que de terre cuite, que l'on a fort gâtée en la repeignant d'une vilaine couleur trop épaisse.

Ces Peres ont fait des réparations dans leur maison depuis quelques années. Ils ont construit une bibliotheque sur un dortoir, qui est plus considerable par la bonté, que par la quantité des Livres qu'elle contient.

La porte qui sert de principale entrée au couvent, est accompagné de colonnes Ioniques, où il ne paroît ni goût ni regularité. L'Architecte, ou plûtôt le maçon ignorant qui en a donné le dessein, n'aiant point fait de difficulté de mutiler le fronton pour y mettre une niche, dans laquelle il a placé la figure de saint Augustin, contre la pratique de la bonne architecture, qui ne permet pas de briser un f onton pour quelque chose que ce puisse être, parce que cette partie d'un édifice est toujours une des principales ; mais à Paris où toutes sortes de gens se mêlent de donner des desseins d'architecture, sans aucun discernement du bon ou du mauvais, ces fautes grossieres & choquantes ne se commettent que trop frequemment en bien des endroits.

Cependant la figure de faint Auguftin placée dans la niche au milieu du fronton brifé, eft remarquable par fa beauté; elle eft de *Jean* CHAMPAGNE, éleve du fameux *cavalier Bernin*, fous lequel il avoit longtems travaillé à Rome entre fes principaux éleves.

Ces Peres ont à prefent cent vingt-une maifons dans le roiaume, toutes remplies de Moines qui rendent de bons fervices à la Religion.

Les affemblées extraordinaires du Clergé fe tiennent ordinairement dans des falles de ce couvent, comme on l'a vû plufieurs fois, & dernierement dans le mois de Juin de l'année 1711.

LA CHAMBRE DE JUSTICE a auffi tenu fes féances dans les falles de ce monaftere.

Elle a été établie par édit du mois de Mars de l'année 1716, regiftré au Parlement le 21 du même mois. Le roi Louis XV. y avoit établi un tribunal pour connoître & punir les abus & malverfations infinies commifes dans l'adminiftration des Finances, depuis l'année 1689. On y avoit ajoûté une chambre pour fervir à donner la queftion à ceux qui y feroient condamnez, & plufieurs maltotiers ont subi la peine qu'ils meritoient avec justice. Quantité ont été taxez à proportion des déclarations qu'ils ont été forcez de faire de leurs biens immenses, ce qui pouvoit produire des sommes tres-considerables pour le soulagement de l'état. La Chambre de Justice a travaillé environ une année entiere avec une extrême application, & les Magistrats dont elle étoit composée étoient d'un choix generalement approuvé des gens de bien.

Au même lieu on a établi une chambre des vacations dans le mois de Septembre 1720, le Parlement étant alors à Pontoise.

Au coin de la rue, sur l'angle que forme l'Eglise des Augustins, on verra un bas relief d'ouvrage gothique qui marque une satisfaction faite aux Religieux de ce monastere en 1440. par des huissiers qui prirent avec violence un Religieux dans le cloître, accusé de quelques crimes scandaleux : ce qui fut cause d'un grand tumulte, où un frere de la maison fut tué, qui étoit d'une grande utilité dans la Communauté, à cause des services qu'il y rendoit par les quêtes & par d'autres bons offices utiles à la maison.

## DE LA VILLE DE PARIS. 111

On a placé au dessus une grande inscription en lettres dorées, sur un marbre noir, pour marquer qu'en l'année 1707 on a réparé le Quai qui tomboit en ruine. La mauvaise conduite des inspecteurs de cet ouvrage fut cause que sept ou huit manœuvres furent ensevelis & étouffez sous les terres que l'on fut obligé de remuer, faute de les avoir étaiées & soutenues comme il étoit necessaire, ce qui arriva par la négligence, ou peut-être par la malhabileté des inspecteurs de cette entreprise.

L'HÔTEL DE LUINES, qui étoit à l'extrémité du quai des Augustins, du côté du pont saint Michel, fut renversé en l'année 1671, de même que l'HÔTEL DE NEMOURS, qui n'en étoit pas éloigné. Dans l'espace de ce dernier, on a percé la *rue de Savoye*, qui donne d'un bout dans la rue Pavée, de l'autre dans la rue des grands Augustins.

Cette derniere rue a été ainsi nommée, parce que les DUCS DE NEMOURS étoient de l'illustre maison de Savoye.

Dans la *rue* PAVE'E derriere l'Eglise des grands Augustins, il y a une grande porte d'ordre rustique, que l'on croit être du dessein de *Jacques* de BROSSE, celebre Architecte dont on a parlé dans l'article de Luxembourg. Elle est ornée de bossages verniculez, selon les proportions du fameux *Vignole*, un des plus savans auteurs qui aient traité de la bonne architecture.

En continuant le chemin le long de la riviere, on passera par l'extrémité de la *rue* Dauphine, où le Pont Neuf vient aboutir. On trouvera ensuite plusieurs maisons construites assez proprement, dont la situation & les vûes sont tres-avantageuses par la quantité de grands & magnifiques objets qu'elles découvrent d'un côté & d'autre.

Le Quai qui regne depuis le Pont Neuf jusques vis-à-vis de l'hôtel de Conty & encore un peu plus avant, fut construit en 1619, environ quinze ans après l'entiere perfection de ce Pont; ce qui étoit tres-necessaire pour la commodité de ce quartier, en ce tems fort vilain & fort négligé; parce que la Ville de ce côté là ainsi qu'en plusieurs autres endroits, étoit peu étendue, & que l'on ne travailloit pas aux embellissemens comme on a fait depuis.

## L'HOSTEL

# DE CONTY.

Autrefois cet hôtel appartenoit aux Ducs de Nevers, de la maison de GONZAGUE ; mais cette maison alant manqué en France, après le mariage des deux Princesses, qui en étoient restées, desquelles *Marie-Louise*, l'aînée, épousa successivement *Uladislas* IV. *& Casimir* V. rois de Pologne ; & la seconde, *Anne*, fut mariée au prince *Edouard de Baviere*, de la maison Palatine, aïeule maternelle de la Duchesse de Modene & de l'Imperatrice sa sœur, veuve de l'Empereur *Joseph*, dernier mort ; l'hôtel de Nevers passa ensuite à *Henry* de GUENEGAUD, Secretaire d'Etat, qui y fit faire des augmentations tres-considerables. Comme il étoit un des plus riches & des plus magnifiques hommes de son tems, & qu'il avoit une forte passion pour les belles choses, il n'épargna rien pour embellir cet hôtel en dehors & en dedans, en l'augmentant & en l'ornant de tout ce qu'il put imaginer, pour en faire une maison de conséquence, capable de fournir à toutes les commoditez d'un grand Seigneur.

Il fit avec cela ouvrir une rue entiere derriere le jardin ; & élever la plûpart des maisons qui s'y voient à present, laquelle on appelle encore de son nom la RUE DE GUENEGAUD, pour en conserver la memoire.

L'entrée de l'hôtel de Conty est d'une tres-grande apparence, & d'une forme avantageuse.

La baie ou l'ouverture de la porte est ornée d'un chambranle, couronnée d'un entablement Dorique, soutenu de deux consoles, avec quelques autres ouvrages qui sont d'une excellente maniere. Cette porte se trouve dans l'enfoncement d'une voussure, en maniere de grande niche, enrichie de refans ; & le tout ensemble d'une tres-grande apparence, fait que cet ouvrage paroît le plus magnifique de tout Paris. L'invention de cette porte a paru si ingenieuse, qu'elle a été imitée en plusieurs endroits, mais d'une maniere grossiere & si vicieuse, que cet excellent original n'en paroît que plus remarquable & plus beau.

Les dedans de cet hôtel répondent parfaitement bien aux grandes apparences des dehors.

DE LA VILLE DE PARIS. 115

On estime particulierement un grand cabinet, dont les vûes regnent sur la riviere, embelli d'une menuiserie dorée, qui a été achevé en 1706.

Le petit salon au travers duquel on passe pour arriver au jardin, a un plafond peint par JOUVENET, qui le décore infiniment, cette piece aiant des beautez toutes particulieres.

Les embellissemens de cet hôtel sont de *François* MANSART, qui travailloit avec bien du plaisir pour le maître à qui il appartenoit alors, à cause de sa liberalité & de son discernement, & sur tout parce qu'il ne le contredisoit en rien, lui laissant faire tout ce qu'il jugeoit à propos; cet Architecte étant si prévenu & si entêté de sa capacité qu'il ne souffroit aucun avis sur les édifices qu'il entreprenoit.

Ce fut pour le même qu'il fit la magnifique chapelle du château de Fresne, de laquelle on a parlé à l'occasion du Val-de-Grace.

Le jardin de cet hôtel est assez grand, il est embelli d'un parterre, avec un jet-d'eau au milieu & de quantité de fort beaux Orangers dans la saison. *Marie Martinozzi*, Princesse de CONTY, une des plus pieuses & des plus sages Princesses de son siecle, fit un échange de cet hôtel avec *Henry de Guenegaud*, contre la belle terre du *Bouchet*, à six lieues de Paris, & l'ancien hôtel de Conty, où a demeuré le Duc de *Lauzun* sur le même Quai.

Dans le recoin ou cul de sac à côté de l'hôtel de Conty, il y a une jolie maison qui ne paroît point au dehors, dont la décoration exterieure est d'une grande beauté, laquelle est aussi du dessein du vieux *Mansart*.

LE COLLEGE DES QUATRE NATIONS

# LE COLLEGE
## DES
## QUATRE NATIONS.

LE terrain que ce college occupe à prefent, eſt le même où étoit autrefois la porte de *Neſle*, proche de laquelle il y avoit une tour fort élevée ſur le bord de la riviere, & d'autres ouvrages gothiques, qui embarraſſoient fort tout ce quartier. Ces travaux avoient été élevez autrefois pour la défenſe de la Ville, ſous le regne de Charles VI. lorſque les Anglois étoient les maîtres des plus belles Provinces du roiaume, & même depuis, de la ville de Paris pendant pluſieurs années, comme on l'a dit ailleurs.

Les héritiers du *Cardinal Jule* MAZARIN, fondateur de ce college, pour executer ſon teſtament, acheterent cette place après la mort de ſon Eminence, & firent renverſer les vieux édifices qui occupoient le plan que ce Cardinal avoit lui même imaginé.

Le Quai qui finiſſoit à cet endroit, fut continué aux dépens de la Ville juſqu'au Pont-Roial, conſtruit longtems après; & enfin on éleva les nombreux édifices qui se voient à present, qui ont été d'une grande entreprise & d'une dépense tres-considerable.

Dans le même lieu, *François* I. avoit autrefois resolu de faire construire de grands ouvrages pour le College Roïal; mais ces beaux & magnifiques desseins furent traversez comme on l'a dit dans l'article de ce college, de cette huitiéme édition.

L'exterieur de ce college, ou pour parler plus juste, la face de devant est terminée par deux gros pavillons quarrez, qui gâtent fort le point de vûe & l'allignement du quai, en avançant sur la riviere bien plus avant qu'il ne seroit nécessaire.

Ces pavillons sont ornez de pilastres Corinthiens, avec des vases sur les entablemens, & forment dans un demi cercle qui se trouve entre deux, une place au fond de laquelle est la principale entrée de la chapelle, dont l'architecture formée de colonnes, est d'une riche & grande maniere.

C'est un corps avancé de la même hauteur & de la même ordonnance que les pavillons des extrémitez, décoré d'un portique formé de quatre colonnes Corinthiennes & de deux pilastres, ou piés droits aux angles qui foûtiennent un fronton, dans le timpan duquel on a mis un cadran.

Pour fervir d'accompagnemens à tout cet ouvrage, on a placé fur les entablemens des groupes de figures qui repréfentent les quatre Evangeliftes fur le devant; & les Peres de l'Eglife Grecque & ceux de l'Eglife Latine, fur les corps en retrait, ou moins avancez.

Ce portique communique, ou plûtôt fe racorde avec les deux pavillons des extrémitez, par des aîles de bâtimens en portion de cercle d'une ordonnance moins élevée, orné d'un ordre Ionique en pilaftres, élevez fur des arcs, avec une baluftrade fur la corniche qui cache le toit. Toutes ces chofes forment une décoration qui fe diftingue de fort loin, & qui ne contribue pas peu à l'embelliffement des vûes du Louvre, qui fe trouve directement vis-à-vis, la riviere entre deux.

L'Eglife ou la chapelle élevée au milieu, dans le fond de la place, fe diftingue par fon dôme enrichi en dehors de tous les ornemens que l'on peut demander. Il eft couvert d'ardoifes taillées en écailles de poiffon, avec des bandes de plomb doré qui répondent aux pilaftres couples

de la tour du dôme. La lanterne entourée d'une baluſtrade de fer, ſoutenue de
conſoles & ſurmontée d'un globe doré,
porte une Croix traverſée. Tous ces ornemens attirent les yeux par l'éclat de
l'or dont ils ſont couverts, & produiſent
une grande décoration.

Les proportions de ce dôme, ſon profil & ſon contour, ſont ſi heureuſement
inventez, que la plûpart des architectes
qui ont donné des traitez depuis qu'il eſt
élevé, le propoſent comme un chef-
d'œuvre de l'art.

François BLONDEL entre autres,
loue infiniment toutes les proportions qui
s'y trouvent, dans le grand cours d'architecture qu'il a donné par leçons à
l'Academie en 3. vol. in fol.

Les dedans de l'Egliſe ſont décorez
de pilaſtres Corinthiens ; ceux qui ſem-
blent ſoûtenir le dôme, ont un plus
grand module que les autres qui décorent les chapelles.

Le vuide, ou l'interieur du dôme eſt
de figure elliptique, ou ovale, & le dehors entierement ſphérique ; ce qui a été
menagé avec une tres-grande induſtrie,
pour trouver dans les épaiſſeurs l'eſpace
de deux petits eſcaliers qui conduiſent
au comble de tout l'édifice.

On n

DE LA VILLE DE PARIS. 121

On lit cette inscription en grandes lettres dorées, dans la frise qui regne sous le dôme.

SEDEBIT SUB UMBRACULO EJUS IN MEDIO NATIONUM.

*Ezechiel. cap.* XXXI. *verf.* XVII.

Les quatre inscriptions qui suivent, sont gravées sur des tables de marbre noir dans des quadres enfermez de bordures, posez sur des portes feintes, entre les grands pilastres qui semblent soûtenir le dôme.

PRÆCEDEBAT SAPIENTIAM OMNIUM ORIENTALIUM,

III. *Reg.* IV.

COR EJUS ADVERSUM REGEM AUSTRI.

*David* XI.

AB ORIENTE PARET

*Tome IV.*        F

## Description

usque in Occidentem.
*Math.* XXIV.

## Extendet manum suam super Aquilonem.
*Sap.* 11.

Le vestibule de cette chapelle n'a pas assez de lumiere ; il est orné de petits pilastres d'ordre Corinthien, de même que les deux Chapelles des côtez, qui ont des colonnes de marbre du même ordre pour les distinguer du reste.

Les tableaux de ces chapelles sont de quelques peintres d'Italie, estimez des connoisseurs.

Celui du grand Autel qui represente la Circoncision de N. S. est d'*Alexandre* Veronese.

Les petits tableaux dans des ronds, sont de Jouvenet, peintre habile & tres-renommé, dont on a déja parlé en plusieurs endroits de cet ouvrage.

Le tombeau du *Cardinal* Mazarin est dans un espace à côté du grand Autel, mais si mal placé, qu'on a de la peine à le trouver.

TOMBEAU DU CARDINAL MAZARIN

Ce fameux & adroit Ministre est representé à genoux, en marbre, sur un tombeau soûtenu d'un soubassement de quelques piés de hauteur, aux faces duquel on voit des vertus en bronze, de grandeur naturelle, assises & dans des attitudes tres-nobles. Ce monument a été executé avec art. C'est un ouvrage de COYSEVOX, tres-habile sculpteur, dont on a déja eu plusieurs fois occasion de parler dans cette description; il n'a rien oublié pour la perfection de ce monument, sur tout pour la figure du Cardinal, qui est parfaitement bien representé dans son air naturel & d'une maniere admirable. On estime entre autres choses les draperies de la figure principale, qui sont jettées avec beaucoup d'art, & recherchées avec un soin tout particulier.

On lit cette épitaphe magnifique sur un marbre posé sous l'arc derriere le tombeau, au-dessus de laquelle sont les armes de son Eminence, avec tous les accompagnemens honorifiques qu'il pouvoit souhaiter.

## D. O. M.

Et perenni memoriæ Julii Ducis
Mazarini S. R. Ecclesiæ
Cardinalis,

*Italiæ ad Cazale, Germaniæ ad
Monasterium, totius denique
orbis Christiani ad montes
Pyrenæos pacatoris.
Qui cùm res Gallicas* LUDOVICO
MAGNO *adhuc impubere felicissimè
administrasset, atque illum jam
adultum, & regni curas
capessentem, fide, consilio,
ac indefesso labore juvasset,
Depressis undique Franciæ hostibus,
ipsisque famæ suæ æmulis, virtutum
splendore, beneficiis clementia
devictis ac devinctis,
placide & pie obiit,
anno* R. S. M. DC. LXI.
Ætat. LIX.
*Templum hoc, & gymnasium ad*

*educationem nobilium adolescentium*
*ex IV. Provinciis Imperio*
*Gallico recens additis oriundorum,*
*extrui testamento*
*jussit & magnifice*
*dotavit.*

L'*Abbé* RICHARD, dans le curieux parallele qu'il a fait du Cardinal de Richelieu & du Cardinal Mazarin, imprimé en 1706, observe une chose curieuse &tres-remarquable, qu'il n'est pas inutile de rapporter ici.

Il dit, que les corps de *Richelieu* & de *Mazarin*, n'ont point été mis d'abord dans les endroits où ils sont tous deux aujourd'hui. Celui de Richelieu a été longtems caché dans un lieu secret de la Sorbonne, avant que d'avoir été placé avec honneur, au milieu de l'Eglise ou l'on voit son tombeau. *Mazarin* tout de même est demeuré plusieurs années avant d'avoir été porté dans l'Eglise du College des Quatre-Nations; ce qui est étonnant, dit le même auteur, & à quoi on n'a peutêtre jamais fait d'attention, c'est que le corps de *Richelieu* est placé dans le même endroit où étoient autrefois les aisemens du College de Clu-gny ; & celui de *Mazarin*, dans la même place, où étoit ci-devant un égoust, ou cloaque, de la Ville de Paris.

*François* d'ORBAY, né à Paris, éleve de *Louis* le VAU habile architecte, a donné tous les desseins de cette Eglise; c'est à ses soins & à son habileté à qui on doit attribuer toute la perfection qui s'y remarque.

On lit cette inscription sur la frise du frontispice du côté de la riviere.

### JUL. MAZARIN. S. R. E. CARD.
### BASILICAM GYMNAS.
### F. C. A. M. DC. LXI.

On a enterré dans la chapelle un savant de grande réputation, *Pierre* VARIGNON, Prêtre, Professeur roial en philosophie, *Grecque & Latine*, & Professeur de mathematiques au College des Quatre-Nations, Pensionnaire de l'Academie des sciences, membre de la societé roiale de Londres, & de l'Academie de Berlin, un des grands mathematiciens de ces derniers tems. Il est mort le 3 de Decembre de l'année 1722.

L'interieur de ce College est vaste &

tres spacieux, & les édifices nombreux sont parfaitement bien disposez.

Il se trouve deux cours : la premiere qui est la plus petite, est ornée de chaque côté d'un portique Corinthien en pilastres, avec des frontons, dans les timpans desquels on a placé des cadrans; l'un de ces portiques sert d'entrée à l'Eglise, l'autre au grand escalier qui mene aux principaux appartemens & à la bibliotheque.

La seconde cour est incomparablement plus grande, mais elle n'a des appartemens que de deux côtez seulement pour un grand nombre de personnes qui y sont commodement logées.

Les classes sont dans des sales de plein-pié avec la cour.

Mais ce que l'on trouvera de plus remarquable dans ce College & digne d'une plus grande curiosité, c'est la bibliotheque, composée de trente six mille volumes, que le Cardinal Mazarin avoit amassez avec bien de la dépense & des soins pendant son ministere. Elle est dans un lieu vaste, & dans un tres bel arrangement. Les armoires sont d'une menuiserie ornée de colonnes & de sculptures. Comme elle est d'une grande longueur, elle occupe un des pavillons qui avance sur le quai.

F iiij

Cette bibliotheque fut d'abord augmentée de celle de *Jean* DES CORDES, Chanoine de Limoges, lequel avoit acheté celle de *Simon Bosius*, illustre savant; mais elle fut rendue infiniment plus nombreuse pendant la fortune prodigieuse du Cardinal; & comme cette Eminence aimoit beaucoup à aquerir, & qu'il avoit de la magnificence pour les choses qui pouvoient lui procurer de la réputation, il fit de tres-grandes dépenses pour enrichir cette bibliotheque & pour la rendre tres-considerable.

Il envoia *Gabriel* NAUDE, né à Paris, son bibliothequaire, tres-habile dans la connoissance des livres, en plusieurs endroits de l'Europe pour chercher des livres rares. Il tira beaucoup de manuscrits de la bibliotheque de saint Vaast d'Arras, dont il fit un tres-excellent choix: cependant cette bibliotheque perdit quelques volumes rares dans un mouvement fâcheux, qui auroit ruiné sans ressource la fortune de ce Cardinal, s'il n'avoit pas été soûtenu vigoureusement: ce fut pendant les troubles de la minorité du roi Louis XIV, que l'on vendit publiquement ses riches meubles & ses livres, après la confiscation de tous ses biens, & que le Parlement l'eût proscrit, & mis sa tête à prix ; mais peu après, ses affaires furent remises en meilleur état, & son Eminence revint dans un crédit & dans un éclat encore plus grand qu'auparavant.

Pour la commodité du plublic, le Cardinal a ordonné par son testament qu'elle seroit ouverte deux fois la semaine, le Lundi & le Jeudi, ce qui s'est regulierement executé jusqu'ici.

Les fonds affectez pour l'entretien de ce College, sont tres-considerables. Avec la riche Abbéie de saint Michel en l'Erm, qui y a été unie, il y a encore des rentes sur l'hôtel de Ville, & plusieurs maisons dans les rues voisines, qui produisent un grand revenu.

On a ouvert les classes pour la premiere fois dans le mois d'Octobre de l'année 1688. ce qui se fit avec un concours considerable de personnes de distinction qui voulurent être témoins de cette ceremonie honorée de la présence de plusieurs illustres membres du Parlement.

Le dessein du Cardinal *Mazarin* a été d'entretenir des gentilshommes de quatre nations differentes, dont le payis a longtems servi de théatre à la guerre, & de les faire instruire dans tous les exercices qui conviennent à leur naissance.

Il doit y en avoir soixante en tout, dont quinze seront des environs de Pignerol pour l'Italie ; autant d'Alsace pour l'Allemagne ; vingt des Payis-bas catholiques, & dix du Roussillon ; mais par arrêt du Parlement, le nombre a été réduit à trente en tout.

Les Docteurs de la maison de Sorbonne doivent être les directeurs de ce College, & prendre soin de tout ce qui s'y passe. Ils nomment le Principal, qui porte le titre de grand Maître, & les Professeurs, qui sont ordinairement les plus habiles de l'Université, soit pour les hautes, ou les basses classes ; ce qui est cause que le nombre des écoliers externes est toûjours tres-grand.

Un avantage considerable que ce College a pardessus les autres de l'Université, c'est qu'il y a un professeur en mathematique. VARIGNON, dont on a parlé, tres habile dans cette science, & dans toutes les diverses parties qui en dépendent, y a donné les leçons avec bien du succès.

Si la fondation pouvoit être executée dans son entier, les gentilshommes des Quatre Nations, dont on vient de parler, devroient monter à cheval ; il y a déja même un lieu destiné pour le manége & pour les autres exercices militaires.

On devoit leur montrer à danser, à faire des armes, à voltiger, les mathématiques & les belles lettres ; ils auroient été generalement fournis de toutes choses, sans qu'il leur en eût rien coûté : ce qui faisoit considerer la fondation de ce College comme une des plus utiles que l'on eut encore faite, étant pour trois choses principales ; à savoir, pour les humanitez, pour les exercices de l'Academie, & pour l'usage de la bibliotheque qui est publique, comme on l'a déja dit.

Sur le Quai qui regne le long de la riviere, on a gravé cette inscription, qui est de *François* BLONDEL, savant Architecte du siecle passé, tres versé dans la belle litterature.

## LUDOVICO MAGNO.

RIPAM HANC UT RIPÆ ALTERIUS

DIGNITATI RESPONDERET

QUADRO SAXO CC. PRÆF. ET ÆDIL*
F vj

## ANN. M. DC. LXIX. & M. DC. LXX.

Dans le gros Pavillon du même college des quatre Nations, du côté du Pont-Roial, l'on peut voir plusieurs belles pieces que l'on conserve encore dans l'appartement de *Jean* JOUVENET, un des plus grands Peintres qui aient paru dans ces derniers tems, mort depuis quelques années, comme on l'a dit dans l'article de saint Sulpice où il est inhumé. Et parce que l'on n'a pû parler dans le cours de cette description que d'une partie de ses ouvrages, il ne sera pas inutile pour les amateurs de la peinture, d'en marquer encore quelques autres tres-considerables, qui font connoître à quel degré de perfection & d'excellence il a porté son art.

Le Parlement de Bretagne le fit venir à Rennes en 1695, pour embellir la chambre du Conseil, où il fit un grand plafond, que l'on considere comme le plus beau morceau de peinture qu'il y ait à present en France.

Il a été occupé en 1704 aux grands travaux de peinture à fresque du dôme des Invalides, où il a fait les douze Apôtres d'une proportion extraordinaire, pour conserver la perspective & les points de vûe, à cause de l'extrême éloignement où ils se trouvent.

En 1709 il a travaillé à la magnifique chapelle de Versailles, pour laquelle on a fait des dépenses excessives. Le grand morceau du plafond à l'extrémité de la chapelle, au-dessus de la tribune du Roi, qui représente la descente du saint Esprit sur les Apôtres, est de lui ; ce magnifique morceau se distingue aisément par sa beauté singuliere, de toutes les autres belles peintures que l'on admire dans cette riche chapelle, aussi-bien qu'un tableau d'un des petits autels dans le même lieu, où saint Louis est représenté qui panse des malades.

Les quatre grands tableaux que l'on voit de lui dans l'Eglise de saint Martin des Champs, ont eu tant d'admirateurs, que le Roi a voulu en avoir des copies de sa propre main, exprès pour des tapisseries qui ont été fabriquées aux Gobelins, avec bien du soin, par les plus habiles maîtres qui travaillent à cette celebre manufacture, la premiere de toute l'Europe, à cause des excellens ouvrages qui en sortent tous les jours.

Il a fait peu d'années avant sa mort ;

un plafond d'une beauté extraordinaire pour le Parlement de Rouen sa patrie, & le grand tableau qui représente la Visitation de la sainte Vierge, placé dans le chœur de l'Eglise de Nôtre-Dame, qui a été son dernier ouvrage, avec lequel il a terminé tous ses grands travaux, comme on l'a dit ailleurs ; mais ce qu'on ne pourroit croire, sans le témoignage sincere de tous ceux qui l'ont pratiqué, c'est qu'aiant été attaqué d'une violente paralysie pendant les trois dernieres années de sa vie, qui lui ôtoit entierement l'usage de la main droite, & d'une partie du corps, il fut obligé de se servir de la main gauche qui à peine lui restoit libre, pour ces deux dernieres pieces, dans lesquelles on remarque cependant plus de force & de perfection que dans tout ce qu'il avoit fait auparavant ; ce que l'on doit considerer comme une chose tout à-fait surprenante.

Le Roi, pour le distinguer d'une maniere particuliere, lui donna une pension considerable, dans des conjonctures où les gratifications étoient tres-difficiles à obtenir, dont il a joui pendant plusieurs années ; & jusqu'à sa mort arrivée en 1717.

Le Quai Malaquest, qui regne depuis le college des quatre Nations jusqu'au Pont-Roial, fut commencé à revêtir de pierre de taille en l'année 1669; l'on y travailla avec tant d'exactitude & d'empreſſement, qu'il fut terminé fort peu de tems après, par la vigilance des Magiſtrats qui étoient alors en charge, fort zelez pour les embelliſſemens de la Ville, & pour l'utilité publique.

Ce rivage n'étoit auparavant qu'un terrain fort incommode, rempli d'immondices, que la riviere endommageoit tous les ans par ſes débordemens. Le quai *Malaqueſt* eſt à preſent le plus beau de toute la Ville, à cauſe de ſa largeur qui eſt de dix toiſes, de la magnifique vûe dont il jouit, & du nombre de grandes maiſons, dont il eſt bordé d'une extremité à l'autre, qui ſont ſans contredit un des plus beaux ornemens de toute la Ville.

L'Hôtel de Lauzun eſt un peu au delà de la rue des petits Auguſtins, & donne ſur le quai Malaqueſt. Cette maiſon eſt d'une apparence triſte & deſagréable, ſans aucun ornement: elle eſt ſituée au fond d'une cour d'une mediocre étendue. Il y a cependant des apartemens assez logeables, & beaucoup de commoditez pour les domestiques & pour la suite d'une personne de distinction.

Le *Duc* de LAUZUN a acheté cet hôtel en 1712, de la Duchesse de *Crequy*, qui l'avoit du feu Duc de Crequy son époux, premier Gentilhomme de la Chambre, & Gouverneur de Paris, fort connu dans le monde par son ambassade de Rome. Le Duc de Crequy l'avoit eu de *Marie Martinozzi*, Princesse de Conty, mere du Prince de Conty dernier mort, comme on l'a déja dit.

L'HÔTEL DE BOUILLON est dans la même suite. Cette grande maison a été bâtie par *Macé Bertrand* de la BASINIERE, Tresorier de l'épargne, qui y fit de tres-grandes dépenses; ce qui fut cause que dans son tems on regardoit cette maison comme une des plus magnifiques de Paris. Les appartemens sont grands & richement ornez. La sale a un plafond assez bien peint ; mais ce que les curieux estiment le plus, c'est un cabinet du côté du jardin, peint par *Charles* le BRUN, lequel y a représenté un Apollon sur le parnasse, accompagné des arts & des sciences. Ce morceau de peinture est d'une excellente maniere, & les connoisseurs le regardent avec admiration.

L'appartement de la *Duchesse* de BOUILLON *Marie-Anne Mancini*, morte en 1714, lequel regne du côté de la riviere, étoit fort orné, pendant la vie de la Duchesse, de peintures & de dorures, avec quelques tableaux de prix. Le cabinet de cet appartement étoit garni de bijoux précieux, de porcelaines & de vases de cristal de roche.

La maison qui fait le coin de la rue de saint Pere, laquelle a appartenu autrefois au *Comte de Morstin*, grand Tresorier de Pologne, est décorée de quantité de moulures; mais la cour est trop serrée, ce qui est cause que les appartemens en sont obscurs. Les entablemens sont surmontez d'une balustrade qui regne tout autour des combles, & les dehors de cette maison reparez depuis peu, sont d'une assez grande apparence.

A l'autre coin de la rue de saint Pere, il y a une maison spacieuse, qui a toujours été occupée par des personnes de distinction, quoiqu'elle n'ait rien de beau. Le *Comte de* SINZENDORF, envoyé extraordinaire de S. M. *imperiale*, y a demeuré pendant le cours de sa négociation. En 1716 on y a fait de grands changemens, elle a été fort rajustée en dehors & en dedans, & elle peut passer à présent pour une maison fort logeable.

Plus avant est la belle maison que le *Président* PERRAULT, Intendant du Prince de Condé a fait considerablement réparer. Elle a été ensuite occupée par la *Duchesse de Portsmout*. Elle appartenoit en l'année 1709 à *Michel* CHAMILLART, ci-devant Ministre & Secretaire d'Etat, Controlleur General des Finances, qui l'a vendue depuis à N.... GLUC, directeur des teintures des Gobelins, qui a acquis de tres-grands biens dans son art, & dans la fabrique de la belle écarlate.

On estime sur tout la galerie de cette maison, qui donne sur la riviere, percée également des deux côtez, ornée de divers tableaux qui representent les premieres personnes de la maison roiale, de grandeur naturelle. Il y a dans le jardin quelques statues d'après les bonnes antiques, copiées par d'habiles maîtres; entre autres deux gladiateurs en couleur de bronze, la Venus de Medicis & un jeune Bacchus.

On conserve dans la chapelle de cette maison un tableau d'*Albert* DURER, ancien peintre Alleman, que l'on eſtime beaucoup auſſi-bien que de fort bonnes copies des ſacremens, du fameux Pouſſin, qui ſont dans le même lieu.

Il y a encore une petite galerie, où l'on peut voir des peintures de BLANCHART, né à Paris; il étoit eſtimé à cauſe de ſa maniere agréable, qui tenoit beaucoup de celle de TITIEN, dont il avoit longtems étudié les ouvrages à Veniſe.

## LES THEATINS.

Ces Peres sont venus à Paris en l'année 1644, par les soins du *Cardinal* MAZARIN, qui se déclara leur fondateur, & leur acheta la maison dans laquelle ils sont logez à present, qu'ils n'occuperent cependant que quelques années après. Le 27 de Juillet 1648, qui se trouva la veille de la fête de sainte Anne, patrone de la reine mere Anne d'Autriche, le roi Louis XIV. pour faire honneur à ces Peres, voulut assister à la cérémonie de leur instalation, accompagné de la Reine sa mere, & de plusieurs Seigneurs de distinction, & ordonna que leur Eglise fût appellée *sainte Anne la roiale*. Le Cardinal en mourant leur laissa cent mille écus, dont ils se sont servi pour commencer le bâtiment de leur Eglise, qui est demeuré imparfait jusqu'à present, parce que l'entreprise alloit bien plus haut que le legs qu'on leur avoit fait.

Ces Peres sont les seuls de cet ordre en France, & le Cardinal Mazarin a été le premier qui les a fait venir d'Italie, où ils sont en grand crédit.

Cette Eminence sur qui la fortune avoit répandu toutes ses faveurs à pleines mains, étoit fort affectionnée à ces Peres, parce qu'ils desservent à Rome la paroisse dans laquelle ce Cardinal avoit été baptisé ; ce qui l'engagea à faire la dépense d'une nouvelle Eglise, où l'on voit en gros volume ses armes en plusieurs endroits, & des épitaphes qu'il y a fait mettre pour tâcher de prouver l'ancienneté de la famille des Mazarins.

On ne doit pas regretter si l'ouvrage de l'Eglise des Théatins est demeuré imparfait ; la bizarre idée dans laquelle le dessein en a été conçu, ne fait rien esperer de beau.

Sur la fausse opinion où l'on a été autrefois, qu'il n'y avoit point d'assez habiles Architectes en France pour des édifices de conséquence, on fit venir exprès d'Italie le P. *Camille* GUARINI, qui montra son extrême incapacité, & le peu de goût & d'experience qu'il avoit dans la bonne architecture, quoiqu'il eût de la réputation dans sa patrie, & qu'il eût été emploié à la conduite de quelques édifices, mais à la verité de peu de conséquence.

Ce pere Theatin se voulant distinguer en s'éloignant des regles établies par les grands maîtres, entreprit de suivre les extravagances du cavalier *François Boromini* Romain, lequel s'étoit fait une maniere particuliere en renverſant tout ce que l'uſage & la raiſon avoient autoriſé avant lui par des exemples ſans nombre, en quoi il a réuſſi en quelque maniere à Rome, où l'on voit des édifices de ſa conduite, dans leſquels la ſingularité produit des effets aſſez ſupportables, comme la *nef de ſaint-Jean* de *Latran*, la *Sapience*, la *Madonine* & le petit *ſaint-Charles* des *quatres fontaines*.

Mais ici le P. *Camille* n'a imité que le plus ridicule & le plus mauvais, n'aïant pas ſuivi ſon maître en tout, comme il auroit dû faire pour faire quelque choſe de bon, & ſon caprice a tout gâté.

Il reſtoit encore plus des deux tiers de cet édifice à achever. Les quatre grands arcs doubleaux devoient ſoûtenir un dôme aſſez élevé, accompagné de pluſieurs autres; & chaque chapelle en devoit avoir un particulier, pour y donner plus de lumiere.

Par le ſecours d'une lotterie accordée à ces Peres, on a repris l'ouvrage de cette Egliſe en 1714, ſur le produit de laquelle on a pouſſé les travaux, non pas ſur les deſſeins déja commencez; mais on s'est réduit à faire des chapelles, & à fermer l'ouverture du dôme avec une voute en calotte surbaissée, & d'autres ajustemens autant convenables qu'il a été possible de le faire.

Cependant en 1718 & 1719, on a recommencé à travailler à l'édifice de cette Eglise, mais avec lenteur. On a donné à ces Peres, dans le même tems, les douze colonnes de marbre avec leurs couronnemens, & les piédestaux qui ornoient la place des Victoires, qu'ils doivent employer à la décoration du grand Autel de leur Eglise ; on a aussi publié qu'ils avoient été gratifiez d'une somme d'argent pour achever ce qu'ils avoient entrepris, mais cependant on peut dire que le dessein qu'ils ont choisi ne paroît pas d'une perfection telle qu'il seroit à desirer.

*Lievain*, Entrepreneur de bâtimens, peu connu parmi les Architectes, a conduit la plus grande partie des nouveaux travaux de cette Eglise.

La sacristie de ces Peres est remplie de plusieurs reliques qui leur ont été données par la reine *Anne d'Autriche*, en consideration de ce que leur Eglise est dédiée sous le titre de sainte Anne, patrone de cette Reine, comme on l'a dit ci-dessus.

Le P. *Alexis* du Buc, de cette maison, a travaillé pendant dix ans, & plus, à la converſion des Hérétiques par des controverſes publiques & particulieres, qui ont produit de tres-grands fruits.

Le P. Quinquet, Prédicateur, qui a paru à la Cour & à la Ville avec applaudiſſement, eſt de cette maiſon.

Le cœur du *Cardinal* Mazarin eſt conſervé dans l'Egliſe de ces Peres.

*Edme* Boursault, né à Bar ſur Seine, mort en 1701, y eſt enterré : il s'étoit fait de la réputation par pluſieurs pieces d'eſprit, & par des comédies qui ont été repreſentées avec ſuccès, ſur tout les deux Eſopes, où il a jetté quantité de traits ingenieux contre la morale dereglée de la Cour & de la Ville. Son recueil de lettres eſt auſſi eſtimé ; & quoiqu'il ne ſut point de latin, cependant ſes productions ont beaucoup d'agrémens & donnent de la ſatisfaction aux lecteurs.

Le principal inſtitut des Théatins, eſt de vivre des charitez qu'on leur fait, ſans qu'il leur ſoit permis d'envoier quêter par la Ville, comme font les autres mandians : cependant ces Religieux ne laiſſent pas de ſubſiſter fort commodément par les ſecours de pluſieurs perſonnes

nes de qualité qui sont instruites de la rigueur de leur regle sur cet article tres-severe.

La derniere maison remarquable du *quai* MALAQUEST, est l'HÔTEL DE MAILLY, dont les vûes font le principal agrément, parce qu'elles s'étendent sur les Tuilleries & sur le cours de la Reine, avec la riviere qui forme un long canal à cet endroit, dont les bords sont remplis d'objets tres-magnifiques. Cette maison a été rebâtie depuis quelques années, & augmentée de plusieurs appartemens qui peuvent loger commodement une grande famille: cependant il y a peu d'ornemens, & les meubles qui y sont n'ont rien d'extraordinaire.

Le *quartier* de la GRENOUILLIERE, qui se trouve dans la même suite, au-delà du Pont-roial & de la *rue* du *Bac*, qui y vient aboutir, étoit rempli de chantiers pour des bois à brûler, & de plusieurs maisons mal bâties, qui en rendoient l'aspect fort désagreable; cependant il n'est point de situation plus avantageuse que ce vaste terrain, pour élever des édifices de consequence, qui auroient des jardins d'une belle étendue,

*Tome IV.* G

& toutes les commoditez qui se peuvent desirer.

En l'année 1721, le *Comte* de BELLE-ILE petit-fils de *Nicolas Fouquet*, Surintendant des finances, a fait élever de fond en comble une maison à l'entrée du quartier de la Grenouilliere avec une solidité & des travaux extrêmes & avec une dépense excessive, sur les desseins de BRUAND. Cette maison est tres-considerable par la quantité des appartemens qu'elle contient, du côté de la rue de Bourbon où elle a sa principale entrée, & du côté de la riviere qui lui fournit des points de vûe tres-avantageux. Les façades sont richement décorées de balustrades & de vases autour des combles, avec des balcons en saillies soûtenus de consoles, où les sculptures n'ont point été épargnées. La terrasse qui regne du côté de la riviere, est établie sur des voûtes qui fournissent de tres grands souterrains. La décoration des appartemens répond à tout le reste, & l'on peut ajoûter que ce nouvel édifice est un des plus remarquables que l'on ait élevé à Paris depuis tres-longtems.

Dans le même tems, *Robert* de COTTE, premier architecte du Roi, a fait con-

DE LA VILLE DE PARIS. 147
ftruire au coin de la rue du Bac, deux maifons, fur fes deffeins, où il a menagé toutes les commoditez & tous les agrémens que l'on peut défirer & qui jouiffent d'une tres-belle vûe.

*Germain* de BOFFRAND, architecte tres-entendu dans fa profeffion, de qui on a un grand nombre de belles maifons en cette Ville, qui ne fervent pas peu à la décorer, comme on l'a marqué dans plufieurs endroits de cette Defcription, a été le premier qui a entrepris d'élever des édifices dans ce quartier, autrefois tres-négligé, perfuadé des avantages & des agrémens de la fituation.

En 1714 il a conftruit un grand hôtel de treize croifées de face, dont les vûes tres avantageufes regnent fur la riviere, fur les Tuilleries qui fe trouvent précifément audelà, fur le cours de la Reine, & de l'autre côté à droite, fur le Pont roial & fur une grande partie de la Ville.

Les diftributions des dedans de cet hôtel font des plus ingenieufement inventées, & l'on ne peut guere defirer de plus belles proportions que celles qui font obfervées dans toutes les pieces des appartemens de cet hôtel.

G ij

Les ornemens y sont distribuez par tout avec un grand discernement, les corniches en gorge de plafond sont embellies de sculptures dorées, les chambranles des portes & des croisées ont un fort beau profil, ainsi que les cheminées ornées de marbres de diverses espèces, & de grandes glaces, dont les bordures dorées sont ornées de sculptures sans confusion, & ingenieusement imaginées, qui produisent une excellente décoration.

L'entrée principale de cet hôtel, ainsi que des autres maisons voisines, donne sur la *rue de Bourbon*.

L'hôtel dont on parle consiste en un grand corps de logis, dont le rez de chaussée du côté de la cour est fort élevé, pour éviter les débordemens extraordinaires, ensorte que le jardin est en terrasse sur la riviere, qui n'est que trop voisine. La cour est accompagnée de deux basses cours, l'une pour les cuisines, & l'autre pour les remises & pour les écuries, qui sont d'une bonne grandeur.

Ce bel hôtel est à present occupé par *J. B. Colbert, Chevalier, Marquis de* TORCY, *Ministre d'Etat, Commandeur des ordres du Roi, ci-devant Grand*

DE LA VILLE DE PARIS. 149
*Maître & Surintendant general des postes, couriers & chevaux de relais de France.*

La maison à côté, à peu près dans la même disposition, excepté qu'elle a moins d'étendue, & dont aussi par conséquent les appartemens ne sont pas si nombreux, ni si embellis, est aussi un ouvrage de *Germain* de BEAUFFRAND, à qui elle a appartenu.

C'est dans cette maison que l'on conserve la fameuse & riche bibliotheque de J. B. COLBERT, de laquelle tant de savans ont parlé, à cause des rares & précieux manuscrits dont elle est composée, qui la font consider en ce genre comme une des plus curieuses de toute l'Europe.

La *Princesse Marie-Therese de Bourbon Condé*, seconde douairiere de CONTY, avoit fait élever pour elle, en l'année 1716, un grand hôtel sur les desseins de *Robert* de COTTE, premier architecte du Roi, mais en 1719, elle s'en est accommodée avec le *Duc* du MAINE, *légitimé* de *France*, qui l'a fait achever & qui a fait construire une grande basse cour, de l'autre côté de la

G iij

rue, pour des écuries spacieuses & de grands logemens pour son nombreux domestique.

Le *Duc* d'HUMIERES a fait élever presque en même tems & dans la même suite un hôtel, où il est à present logé, d'une maniere qui convient à une personne de son rang, puisque cet hôtel a tout ce que l'on peut désirer, pour la noble & sage décoration des dehors & pour la richesse des dedans, en meubles & en tout ce qui marque le bon choix & le discernement délicat. La porte est décorée d'architecture & de plusieurs ornemens tres-bien imaginez.

Tous ces beaux édifices font à present une si grande & si magnifique décoration dans ce quartier, autrefois presque abandonné, qu'il est à présumer, qu'avec tous les agrémens qui s'y trouvent, les places qui restent encore vagues seront bientôt remplies.

La *Duchesse* de BOURBON s'est accommodée en 1720, d'un fort grand espace de terrain, audelà des maisons dont on vient de parler, dans lequel on a déja jetté des fondations tres solides qui font connoître par avance que ce sera

DE LA VILLE DE PARIS. 151
un fort grand édifice, & par fa vaste
étendue & par la solidité avec laquelle
on le construit. Il aura une longue terrasse sur la riviere, vis-à-vis du cours
de laReine, & des points de vûe magnifiques.

On a tiré en même tems une nouvelle
rue à côté qui commence à la riviere,
laquelle en perçant au travers de plusieurs
maisons, va terminer aux avenues des
Invalides.

On la nomme la *rue* de BOURGO-
GNE.

L'Isle dans la Seine, qui se trouve
plus bas, a été rehaussée de plusieurs piés
pour éviter les inondations, dans laquelle on doit établir des chantiers, pour les
bois à bruler.

G iiij

## LE PONT-ROIAL

POur ne rien négliger de toutes les choses qui se doivent remarquer dans cette suite, on a jugé à propos de faire en cet endroit la description du Pont Roial.

Les débordemens extraordinaires de la riviere de Seine aiant endommagé plusieurs fois le Pont Rouge, qui n'étoit autrefois que de bois, & qui subsistoit depuis l'année 1632, fut entierement emporté par le dégel de l'année 1684; & pour faire une avenue qui répondît noblement à la grandeur & à la Majesté du Louvre, le Roi ordonna de faire un pont de pierre, dont la structure fut dans toutes les regles de l'art, les plus exactes & les plus étudiées.

*Laurent* TONTI, Sicilien d'origine, donna dans le mois de Decembre 1656, l'idée d'une loterie pour la construction d'un pont de pierres, qui devoit être bâti au même endroit; mais son dessein ne fut pas executé alors.

La *Tontine* a été appellée de son nom, parce qu'il en avoit donné le plan, qui n'a été executé que fort longtems de-

VUE DE LA VILLE DE PARIS, PRISE DU PONT ROYAL.

puis, pour des rentes viageres par accroiſſement, qui ſont établies ſur l'Hôtel de Ville.

Les fondations du Pont-Roial furent jettées le 25 d'Octobre de l'année 1685, & rien ne fut négligé de toutes les choſes qui devoient contribuer à la ſolidité d'un édifice expoſé à la fureur des débordemens & à la rapidité d'une grande riviere, laquelle en cet endroit eſt plus profonde & plus étroite, & par conſéquent plus rapide qu'elle n'eſt par tout ailleurs.

On travailla d'abord à la culée & aux deux piles qui ſont du côté du quartier de ſaint Germain, avec tant d'application & de vigilance, que les fondations en furent établies & pouſſées à fleur d'eau le ſecond été. Enſuite on en fit autant du côté du Louvre, de maniere que ce grand édifice fut conduit à la perfection où il eſt à preſent, en bien moins de tems que l'on ne l'avoit imaginé.

Ce Pont eſt ſoûtenu de quatre piles & de deux culées, qui forment cinq arches entre elles, dont les ceintres ſont d'un trait fort correct & fort hardi, & d'une tres-grande ſolidité.

L'on n'a emploié pour la conſtruction, que des materiaux d'élite, ſur tout des pierres d'une extrême grandeur, & d'un choix tres-exact.

Les deux extrémitez du Pont sont en trompes fort larges, & d'une coupe tres-ingenieuse, pour en faciliter plus commodément l'entrée aux carosses & aux grosses voitures; & de chaque côté dans toute la longueur, il y a des trottoirs à l'imitation du Pont-Neuf, pour la commodité des gens de pié.

Mais afin de faire mieux comprendre la disposition generale de ce bel ouvrage, voici les mesures justes de toutes ses parties.

La longueur entiere de ce Pont est environ de soixante & douze toises, partagée en onze parties, tant pleines que vuides, dont les deux extrémitez sont les deux culées de six toises chacune, & cinq arcades de differentes largeurs, entre lesquelles celle du milieu a douze toises de vuide; les deux d'après onze chacune, & celles des extrémitez dix. Les quatre piles sont de quatorze piés d'épaisseur chacune. Toutes ces parties rapportées ensemble, font les soixante & douze toises dont on a parlé.

La route du Pont est de huit toises quatre piés de largeur, desquelles on a pris neuf piés pour chaque trottoir, sans compter deux autres piés pour l'épaisseur de chaque parapet.

Tout cet édifice est fort simple, & n'a aucun ornement, mais en récompense rien n'a été négligé pour y donner toute la solidité qu'il pouvoit avoir pour la situation où il se trouve.

*Jules Hardouin*, surnommé MANSART, en a donné les devis, qui ont paru imprimez.

Cependant le *Frere François* ROMAIN, Jacobin, originaire de la ville de Gand, habile & experimenté dans la construction des ponts, donna les desseins & conduisit l'ouvrage avec de tres-grands soins.

Pour donner quelque sorte de satisfaction aux curieux, il faut dire encore que dans le massif de la premiere pile du côté du Louvre, on a enfermé plusieurs médailles qui furent posées avec ceremonie le 25 d'Octobre 1685.

Elles sont dans une boëte de bois de cedre, qui est le moins corruptible, longue de quatorze pouces, & large de dix.

Au fond de cette boëte, on a mis une table de cuivre doré d'or moulu, large de cinq pouces, & longue de neuf, sur laquelle est cette inscription en lettres de relief.

## DESCRIPTION

**LUDOVICUS MAGNUS**
Rex Christianissimus,
devictis hostibus,
pace Europæ indicta,
Regiæ civitatis commodo
intentus,
pontem lapideum
ligneo et caduco
ad Luparam substituit
anno M. DC. LXXXV.

La plus grande de toutes les médailles est d'or, qui pese un marc sept gros & vingt-quatre grains. D'un côté elle porte le buste du Roi, avec ces mots autour,

**LUDOVICUS MAGNUS**
Rex Christianissimus.

Et de l'autre côté cette autre inscription.

URBIS
ORNAMENTO
ET
COMMODO
PONS AD LUPARAM
CONSTR.
ANNO M. DC. LXXXV.

On a accompagné cette grande médaille de douze autres d'argent, qui marquent en particulier quelque évenement mémorable. Elles pesent toutes ensemble six marcs une once six gros.

La premiere est pour la paix. D'un côté le Roi est representé, & de l'autre un homme tenant d'une main la corne d'abondance; & de l'autre main un rameau d'olive, avec ces mots autour;

FELICITAS TEMPORUM.

Dans l'exergue,

M. DC. LXIII.

158 DESCRIPTION

La seconde a été frappée à l'occasion de l'insulte faite à Rome au Duc de Crequy, Ambassadeur de France. D'un côté le Roi est representé, & de l'autre une piramide, au pié de laquelle est une femme le casque en tête, & un bâton de Commandement à la main droite, appuiée de la gauche sur un bouclier, où est écrit,

ROMA.

Autour on a mis cette legende,

OB NEF. SCELUS
A CORSIS EDIT. IN ORATOREM
REGIS FRANC.
M. DC. LXIV.

La troisiéme, la bataille de Saint Gotard, où les troupes Françoises défirent les Turcs. D'un côté le Roi est representé avec ces mots,

LOUIS XIV.
ROY DE FRANCE ET DE NAVARRE.

Et de l'autre, la Victoire couronnée de laurier, dont la robe est semée de fleurs-de-lis, qui tient une palme d'une main, & de l'autre une couronne de laurier. On lit autour,

GERMANIA SERVATA.

M. DC. LXVI.

La quatriéme est la devise du Roi d'un côté, il y est representé avec ces mots autour,

LUDOVICUS MAGNUS, FRANC. ET NAV. REX P. P.

Au revers, un soleil élevé au dessus d'un globe terrestre, avec ces paroles,

NEC PLURIBUS IMPAR.

M. DC. LXXII.

La cinquiéme est pour le passage du Rhin. Le buste du Roi avec cette legende,

LUDOVICUS XIV. D. G. FR. ET NAV. REX.

Au revers, les troupes françoises passent le Rhin à nage pour suivre les ennemis. Sur le devant est la figure d'un vieillard assis, levant les mains au ciel de crainte & d'étonnement, qui represente le Dieu de ce fleuve. Autour est écrit,

RHENO BATAVISQUE UNA
SUPERATIS.
M. DC. LXXII.

La sixiéme est la médaille que la ville de Paris a fait frapper, où le Roi est representé avec cette inscription,

LUDOVICUS MAGNUS
FRANC. ET NAV. REX P. P.

Et de l'autre côté, une femme assise, appuiée sur un bouclier, où sont les armes de la Ville, & au-dessous 1672. Sur le bord on lit,

FELICITAS PUBLICA.
LUTETIA.

La septiéme est pour la paix de Ni-

DE LA VILLE DE PARIS. 161
megue, le buste du Roi avec ces mots autour,

LUDOVICUS MAGNUS REX.

Et au revers cette autre inscription,

LUDOVICO MAGNO,

QUI BATAVIS DEBELLATIS.

La huitiéme, est la reduction de Strasbourg & celle de Casal. D'un côté la tête du Roi, avec ces mots autour,

LUDOVICUS MAGNUS

REX CHRISTIANISSIMUS.

Et sur le revers,

QUOD ARGENTORATO ACCEPTO

EODEMQUE DIE CASALIA ARCE,

IN FIDEM ACCEPTA, GALLIÆ

ATQUE ITALIÆ OPI FELICISSIME

PROSPEXERIT.

1681.

162 DESCRIPTION

La neuviéme, la trêve arrêtée avec les ennemis de la France. D'un côté le Roi avec ces mots,

## LUDOVICUS MAGNUS

REX CHRISTIANISSIMUS.

Et au revers, la Victoire, qui tient d'une main une couronne d'olivier, & de l'autre un caducée, le pié appuyé sur un globe, avec ces mots,

JUSSIT QUIESCERE.

INDUCIÆ 1684.

La dixiéme, la prise de la fameuse ville de Luxembourg. La tête du Roi d'un côté, avec ces mots autour,

## LUDOVICUS MAGNUS

REX CHRISTIANISSIMUS.

Et de l'autre, cette longue inscription

## LUDOVICO MAGNO

QUOD BELLO

DE LA VILLE DE PARIS. 163
AB HISPANIS LACESSITUS
ET CAUSA ET MILITE SUPERIOR,
LUXEMBURGO SUBACTO
IMMORTALEM
QUAM ARMIS NACTUS EST GLORIAM,
CONCESSA ITERUM EUROPÆ
TRANQUILLITATE, CUMULAVIT.
M. DC. LXXXIV.

La onziéme repreſente la paix accordée aux Algeriens. Le Roi eſt d'un côté avec ces mots,

LUDOVICUS MAGNUS
REX CHRISTIANISSIMUS.

De l'autre, le Roi eſt repreſenté debout, avec un Algerien à genoux devant lui, & ces mots autour,

CONFECTO BELLO PIRATICO,
AFRICA SUPPLEX.
ANN. M. DC. LXXXIV.

La douziéme enfin & la derniere, est pour la ville de Gennes. Sur la principale face de cette médaille, le Roi est representé avec cette legende,

## LUDOVICUS MAGNUS
### Rex christianissimus.

Et sur l'autre, la figure de Jupiter lançant un foudre, & le port de Genes representé dans l'éloignement. Cette inscription est autour,

## VIBRATA
## IN SUPERBOS FULMINA.

Et dans l'exergue,

## GENUA EMENDATA.
## M. DC. LXXXIV.

Toutes ces médailles sont enfermées comme on l'a déja dit, dans une boëte de bois de cedre, garnie en dedans d'un satin bleu, sur lequel les armes de France sont peintes.

On a mis cette boëte dans une autre de plomb, foudée le plus correctement qu'il a été poffible ; & ces deux boëtes ainfi l'une dans l'autre, ont été incaftrées dans une grande pierre de quatre à cinq piés de long, fur trois de large, pofée à la neuviéme affife de la pile, dont on a parlé, où felon toutes les apparences elles demeureront longtems, puifqu'il faudra la ruine entiere de ce grand & folide édifice, avant qu'elles puiffent être tirées du lieu où elles ont été enfermées.

La dépenfe du Pont-roial a monté à deux cens quarante mille *écus* feulement, dont le paiement a été délégué à *Gabriel*, entrepreneur de tout l'ouvrage, fur le tréforier des Ponts & Chauffées de France, par un Arrêt donné le 10 de Mars 1685.

Pour embellir le rivage de la riviere audelà du Pont-roial, dont l'efpace n'étoit occupé que par des chantiers & de tres-vilaines maifons, qui ne répondoient point du tout à la beauté des Tuilleries ; & pour procurer une route aifée à l'hôtel roial des Invalides, on a réfolu de conftruire un grand quai qui doit être pouffé jufqu'à quatre cens toifes de longueur en defcendant, & beaucoup au-delà de l'endroit qui répond à la porte de la Conference.

Il doit être de dix toises de largeur, avec un trottoir de neuf piés, le long du parapet. D'espace en espace, il y aura des rampes en glacis, pour l'enlevement des marchandises & pour des abrevoirs, ainsi qu'il est observé au quai Malaquest, depuis le college des quatre Nations jusqu'au Pont-Roial, qui a la même largeur.

L'Ainé, Entrepreneur, s'étoit chargé de ces grands travaux, & le marché avoit été arrêté à cinquante-cinq livres la toise, en quarré.

Toutes les maisons de la *Grenouilliere*, qui est le nom de ce quartier, devoient être détruites ; & il avoit été résolu d'élever en leur place un grand hôtel pour la premiere compagnie des Mousquetaires, comme celui du faubourg saint-Antoine, dont l'emplacement devoit être isolé entre quatre rues ; mais ces grands desseins n'ont pas été executez.

Ces travaux ont été commencez le onziéme d'Octobre 1707, par un Arrêt donné à Versailles, le trentiéme d'Août de la même année.

*Boucher* DORSAY, alors Prevôt des Marchands, accompagné du Corps de

Ville, fit la ceremonie de poser la premiere pierre de ces nouveaux travaux, Vendredi troisiéme de Juillet 1708, quoique les fondations eussent été jettées quelques semaines auparavant, comme on l'a dit ; mais toute cette belle & grande entreprise est demeurée suspendue jusqu'ici, & il ne paroît pas même à present que l'on songe à la continuer, comme il seroit à souhaiter, pour procurer de la commodité & de la beauté à tout ce quartier qui en a un extrême besoin, ce qui devroit engager à y travailler avec plus de soin que l'on n'a fait jusqu'ici.

Afin d'y donner plus d'agrément, il a été résolu de dresser de grandes allées d'arbres de dix toises de largeur, avec deux contre-allées, qui formeront une espece de rempart, pour joindre celles qui sont déja plantées derriere les couvent des Chartreux ; ce qui fournira une promenade très-agréable dans la suite, si les desseins arrêtez s'executent, qui demandent encore bien des soins & de la dépense.

Voilà à peu près les principales choses qui se peuvent remarquer dans le quartier de saint Germain des Prez.

Il peut y avoir encore beaucoup d'autres singularitez ; mais comme elles se trouvent chez des particuliers qui ne se soucient pas qu'on le sache, on a jugé à propos de n'en rien dire, pour épargner aux curieux la peine d'aller demander à les voir, au hazard d'être refusez, comme il arrive tres souvent, par la bizarrerie, ou par l'impolitesse de ceux à qui elles apartiennent.

# LE QUARTIER
# DE
# L'ILE DU PALAIS.

Voici enfin le dernier quartier qui reste à décrire de la ville de Paris, quoique selon l'histoire & selon l'antiquité, il eut fallu en parler d'abord ; cependant on a jugé à propos de faire autrement, pour les raisons qui ont été rapportées au commencement de cet ouvrage.

Toute la ville de Paris ne consistoit autrefois que dans une partie de l'espace qui se trouve entre les deux bras de la Seine ; aussi cet endroit, qui est celui que l'on va décrire, en a retenu l'ancien nom de CITE' qu'il conserve encore à present.

L'Ile du Palais, selon le *Commissaire Lamare*, ne contient que cinquante arpens de terre ou environ, qui font cinq cens toises de longueur en superficie, sur cent quarante dans sa plus grande largeur, & cent vingt-cinq dans une autre étendue.

Ce quartier est à la verité le plus peuplé de toute la Ville, mais en même tems tres-incommode & tres-désagréable, à cause de la confusion des hautes maisons qu'il contient ; elles sont mal bâties la plûpart, & rendent les rues tristes & fort obscures.

Ce qu'il y a de plus remarquable dans le quartier de l'ILE DU PALAIS, consiste dans quelques Eglises assez mal bâties la plûpart, & dans le Palais, où le Parlement tient ses séances.

Mais avant que d'examiner ce quartier comme on a fait les autres, dont on a donné la description, il est à propos de commencer par le Pont-Neuf, qui est la principale avenue pour y entrer, duquel on découvre une partie de tout ce que la Ville a de plus magnifique & de plus surprenant.

## LE PONT NEUF.

CE grand ouvrage fut entrepris sous le regne de *Henri* III. qui en fit jetter les fondations, Samedi trentiéme de Mai de l'année 1578, sous la conduite de *Jacques Androuet* DU CERCEAU: fameux architecte, fort versé dans son art.

Le même a fait des traitez sur l'art de bâtir qui sont estimez, dans lesquels il paroît qu'il avoit beaucoup de pratique pour les édifices que l'on construisoit alors, dont la maniere a fort changé depuis.

Le roi HENRI III. accompagné de la reine *Catherine* de *Medicis* sa mere, qui la premiere avoit, dit-on, conçû l'idée de cette grande entreprise, & de la reine *Louise de Lorraine* son épouse, avec tout ce qu'il y avoit alors d'illustre & de distingué à la Cour, mit la premiere pierre avec beaucoup d'appareil & de céremonie; elle portoit cette inscription gravée.

HENR. III. FR. ET POL. R.
POTENTIS. AUSP. CATH. MATH.

LUD. CONJUG. AUGUST. OB. C. UTIL.
PUB. FUND. PON. JAC. S. ET DIVER.
URB. NOBILIS PAR. MAG. VIAT.
COMP. M. RER. OM. Q. IMP. ET EX
COM. PER DIU. OR. ÆQ. CON. PRID.
CALEND. JUN. 1578.

 Plusieurs personnes de remarque qui s'interessoient avec bien du zele dans les choses, où la commodité publique avoit quelque part, donnerent leurs soins & toute leur application pour le succès de cette grande & utile entreprise, mais particulierement l'illustre *Christophe* de Thou, premier President du Parlement; les autres furent *Pierre* Seguier, alors Lieutenant Civil au Châtelet; *Jean* de la Guesle, Procureur general; & *Claude* Marcel, Intendant des finances : cependant malgré les soins vigilans de ces illustres magistrats, tous dévouez au salut de la patrie & à l'utilité publique, les travaux n'allerent pas à beaucoup près, aussi vîte qu'ils auroient souhaité, à cause des troubles & des desordres étranges qui arriverent dans ces tems-là, sous le regne de Henri III.

Comme cette grande entreprise demandoit des dépenses extraordinaires, on fut obligé pour y fournir, de mettre une *dace*, ou un impôt sur le peuple, dont le produit auroit fourni quatre fois plus qu'il n'étoit necessaire, si cet argent selon le terme des auteurs, n'avoit pas été englouti par les favoris, qui ne se mettent guere en peine du bien de la patrie, parce qu'ils ne songent uniquement qu'à leur fortune & à leur agrandissement.

La toise de l'ouvrage en quarré revenoit à quatre-vingt-cinq livres, comme on le voit par quelques memoires particuliers, où les comptes des entrepreneurs sont marquez exactement.

On commença d'abord à travailler avec une fort grande application aux quatre piles du côté de la rue Dauphine, qui furent élevées à fleur d'eau dès la premiere année; mais l'ouvrage demeura suspendu presque pendant tout le regne de *Henri* III.

Le roi *Henri* IV. qui aimoit la Ville de Paris, parce que le peuple l'aimoit infiniment, y fit mettre la derniere main en l'année 1604 vers la fin du mois d'Octobre, sous la conduite de *Guillaume* MARCHAND, qui s'étoit chargé de cette grande entreprise. Cet architecte, tres-renommé, est mort en 1606, deux ans après, & a été enterré à saint Gervais sa paroisse. Il avoit conduit quelques ouvrages remarquables, dont on voit encore des restes, comme le château neuf de Saint-Germain en Laye, & celui de Mouceaux en Brie, où à la verité les belles formes d'architecture ne se trouvent pas, comme on les pourroit souhaiter à present; ce qui doit d'autant plus surprendre, que les regnes precedens avoient fourni de tres-grands architectes, qu'il étoit aisé de suivre & d'imiter: cependant les regnes de Henri IV. & de Louis XIII. n'ont rien produit que de grossier & de tres-irregulier en architecture; des édifices sans goût & mal distribuez dans toutes leurs parties, des ornemens sans choix & d'une execution barbare, pour ainsi dire. Voilà en quel état se trouvoit l'architecture, & même les beaux arts négligez sous ces regnes d'une maniere pitoïable.

Mais il faut reprendre la description du Pont Neuf, un peu interrompue par une digression qui ne paroîtra peutêtre pas tout-à-fait inutile à tous les lecteurs.

La largeur entiere du Pont Neuf eſt de douze toiſes, en y comprenant l'é‑ paiſſeur du parapet. Toute cette éten‑ due eſt diviſée en trois parties ; une au milieu pour les caroſſes & les groſſes voi‑ tures, qui eſt de cinq toiſes, & le reſte pour les deux trottoirs, ou banquettes; mais cependant cette meſure ſe trouve inégalement diſtribuée, parce qu'il a fallu poſer le pont obliquement, à cauſe de l'inegalité du canal de la riviere, & auſſi pour rendre la route plus droite & plus directement allignée aux rues qui y viennent terminer.

Sur chaque pile il y a une avance en demi cercle de la largeur de la pile. Tout autour de ces rondelles, & dans toute la longueur du pont, qui eſt de cent ſoixante toiſes, il regne une corniche fort ſolide, portée ſur de grandes conſoles ſoûtenues, ou arrêtées par de tres-beaux maſcarons ; ce qui fait une fort grande décoration par dehors.

Perſonne ne peut diſconvenir que ce pont ne ſoit un des plus beaux & des mieux ordonnez de toute l'Europe. Quel‑ ques choſes que l'on puiſſe vanter ailleurs dans ce genre d'édifice, il eſt certain que cet ouvrage l'emporte ſur tous ceux dont on a connoiſſance. Sa ſtructure eſt

H iiij

d'une tres-grande correction & d'une solidité parfaite.

La longueur du Pont Neuf s'étend sur les deux bras de la Seine, à l'endroit où ils se réunissent après avoir formé l'île du Palais.

Du côté du midi, qui est la premiere partie par où ce grand édifice a été commencé, il se trouve cinq arches, & l'autre partie du côté du nord en a sept.

Les petites boutiques qui sont dessus, que divers marchands construisent & défont tous les jours, produisent des loiers qui appartiennent aux grands valets de pié du Roi, par un don que Henri IV. leur en a fait, dont ils ont joui jusqu'à present.

On doit compter entre les grandes beautez du Pont Neuf, la vûe incomparable qui s'y découvre, qui passe pour une des plus magnifiques du monde, si on en veut croire ceux qui ont vû toute l'Europe, & les payis les plus éloignez.

Un des plus grands voiageurs de ces derniers siecles n'a rien observé ailleurs de plus surprenant, mettant cette vûe entre les trois plus belles qu'il avoit remarquées dans ses longs voiages ; savoir, celle de l'entrée du port de Constantinople, celle du port de Goa, capitale des états que le roi de Portugal occupe dans les Indes Orientales, & enfin celle du Pont Neuf de Paris.

Cette magnifique vûe s'étend à droite sur le Louvre, qui presente une longue suite d'édifices magnifiques sur le bord de la riviere; à gauche sur l'hôtel de Conty, sur le college des Quatre Nations, fort remarquable pour son dôme, & par ses deux gros pavillons quarrez, un peu trop avancez à la verité; & enfin sur plusieurs grandes maisons qui s'étendent fort loin sur le bord de la riviere, avec le cours de la Reine, qui enrichit cette vûe, en la bornant tres-agréablement, & le Mont-Valerien qui s'éleve au dessus. Toutes ces riches masses, de formes differentes, pour parler en termes de paysagiste, produisent une excellente perspective dans l'éloignement, sans parler des objets qui se découvrent du côté de l'île du Palais, qui satisfont encore infiniment par leur varieté sans confusion, & par leur portée dans une distance tres-commode.

On pourroit encore ajoûter ici une remarque particuliere que les Etrangers curieux font ordinairement au sujet du Pont Neuf; c'est le concours extrême qui s'y trouve continuellement, d'un

H v

nombre infini de voitures de toutes especes, de personnes de toutes sortes d'états, & diversement habillées, & de mille objets differens, que les affaires & le genie vif & inquiet de la nation Françoise fait agir à tous momens; ce qui donne une grande & magnifique idée du peuple tres-nombreux que la Ville de Paris contient.

Il faut cependant avouer que les maisons bâties sur les autres ponts, retranchent un des plus grands charmes de cette vûe incomparable, laquelle ne trouveroit aucun obstacle de ce côté-là, comme elle n'en a point du côté du Louvre, où elle a toute l'étendue qu'elle peut avoir pour découvrir sans peine les plus beaux objets que les yeux puissent desirer; & sans cette fâcheuse interruption, la grandeur entiere de la Ville se pourroit découvrir, ce qui rendroit encore cette vûe infiniment plus parfaite & bien plus magnifique.

Mais il n'y a pas d'apparence que les maisons des ponts soient détruites, à cause des grands revenus qu'elles produisent à l'Hôtel de Ville & à plusieurs particuliers; & quoique ce dessein ait été sagement proposé plusieurs fois, il s'est trouvé tant de difficultez pour l'executer qu'on a été obligé de l'abandonner, & de laisser les choses dans l'état qu'elles sont à present.

## LA FIGURE EQUESTRE
## DU ROI HENRY IV.

DE tous les monumens publics érigez à la memoire des grands Princes, il n'en est point de plus avantageusement exposé dans aucun endroit de l'Europe, ni qui produise une plus belle décoration à la Ville de Paris que celui ci.

Ce monument est placé à l'extremité de l'île du Palais, au mileu d'une esplanade, en corps avancé sur la riviere, revêtue d'un quai solide de pierre de taille, à l'endroit où la riviere se rejoint pour reprendre son canal naturel, qui est d'une tres-grande largeur à cet endroit.

Cette situation est d'autant plus heureuse, qu'elle est dans le lieu le plus passant & le plus frequenté de toute la Ville, & qu'elle est exposée à la vûe de tous côtez, même dans des distances tres-éloignées.

Ce beau monument a été érigé le 23 du mois d'Aoust de l'année 1614, s'il en faut croire les mémoires de ce tems-là, & le Mercure françois, dans lesquels on apprend encore qu'on y travailla avec bien de la lenteur, puisque tout cet ouvrage ne fut entierement terminé & mis en l'état où il est à present, qu'en l'année 1635.

Le roi *Louis* XIII. fit ériger ce monument à l'heureuse mémoire du roi *Henri* IV. son pere, qui est representé en bronze de grandeur heroique, c'est-à-dire d'une taille de la moitié plus grande que la taille ordinaire ; ce qui étoit observé par les anciens, comme on en voit plusieurs exemples dans les débris de Rome & ailleurs, pour marquer à la posterité les grandes idées que l'on devoit concevoir des personnes illustres & extraordinaires, dont ils vouloient conserver la mémoire à la posterité par ces monumens, audessus des proportions naturelles.

Cette figure équestre est élevée sur un piédestal de marbre de figure oblongue, sur les grandes faces duquel les principales actions de ce grand roi sont representées en bas-relief de bronze, ainsi que la figure.

Aux quatre angles du piédestal soutenu sur un embasement de marbre Turquin, sont autant d'esclaves attachez qui foulent à leurs piés des armes antiques de diverses especes & de forme differente.

Tous ces accompagnemens ont été dessinez & jettez par FRANCHEVILLE, originaire de Cambray, habile sculpteur; duquel on voit des ouvrages qui ont de la beauté & quelque correction: entre autres une figure de marbre de la Verité, laquelle a longtems été dans le jardin des Tuilleries, exposée aux yeux du public & aux injures de l'air, que le Roi a donnée depuis à *Louis Phelypeaux* DE PONTCHARTRAIN, ci-devant Chancelier de France, qui l'a fait transporter depuis dans son château de Pontchartrain, où elle est à present.

La figure du cheval a été faite à Florence; c'est un ouvrage de *Jean* de BOULOGNE, né à Douay, éleve du fameux *Michel Ange, di Buonarota*: ce sculpteur étoit renommé en Italie, où il avoit appris à dessiner, & la perfection de son art; ce qui engagea à le choisir pour l'execution de cette figure, dans laquelle il se trouve plusieurs parties qui ont de la correction & des beautez particulieres.

Cependant quelques critiques intelligens, fondez sur plusieurs bonnes raisons, ont trouvé que ce cheval n'a pas été pris sur un beau modele, parce qu'il paroît d'une taille massive & trop épaisse pour un cheval de bataille, comme on a prétendu représenter celui-ci.

La figure du Roi *Henry* IV. est d'un autre sculpteur nommé du PRE', sous lequel le fameux *Jean* VARIN avoit appris la perfection de manier les métaux, sur tout pour les médailles ; en quoi il a si heureusement réussi, que les pieces sorties de ses mains sont toûjours recherchées avec empressement des curieux.

La dépense du piédestal & de tous les ornemens qui le décorent, a monté à trente mille écus.

Il ne sera pas hors du sujet de rapporter ici l'histoire particuliere du cheval, qui a couru de tres-grands dangers avant que d'arriver en France.

*Cosme* II. grand Duc de Toscane, en fit présent à *Marie de Medicis* pendant qu'elle étoit régente, *Louis* XIII. étant encore en bas âge ; le *Chevalier* PESCHOLINI, agent extraordinaire du grand Duc, fut choisi pour venir en France presenter ce cheval à leurs majestez. Il prit le soin de le faire embarquer à Livorne ; mais étant en mer, il essuia de grands risques par une horsible tempête qui porta le vaisseau où il étoit, avec tant d'impetuosité & de fureur, contre des rochers & des bancs de sable, qu'il fit naufrage vers les côtes de l'Isle de Sardaigne, où presque tout l'équipage périt miserablement. Ce cheval fut cependant tiré du fond de la mer avec beaucoup de peine & de travail, comme il est aisé de s'imaginer, & fut remis ensuite sur un autre vaisseau, qui eut quelques fâcheuses rencontres de pirates sur les côtes d'Espagne. Enfin après des avantures & des peines infinies, le vaisseau qui le portoit aborda enfin au Havre de Grace, vers le commencement du mois de May 1613, & il arriva à Paris par la riviere de Seine. Le 13 du mois d'Aoust de l'année suivante, le roi *Louis* XIII. mit la premiere pierre aux fondations du piédestal, & cette céremonie se fit avec beaucoup d'appareil & de pompe. Le Roi étoit suivi du Duc de *Liancourt*, alors Gouverneur de Paris, & de plusieurs personnes de marque; & quoiqu'il parût alors beaucoup d'empressement pour l'execution de cet ouvrage, il ne fut cependant entierement terminé que vingt deux ans après.

Mais afin d'instruire amplement la

postérité de tout ce qui se passa en cette occasion, on ne se contenta pas des diverses inscriptions qui se lisent sur les faces du piédestal, on en enferma encore une autre écrite sur du velin, dans un tuiau de plomb qui fut placé au milieu de la capacité du ventre du cheval, avec de la poudre de charbon, afin de mieux conserver cette inscription contre l'humidité, & la garantir de tout ce qui pouvoit être capable de la détruire.

La copie qui suit, que l'on a eu assez de peine à trouver, peut donner quelque satisfaction, parce qu'elle apprendra des particularitez qui ne se voient point ailleurs, ce qui a engagé à en faire une recherche tres exacte pour l'avoir fidelle & correcte, comme la voici.

## A LA GLORIEUSE

ET

## IMMORTELLE MEMOIRE

DU TRES-AUGUSTE ET TRES-INVINCIBLE

### HENRY LE GRAND,

QUATRIEME DU NOM,

ROI DE FRANCE ET DE NAVARRE;

*Le Sereniſſime grand Duc de Toſcane* FERDINAND, *mû d'un bon zele pour la poſterité, fit faire & jetter en bronze par l'excellent Sculpteur* JEAN DE BOULOGNE, *cette ſtatue repreſentant à cheval Sa Majeſté Tres-Chrétienne, que le Sereniſſime grand Duc* COSME SECOND *du nom a fait élabourer par le Sieur* PIETRO TACA *ſon Sculpteur, & l'envoia en tres-digne preſent ſous la conduite du* CHEVA-

LIER PESCHOLINI, *Agent de son Altesse Serenissime*, à *la tres-Chrétienue & tres-Auguste* MARIE DE MEDICIS, *Reine Regente en France après le decès de ce grand Roi, sous le Regne du tres-auguste* LOUIS XIII. *du nom, Roi de France & de Navarre, par le commandement tres-exprès duquel & de ladite Dame Reine sa mere, étant Messieurs* DE VERDUN, *premier Président en la Cour de Parlement de Paris*; NICOLAI, *premier Président en la Chambre des Comptes*; DE BELIEVRE, *Procureur General de Sa Majesté*; DE MESME, *Lieutenant Civil*; LE FEVRE, *Président*; DU MOULIN, DE GAUMONT, GAUDEFROY, VALLE'E, HOTMAN, ALMERAS, DE DONON *&* LEGRAS, *Tréforiers Generaux de France audit Paris*; MIRON, *Président aux Requestes, Prevôt des Marchands*; DES NEAUX, CLAPISSON,

Huot, Pasquier, *Echevins*; Perot, *Procureur du Roi pour la Ville*; *tous Commissaires aiant l'Intendance de la construction du Pont Neuf de Paris, ont au milieu d'icelui, present le Sieur* Pierre de Francheville, *premier Sculpteur de leurs Majestez, fait dresser & poser avec solemnité ladite Statue sur le piédestal à cette fin érigé. Assistans à ce*, Messieurs de Liancourt, *Gouverneur de Paris; lesdits* de Mesme, *Lieutenant Civil, le Prevôt des Marchands & les Echevins de ladite Ville.*

*L'an mil six cens quatorze, le vingt-troisiéme jour d'Aoust.*

Cette inscription peut suffire pour informer de tout ce qui se passa à la dédicace de ce monument, sans qu'il soit besoin de rien dire davantage.

Les inscriptions qui suivent se lisent aux faces du piédestal, en lettres dorées de relief sur des tables de bronze. Elles sont de la composition de *Benigne* MIL-LOTET, Avocat general au Parlement de Bourgogne, qui n'étoit pas fort versé dans le stile lapidaire; ce qui fait paroître que les belles lettres n'étoient pas encore cultivées en France, comme elles ont été depuis; ce que l'on doit attribuer aux guerres presque continuelles qui avoient duré depuis François I. sous le regne duquel elles avoient fleuri avec un tres-grand éclat.

Sur la face principale on lit cette longue inscription.

ERRICO IV.

GALLIARUM IMPERATORI
NAVAR. R.
LUDOVICUS XIII. FILIUS EJUS
OPUS INCHO. ET INTERMISSUM PRO
DIGNITATE PIETATIS ET IMPERII,
PLENIUS ET AMPLIUS ABSOLVIT,
EMIN. D. C. RICHELIUS
COMMUNE VOTUM POPULI
PROMOVIT SUPER ILLUST.

VIRI DE BULLION,
BOUTILLIER, P. ÆRARII F.
FACIENDUM CURAVERUNT.
M. DC. XXXV.

Au deſſus eſt cette autre.

QUISQUIS HÆC LEGES; ITA

LEGITO:

UTI OPTIMO REGI PRECA=

BERIS EXERCITUM FORTEM,

POPULUM FIDELEM,

IMPERIUM SECURUM,

ET ANNOS DE NOSTRIS

B. B. F.

Ces deux inſcriptions ſont du côté du midi, ſous les bas-reliefs qui regardent la rue Dauphine.

Le premier de ces bas-reliefs repreſente

la bataille d'Arques, gagnée par Henry IV.

L'autre, la victoire d'Yvry, contre les Ligueurs ; ces heureux succès lui servirent infiniment pour ses grands desseins.

Pour la bataille d'Arques.

GENIO GALLIARUM S.

ET INVICTISSIMO R.

QUI ARQUENSI PRÆLIO

MAGNAS

CONJURATORUM COPIAS

PARVA MANU FUDIT.

Pour la victoire d'Yvry.

VICTORI TRIUMPHATORI

FERETRIO PERDUELLES

AD EVARIACUM CÆSI MALIS

VICINIS INDIGNANTIBUS,

ET FAVENTIBUS
CLEMENTISS. IMPER.
HISPANO DUCI OPIMA
RELIQUIT.

Son entrée triomphante dans Paris, est marquée par cette inscription, gravée sur la face du côté de la riviere.

N. M. REGIS
RERUM HUMANARUM OPTIMI,
QUI SINE CÆDE URBEM
INGRESSUS, VINDICATA
REBELLIONE, EXTINCTIS
FACTIONIBUS, GALLIAS
OPTATA PACE COMPOSUIT

La prise d'Amiens sur les Espagnols.

AMBIANUM HISPANORUM

DESCRIPTION

FRAUDE INTERCEPTA ERRICI
M. VIRTUTE ASSERTA,
LUDOVICUS XIII. M. P. F.
IISDEM AB HOSTIBUS SÆPIUS
FRAUDE AC SCELERE
TENTATUS
SEMPER JUSTITIA ET
FORTITUDINE SUPERIOR FUIT.

La prise de Montmelian en Savoye.

MONS
OMNIBUS ANTE SE DUCIBUS,
REGIBUSQUE FRUSTRA
PETITUS,
ERRICI M. FELICITATE
SUB IMPERIUM REDACTUS,

A D E

AD ÆTERNAM SECURITATEM

AC GLORIAM

GALLICI NOMINIS.

Les deux dernieres inscriptions sont sous les bas-reliefs qui regardent la Samaritaine, du côté du Septentrion.

Sur la grille de fer qui renferme tout ce monument, est encore celle-ci, qui fait connoître qu'il a été élevé par les soins du roi Louis XIII.

LUDOVICUS XIII. P. F. F.

IMPERII, VIRTUTIS,

ET FORTUNÆ OBSEQUENTISS.

HÆRES I. L. D. D.

RICHELIUS C.

VIR SUPRA TITULOS

ET CONSILIA OMNIUM

RETRO PRINCIPUM, OPUS

ABSOLVENDUM CENSUIT.

NN. II. VV. DE BULLION
BOUTHILLIER,
S. A. P. DIGNITATI ET REGNO
PARES,
ÆRE, INGENIO, CURA
DIFFICILLIMIS TEMPORIBUS
P. P.

LA SAMARITAINE

# LA SAMARITAINE.

CE petit édifice qui n'est pas moins remarquable par la maniere industrieuse dont il est élevé, que pour l'utilité & l'ornement qu'il procure à toute la Ville, mérite bien un article particulier.

Cette *pompe*, ou cette *machine hydraulique*, comme on peut nommer cet édifice, est placé à la seconde arche du Pont-Neuf, du côté du Louvre : elle a été élevée sous le regne de *Henry* III, pour fournir commodément de l'eau au Louvre & aux fontaines du Jardin des Tuilleries. On avoit bâti tout exprès un reservoir dans le cloître de saint Germain l'Auxerrois, dont il reste encore des voutes sur pié, soûtenues d'arcades d'un assez bon dessein, sous lesquelles on a menagé depuis des appartemens assez logeables ; mais les réparations nécessaires faites en divers tems, pour entretenir l'édifice de la Samaritaine, s'étant trouvez absolument inutiles, les pilotis & les soutiens pourris, ou fort endommagez par les glaces des grands hivers, & les débordemens extraordinaires de la riviere ; on entreprit en l'année 1712 une réparation generale qui a coûté des sommes tres-considerables, par la quantité des grands bois qui ont été employez, à present fort rares en France, à cause de la destruction de la plûpart des Forêts.

Sur la fin de l'année 1714, cette entreprise qui avoit paru suspendue & comme abandonnée pendant un tems assez long, prit quelque forme, & a été entierement terminée, vers la fin du mois d'Août 1715, sur les desseins de *Robert* de COTTE, premier Architecte du Roi.

Les décorations de ce petit édifice sont agréables & assez bien imaginées.

On voit sous un arc qui occupe presque toute la face de devant, deux figures de métail en couleur de bronze: L'une represente N. S. assis, l'autre la Samaritaine; la premiere de ces figures est de *Bertrand*, & la seconde de *Fremin*, tous deux Sculpteurs habiles & renommez. Au milieu est un bassin fort orné de sculptures, aussi de métail en couleur de bronze, qui reçoit l'eau de la machine, pour la rendre ensuite aux endroits où elle est destinée.

Le comble de cet édifice est terminé par un campanile rempli de quantité de cloches, qui font un carillon toutes les

DE LA VILLE DE PARIS. 197
fois que les heures doivent sonner; il est embelli de plusieurs ornemens, qui brillent de loin par l'abondance des dorures qui y ont été emploiées.

La *rue* de la MONOYE se trouve de ce côté là, à l'extremité du Pont-Neuf. On passe au travers d'une petite place pour y arriver, que l'on nomme le *Carrefour* des TROIS MARIES.

Dans le mois de Juillet 1691, la *rue* de la *Monoie* fut continuée & rendue plus passante, en détruisant quantité de vieilles maisons, dans lesquelles on prit & on assigna la *rue* du ROULE, qui a son nom d'un fief ainsi appellé, qui se trouvoit en cet endroit. Cette nouvelle rue, à laquelle on a donné une largeur convenable, est bordée de maisons remplies de marchands de toute espece, & est à present une des plus peuplées & des plus frequentées de toute la Ville. Elle vient terminer à la rue de S. Honoré, sur l'alignement de la *rue* des *Prouveres*, qui se trouve à l'extrémité. Cette derniere rue à l'entrée de laquelle on a bâti en 1716, plusieurs maisons ornées de balcons, aboutit à une porte collaterale de saint Eustache, qui se découvre à present sans peine de tous les endroits du Pont-Neuf, & cette

I iij

rue formeroit, une agréable perspective si le portail de cette Eglise n'étoit pas d'un dessein mauvais & tres-desagréable.

L'*Hôtel* de la MONOYE est peu éloigné du Pont Neuf, à l'entrée de la rue qui en porte le nom, dont on vient de parler.

L'édifice de cet hôtel est des plus mal bâtis, fort incommode & si serré, que les ouvriers nombreux qui y sont continuellement emploiez, ont à peine les espaces qui leur sont les plus necessaires; ce qui a fait croire plusieurs fois, que l'on éleveroit un autre édifice plus beau & plus spacieux, à l'exemple de plusieurs Villes de l'Europe, où l'on voit que les hôtels des monoies sont bâtis avec magnificence, & que l'on va voir par curiosité.

Cependant celui-ci est le seul en cette Ville, où l'on fabrique toutes les especes de monoie d'or & d'argent, de billon & de cuivre, qui ont cours dans le roiaume. On peut dire sans exageration, qu'il n'est aucun endroit dans le monde, d'où il soit sorti une plus prodigieuse quantité d'especes que de cette maison, particulierement dans ces dernieres années, que les monoies ont été changées entierement & fondues tant de fois & ont fort augmenté de valeur.

Pendant des tems assez considerables on a vû sortir de cette maison des millions par semaine.

Ceux qui auroient la curiosité de savoir l'histoire de toutes les sortes de monoies qui ont été fabriquées en France depuis le commencement de la monarchie, pourront lire un excellent volume *in quarto*, imprimé à Paris en l'année 1690, enrichi de quantité de figures, composé par le *Blanc*, savant auteur sur cet article. *Bouteroue* a aussi traité de la même matiere, avec bien de l'érudition & des recherches, ainsi que *Jean Boisar*, Conseiller à la Cour des monoies.

Assez proche à l'extrémité du Pont-Neuf, sur le bord de la riviere, est un lieu destiné pour une prison, nommé le *Fort l'Evêque*, ou pour mieux dire selon de bons historiens, le *Four l'Evêque*, parce que les gens appartenans à l'Evêque de Paris y venoient cuire leur pain, comme à un four banal, ainsi qu'à plusieurs autres endroits de la Ville, où les Seigneurs avoient ce droit, qui faisoit une partie des revenus Seigneuriaux. C'est le sentiment d'*Adrien de*

*Valois*, dans son savant traité, sous le titre de *Notitia Galliarum*.

Le Quai que l'on nomme à présent la *vieille l'allée*, ou la *Vallée de la feraille*, parce qu'on y vend quantité de cette espece de marchandise, étoit auparavant nommé la *Vallée de misere*, à cause des meurtres & des vols qui s'y commettoient, étant autrefois un lieu desert & fort negligé.

LA PLACE DAUPHINE se trouve à la pointe de l'ile du Palais, du côté du Pont-Neuf, vis-à-vis du cheval de bronze.

Elle est de figure piramidale, mais irreguliere, aiant une face interieure plus longue que l'autre. Les maisons dont elle est formée, sont de briques, avec des chaînes de pierre de taille, & toutes d'une même simétrie : elles ont été élevées en l'année 1608, sous le regne & par les ordres du roi Henri IV. lorsque Louis XIII. étoit encore Dauphin, ce qui fut cause qu'on l'a nomma *Place Dauphine*.

On a ouvert à l'extrémité de cette place une entrée pour le Palais dans le tems que *Guillaume de Lamoignon* étoit premier Président du Parlement, laquelle fut prise dans le jardin de son hôtel. On construisit aussi en même tems une longue galerie remplie de divers marchands, laquelle donne un accès facile dans toutes les salles du Palais, avec plusieurs logemens pour des particuliers qui se trouvent autour d'une cour quarrée d'une grandeur suffisante, pour contenir commodément quantité de carosses.

On doit savoir que la place Dauphine avec les quais des *Orfèvres* & des *Morfondus*, autrement appellé le quai de l'*Horloge*, occupe un terrain qui faisoit autrefois une partie des jardins du Palais, lorsque les Rois y tenoient leur Cour. Ces jardins avoient leur agrément, enfermez de la riviere presque de tous côtez, avec la vûe de la campagne, qui alors n'étoit bornée d'aucunes maisons. Cette vûe s'étendoit dans ces tems-là, sans aucune interruption, jusqu'aux hauteurs de Meudon & de Saint-Cloud, même jusqu'à la butte de Montmartre, ce qui rendoit cette situation agréable & tres-avantageuse pour une maison roiale; aussi croit-on que dès la premiere race, les rois avoient déja choisi cet endroit pour en faire leur demeure; & il se trouve quelques traits dans les anciens auteurs, qui insinuent cette opinion.

# DESCRIPTION

LA RUE DE HARLAY, qui traverse l'île du Palais, c'est-à-dire depuis le quai des Orfévres, jusqu'au quai de l'Horloge, ou des Morfondus, qui viennent finir au Pont Neuf, a conservé le nom d'*Achile* de HARLAY, premier Président du Parlement ; cet illustre magistrat plus zelé que personne de son siecle pour le salut de la patrie, avoit travaillé pendant toute sa vie avec une extrême application à l'extinction de la ligue & des troubles qui ravageoient le roiaume depuis plusieurs années. Les Parisiens qui avoient une extrême confiance en ce grand homme, suivirent ses sages conseils en se soumettant à l'obéissance de Henri IV. déja reconnu roi de France, & en le recevant dans la Ville. Ce genereux Prince voulut lui marquer sa reconnoissance en lui donnant une partie du terrain des anciens jardins du Palais, qui servit depuis d'emplacement à ces deux Quais, & à la Place Dauphine; & la *rue* de *Harlay*, qui communique de l'un à l'autre, a conservé le nom de ce grand homme.

L'EGLISE DE NOTRE DAME.

# L'EGLISE
# DE NOSTRE-DAME.

CETTE Eglise la Cathedrale de Paris & le siege d'un Archevêque, n'étoit autrefois qu'un simple Evêché suffragant de la métropole de Sens ; mais cependant tres ancien , puisque saint Denys, qui vivoit dans les premiers siecles du christianisme , en est reconnu fondateur, ou du moins premier Evêque.

Cette Eglise dans son commencement, n'étoit qu'un fort petit édifice construit grossierement , lequel fut rebâti sous le regne de *Childebert* I. vers l'année 522, & fut dédiée sous l'invocation de la sainte Vierge, dont elle a toûjours conservé le titre avec beaucoup de zele & de veneration.

Comme on vit sous le regne de *Robert le pieux*, que l'ancien édifice n'avoit pas la beauté & toute la grandeur qu'il devoit avoir, on en commença un nouveau plus grand & plus spacieux ; mais le dessein se trouva d'une entreprise si extraordinaire, qu'on n'en pût voir la fin que plusieurs siecles après. Il fallut emploier le tems des regnes de plusieurs Rois; à savoir de *Henry* I, de *Philippe* I, de *Louis le Gros*, de *Louis le Jeune*, de *Philippe* II. surnommé *Auguste*, & encore de quelques-autres Rois leurs successeurs; de maniere que le grand frontispice ne fut entierement achevé que sous le regne de ce dernier Prince, comme on le présume, à cause qu'il est representé le dernier des vingt-huit rois de la suite des figures qui paroissent dans toute l'étendue de la façade.

La premiere pierre de la porte du côté de l'Archevêché, fut posée le 12 de Fevrier 1257, & ce portail ne fut entierement terminé, que plusieurs années après.

L'ouvrage de cette Eglise est d'une architecture entierement Gothique, des plus belles & des mieux conduites qu'il y ait en France; quoiqu'à l'examiner avec un peu d'attention & de connoissance, il soit tres aisé de remarquer qu'elle n'est pas dans la même intention par tout; ce qui vient sans doute, de ce que ce grand édifice aiant été construit à diverses reprises fort éloignées l'une de l'autre, & par des Architectes differens, on n'a pas trouvé à propos de suivre les premieres idées, & d'observer les mesures & les proportions qui avoient été données par ceux qui avoient commencé ce grand ouvrage.

Mais on excusera aisément ce défaut, si l'on fait réflexion avec quelques curieux de l'antiquité, que l'architecture Gothique, ainsi que l'architecture Grecque & Romaine, a eu ses âges & ses degrez de perfection, lesquels on peut rapporter pour l'architecture Gothique à quatre époques remarquables de l'histoire de France, à savoir, du regne de *Dagobert*, de *Charlemagne*, de *Robert*, & de *Philippe Auguste*, sous le regne duquel cette maniere de bâtir venue des peuples du Nord, parvint à la perfection & à toute la beauté qu'elle a eue depuis ; cela continua jusqu'au regne de saint Louis comme on le voit par quantité d'édifices restez sur pié de ces tems-là ; entre lesquels on doit compter, le portail de saint Nicaise à Reims, saint Ouein à Rouen, Sainte-Croix à Orleans, l'Eglise de l'Abbéie de Roiaumont, à sept lieues de Paris, & sur tout la Sainte Chapelle du Palais. L'architecture Gothique tomba insensiblement, & dégenera dans une maniere grossiere & tout-à-fait choquante, sous les regnes suivans, & finit presque entierement vers le regne de *François* I.

L'édifice de l'Eglise de N. D. doit encore être consideré à cause de sa grandeur & de sa solidité. Les voûtes principales ont dix-sept toises de hauteur sous clef, & sont parfaitement bien construites partout. La largeur de la nef est de vingt-quatre toises, en y comprenant les bas-côtez & la profondeur des chapelles; & la longueur entiere de tout l'édifice, depuis la premiere entrée jusqu'aux parties les plus éloignées du romb-point derriere le chœur, est de soixante & cinq toises.

Ces vers étoient autrefois gravez en lettres Gothiques à l'entrée, sur une vieille lame de cuivre, attachée à un pilier proche de la figure de saint Christophe, que l'on n'y voit plus à present.

*Si tu veux savoir comment est ample,*
*De Nôtre-Dame le grand Temple :*
*Il a dedans œuvre pour le seur*
*Dix-sept toises de hauteur,*
*Sur la largeur de vingt-quatre*
*Et soixante-cinq sans rabattre*
*A de long ; aux tours haut montées*
*Trente-quatre sont bien comptées :*
*Le tout fondé sur pilotis,*
*Ainsi vrai que je le dis.*

Toutes ces mesures se trouvent entierement conformes à celles dont on vient de parler.

Mais il n'est point vrai que cet édifice soit fondé sur pilotis, comme on l'a vû en differentes occasions, particulierement lorsqu'on a été obligé de creuser plus bas que les premieres assises des anciennes fondations qui se sont trouvées posées sur le gravier dans l'eau.

On estime entre autres choses les grands vitraux en roses des deux extrémitez de la croisée, qui sont d'une execution tout-à-fait surprenante, enrichis de vitres peintes en apprêt, dont les couleurs sont tres-vives & d'une varieté infinie.

Deux choses sont encore remarquables dans l'Eglise de notre-Dame, les bas côtez qui sont doubles dans tout le tour de l'Eglise, séparez par un rang de grosses colonnes ; & le nombre des chapelles, qui sont toutes d'une proportion tres-juste, particulierement dans la nef, où elles sont plus éclairées que derriere le chœur, à cause que les voutes en sont plus exhauffées & plus ouvertes.

Il regne une grande galerie sur ces mêmes bas côtez tout autour de l'Eglise, dont les voutes sont correctes ; & comme ces galeries sont spacieuses, plusieurs personnes s'y peuvent placer commodément, pour voir les choses qui se passent dans l'Eglise, ce qui est d'un grand secours les jours des fêtes principales, où l'afluence du peuple est toûjours tres-grande.

Depuis quelques années le Chapitre a fait une dépense considerable, en faisant mettre sur le devant de ces galeries une balustrade de fer qui donne plus de commodité aux spectateurs qu'autrefois, lorsqu'il n'y avoit aucun appui.

Les deux grosses tours quarrées qui s'élevent sur le frontispice, où sont les trois ouvertures des grandes portes, ont trente-quatre toises de hauteur. Le dessus de ces deux tours est en terrasse; ce qui fait que de ce lieu on peut aisément découvrir toute la Ville. Les cloches en sont fort estimées. La plus grosse dite *Emmanuel*, qui n'a pas sa pareille dans tout le roiaume, fut fondue pour la troisiéme fois, aiant été manquée les deux premieres.

On lit autour en caracteres de relief cette inscription.

*Quæ prius* JACQUELINA JOANNIS *comitis de* MONTE-

ACUTO *donum pond. XV. M. nunc duplo aucta.* LUDOVICA THERESIA *vocor,* LUDOVICO MAGNO *&* MARIA-THERESIA *ejus conjuge nominata, & à* FRANCISCO HARLÆO, *primo ex Archiepiscopis Parisienfibus Duce ac Pari Franciæ, benedicta, die 29 Aprilis, anno 1686.*

Dans la tour septentrionale il y a sept cloches d'une grosseur considerable; & dans le petit clocher sur la croisée de l'Eglise il y en a six pour appeller les Chanoines aux offices de l'Eglise, qui font quinze en tout.

Les dehors de cet édifice ont de la richesse & de la beauté dans leur genre, principalement derriere le chœur, où il semble que l'on ait prodigué une plus grande quantité d'ornemens de sculpture que dans les autres endroits. On y distinguera plusieurs obélisques, ou piramides délicatement travaillées, enrichies de feuillages, de têtes & de figures entieres, où il paroît une patience extrême & un soin tout particulier, lesquelles sont placées à l'extrémité des arcs-boutans qui repouffent la voûte du chœur ; cependant tous ces divers ouvrages, qui dans leur tems étoient admirez, ne font remarquer autre chose à present, que si nos ancêtres avoient connu le beau deffein de l'architecture Grecque, ou Romaine, & qu'ils euffent fuivi comme les anciens les belles & fages proportions, fondées fur la nature même, on auroit vû fortir de leurs mains des ouvrages auffi merveilleux que ceux qui fe remarquent encore parmi les ruines de la Grece & de Rome ; mais le goût Gothique qui infectoit toute l'Europe depuis tant d'années, étant en ufage, il falloit le fuivre aveuglément; ce qui a duré jufqu'au quinziéme fiecle ou environ.

Les portes de cette Eglife en enfoncement font chargées d'une prodigieufe quantité de fculptures, qui reprefentent des Saints, des Anges, avec des Patriarches de l'ancien Teftament & des caprices tres-ridicules, fans ordre & fans aucun arrangement, felon la maniere groffiere des derniers fiecles.

On remarquera, comme on l'a déja dit, vingt-huit Rois dont les figures font d'une proportion plus grande que nature, qui occupent fur une même ligne, toute la largeur du frontifpice.

La porte du côté de l'archevêché paroît avoir été travaillée avec un peu plus de soin & d'exactitude que les autres. Les figures qui y sont placées, semblent dessinées plus correctement ; mais par malheur le grand vitrail en rose qui se trouve au milieu, est fort endommagé & a besoin de réparation ; ce que l'on attribue aux vents du midi & aux pluies tres-violentes qui viennent de ce côté là.

On connoît par l'inscription en vieux caracteres gravée aux côtez, l'année que ce portail a été achevé, dont voici la copie.

*Anno Domini M. CC. LVII.*
*Mense Februario, idus secundo,*
  *Hoc fuit inceptum Christi genitricis honori,*
  *Kallensi lathomo vivente Joanne Magistro.*

Tout le corps de l'Eglise & des galleries est couvert de plomb, soûtenu d'une charpente de bois de chataignier parfaitement bien travaillée, ainsi que dans les couvertures de la plûpart des grandes Eglises élevées autrefois ; ce qui fait présumer que ce bois dans les siecles passez, étoit plus commun qu'il ne l'est à present ; & il est aisé de s'imaginer quelle prodigieuse quantité il a falu emploier de plomb, pour couvrir un édifice si spacieux & d'une étendue si extraordinaire.

Voila en general tout ce que l'on peut rapporter des dehors de cette Eglise.

Pour les dedans, dont on a déja dit quelque chose, on remarquera qu'ils sont un peu obscurs selon la maniere de nos ancêtres, mais bien moins cependant que ceux des autres anciennes Eglises, où la lumiere manque presque tout-à-fait ; ce que les anciens architectes faisoient ainsi, pour rendre les esprits plus recueillis & plus attentifs aux divins mysteres que l'on y célebre.

Le chœur est beaucoup plus éclairé que le reste de l'Eglise, parce que l'on a mis du verre blanc aux fenêtres, à la place du verre coloré & fort épais qui y étoit autrefois.

Le grand Autel qui étoit de la même forme qu'il s'en voit presque dans toutes les cathedrales du roiaume, c'est-à-dire enfermé entre quatre colonnes de cuivre qui soûtenoient des pentes & des rideaux, a été entierement renversé. On a changé toute la disposition du chœur, & on a élevé un nouvel Autel d'une

GRAND AUTEL DE NÔTRE DAME.

forme toute particuliere, plus riche & bien plus magnifique, par la quantité des ornemens qui ont été emploiez, pour satisfaire à un vœu du roi Louis XIII. & comme cette entreprise a été d'une tres-difficile execution, elle n'a été entierement terminée, que depuis assez peu de tems, quoique l'on y ait travaillé pendant plusieurs années, comme on le dira.

Divers modeles d'un volume & d'une forme tres-extraordinaire, avoient été proposez, & même quelques uns construits en modele seulement, dont la dépense a monté à plus de cent mille écus, en y comprenant à la verité les fondations du nouvel Autel qui a été élevé depuis; cependant, comme on a vû que le public & les bons connoisseurs n'approuvoient pas ces desseins, lesquels à la verité ne convenoient point à la disposition du lieu où ils devoient être placez, on a été obligé de changer plusieurs fois la disposition de tout ce qui avoit été commencé & enfin après bien des incertitudes, on s'est arrêté à la forme qui se trouve à present executée, ce qui ne s'est pas fait sans une grande diversité d'avis soûtenus la plûpart de bonnes & tres-fortes raisons.

La premiere pierre des fondations de

l'ouvrage qui paroît à prefent, fut pofée avec cérémonie Lundy 7 de Decembre 1699, & en la pofant on connut évidemment que les piliers qui foûtiennent
les arcades du romb-point, ne font pas
établis fur pilotis, non plus que tout le
refte de cette grande fabrique.

 Au milieu de la premiere affife de ces
fondations fouillées jufqu'à l'eau on plaça une pierre quarrée, creufée d'un demi pié en tous fens, dans le vuide de laquelle on mit d'abord une couche de
charbon broié, & par deffus une lame
de cuivre doré, où cette infcription étoit
gravée.

## LOUIS LE GRAND

*Fils de* LOUIS *le* JUSTE,
*& petit fils*
*de* HENRY *le* GRAND;

*Après avoir dompté l'Herefie,*
*rétabli la vraie Religion dans tout*
*fon Roiaume, terminé*
*glorieufement plufieurs grandes*
*guerres par mer & par terre,*
*voulant accomplir le vœu du Roi*
*fon Pere*

DE LA VILLE DE PARIS. 215
& y ajoûter des marques de sa
piété,
a fait faire dans la Cathedrale de
Paris un Autel avec des
ornemens d'une magnificence
audessus du premier projet,
& l'a dédié au Dieu des Armées,
Maître de la paix
& de la victoire,
sous l'invocation de la sainte Vierge
Patrone & Protectrice
de ses Etats,
L'an de N. S. 1699.

Par dessus cette lame, on remit du charbon broié ; & sur ce charbon on plaça quatre médailles, une d'or du poids d'un marc un gros, qui representoit d'un côté *Louis* XIII. en buste, avec cette inscription.

*Ludovicus* XIII. *Franc.*
& *Navar. Rex.*

Et de l'autre côté Nôtre-Dame de Pitié, avec un Christ mort sur ses genoux, & le Roi Louis XIII. en action d'humilité, qui lui presente sa couronne & son sceptre.

Ces mots au bas :

*Aram vovit* M. DC. XXXVIII.

Cette autre legende étoit autour.

*Se & regnum sub B. Mariæ tutela consecravit.*

La seconde medaille aussi d'or, faite par *Roussel*, qui pesoit un marc juste, representoit d'un côté *Louis* XIV. en buste, avec cette inscription autour,

*Ludovicus Magnus Rex Christianissimus.*

Et sur le revers on voioit representé l'Autel sur le modele qui a paru quelques années de suite, du dessein de *Jules Hardouin Mansart*, alors Surintendant des bâtimens : il étoit formé de quatre colonnes torses d'ordre composite, posées en demi cercle, qui portoient un demi baldaquin, avec ces mots au bas :

*Aram posuit* M. DC. XCIX.

Et

DE LA VILLE DE PARIS. 217
Et cette autre inscription autour :

*Votum à Patre nuncupatum
solvit.*

Les deux autres médailles qui étoient d'argent, de la même grandeur que celles d'or, représentoient les mêmes choses.

De ces dernieres médailles, celle du roi *Louis* XIII. pesoit cinq onces un gros; & celle de *Louis* XIV. cinq onces juste.

Sur ces quatre médailles rangées à côté l'une de l'autre, les deux d'or vers l'Evangile, & les deux d'argent vers l'Epître; on remit du charbon broié, & sur ce charbon une plaque de plomb taillée en quarré, de la grandeur de l'ouverture, laquelle on fit entrer un peu à force. Ces choses ainsi disposées, on éleva le massif de maçonnerie, qui a servi de fondation au nouvel Autel.

Tous ces travaux commencez avec bien des soins & de l'embarras, ont été interrompus jusqu'en l'année 1708, que les ouvriers ont enfin recommencé à y remettre la main. Le grand modele de plâtre élevé sur les desseins de *Mansart*, n'aiant été approuvé de perſonne, comme l'on l'a dit, à cauſe de quantité de défauts choquans qui s'y trouvoient; cet architecte ne pouvant peutêtre mieux faire, laiſſa l'ouvrage ſuſpendu pendant pluſieurs années, c'eſt-à-dire depuis le ſeptiéme de Septembre 1699, qu'il avoit été commencé, juſqu'au troiſiéme de Novembre 1708. Depuis ce tems-là, on a travaillé plus exactement; & tous les travaux du chœur qui avoient duré pluſieurs années, ont enfin entierement fini Samedi 21 d'Avril, de l'année 1714.

Dimanche ſuivant on y chanta le *Te Deum* avec ſolemnité, conjointement avec les cérémonies accoutumées, pour la paix conclue à *Raſtatt*, entre la France & l'Empereur, & le lendemain Lundy 23 du même mois, on célebra une Meſſe pontificale, à laquelle tout le Chapître aſſiſta en corps.

Le *Cardinal* de Noailles, Archevêque de Paris, a fondé à cette occaſion exrraordinaire, une grande Meſſe qui doit être célebrée toutes les années à pareil jour, en memoire de cette nouvelle & mémorable dédicace; ce qui marque la pieté édifiante de ce grand Prélat, & le zele ſincere qu'il a pour ſon Egliſe.

DE LA VILLE DE PARIS. 219

Toutes les diverses & nombreuses décorations qui embellissent à present le chœur de cette Eglise Cathedrale, sont de tant d'especes differentes, que ce ne seroit pas une médiocre entreprise de les vouloir décrire exactement.

L'estampe que l'on en a fait graver exprès, pourra du moins suffire, pour en donner une idée generale & fidelle, autant qu'il a été possible de le faire.

Les arcades du fond du chœur au nombre de neuf, ont été incrustées, ou revêtues d'un riche lambris de marbre blanc, à panneaux de marbre de Languedoc, ainsi que les gros piliers qui les soûtiennent, que l'on a couverts de quantité d'ouvrages de sculptures de métail doré, qui representent des trophées d'Eglise, & mille sujets symboliques ingenieusement inventez, qui ont du rapport aux sacrez mysteres de nôtre sainte Religion.

Ces travaux nombreux, ainsi que tous les autres, qui se distinguent dans toute l'étendue du chœur, sont d'autant plus considerables, qu'ils sont de la main des plus habiles maîtres, qui se sont efforcez par émulation de faire de leur mieux pour se distinguer, sous la conduite & sur les desseins de *Robert* de Cot.

K ij

TE, *premier Architecte du Roi*, qui a eu seul la direction de tous ces embellissemens.

Le fond du chœur est terminé par une grande niche, ou enfoncement circulaire, revêtue comme tout le reste; elle est surmontée d'une gloire sur son cintre, au milieu de laquelle est un triangle entouré de grands nuages, de chérubins & de rayons fort étendus qui brillent d'une très-riche dorure.

La figure de la sainte Vierge est au milieu de la niche, assise au pié de la Croix, qui tient un Christ appuié sur ses genoux. Ce groupe de marbre est d'un contour & d'une correction toute particuliere; & Coustou, l'*aîné*, sculpteur tres habile, a emploié toute la force de son art, pour en faire une figure qui lui fit honneur, & qui répondît à la réputation qu'il s'est aquise.

Au bas de cette niche est l'Autel des *féries*.

A droit est la figure du *roi* Louis XIII. representé à genoux, revêtu de ses habits roiaux, offrant son sceptre & sa couronne à la sainte Vierge; de l'ouvrage de Coustou le *jeune*.

Le *roi* Louis XIV. à peu près dans la même attitude, aussi revêtu de ses habits roiaux, eſt de Coysevox. Ces deux belles figures ſont poſées ſur des piédeſtaux de marbre, ſous les arcades de chaque côté, dont le devant eſt orné de diverſes ſculptures de métal en couleur d'or.

Six Anges de métal doré de grandeur naturelle, portent les inſtrumens de la Paſſion de N. S. Ils ſont placez trois de chaque côté, ſur des manieres de cul de lampes, ornez de feuillages, & couvrent les jambages qui portent les arcs du rompoint de la même ſuite.

Quatre de ces Anges ont été jettez en fonte en 1715, par *Roger* Schabol, né à Bruxelles, tres-entendu dans ſa profeſſion.

L'Autel principal ſe trouve un peu avancé au milieu du ſanctuaire; deux grands Anges en action d'humilité & d'adoration, ſont aux extremitez. La croix d'argent & ſix chandeliers de même, de l'ouvrage de *Claude* Balin fameux orfévre, ſont placez ſur des gradins un peu reculez, pour laiſſer libre la table du ſacrifice, ornée ſur le devant d'un bas-relief doré & de marbres choiſis.

Le ſanctuaire, parqueté de marbre à compartimens de diverſes couleurs, élevé de quelques piés plus que tout le reste du chœur, est terminé sur le devant par une balustrade circulaire aussi de marbre, dont les balustres sont de bronze doré, & le sanctuaire a toute l'étendue & les proportions qui se peuvent desirer pour les grandes céremonies.

Le reste du chœur a aussi un grand nombre de décorations, qui font un fort bel effet.

Les stales, ou formes dans lesquelles les Chanoines se placent, sont d'une riche menuiserie fort ornée de sculptures, avec un couronnement avancé, soûtenu de console & de mutules qui regnent également par tout. L'histoire du nouveau Testament & les points principaux de la vie de la sainte Vierge, y sont traitez en bas reliefs, dans des cartouches de diverses figures, entourez de bordures & d'autres accompagnemens parfaitement bien executez.

La chaire Archiepiscopale se distingue du reste par sa belle forme, de même qu'une autre vis-à-vis qui y répond en symétrie.

La porte principale du chœur, & les ouvertures sous les arcs autour du sanctuaire, sont fermées par des grilles de fer doré, où il paroît plus de travail

PIERRES ANTIQUES TROUVÉES SOUS LE CHŒUR DE N.DAME.

DE LA VILLE DE PARIS. 223
qu'il ne feroit neceffaire, quoique le deffein en foit d'une affez belle invention.

Toute l'étendue du chœur eſt d'un parquet de marbre ingenieuſement diverſifié.

Voila en general tout ce qui ſe peut dire de ces nouvelles & magnifiques décorations, qui n'ont pû être terminées comme elles font à preſent, qu'avec de tres-grandes dépenſes & des ſoins extraordinaires.

Pour la ſatisfaction des amateurs & des curieux de l'antiquité, on ne doit pas negliger de rapporter ici, qu'en creufant affez avant au milieu du chœur, dans le deffein de faire une Crypte pour ſervir de ſepulture aux Archevêques, on découvrit quelques anciens tombeaux, la plûpart inconnus, quoique de perſonnes de diſtinction, entre leſquels il s'en trouva un d'une reine d'Angleterre.

Mais ce qui parut ſingulier & plus digne d'attention ; c'eſt que dans l'épaiſſeur d'un vieux mur enterré fort avant, qui alloit au travers du chœur, on découvrit neuf pierres de forme quarrée, de deux à trois piés de proportion, en tous ſens, ſur leſquelles il y avoit des ſculptures tres-groſſierement travaillées, avec

K iiij

des caracteres Romains assez bien formez, que l'on pouvoit lire assez aisement.

*Philibert-Bernard* MOREAU de MAUTOUR, & *Charles Cezar* BAUDELOT, de l'Académie des belles lettres, versez dans les recherches de l'antiquité, ont été les premiers qui ont donné chacun en particulier des explications de ces monumens avec des estampes dessinées exactement, en 1711, la même année que se fit la decouverte. Quelques autres savans ont aussi tâché de donner leurs conjectures, bien ou mal fondées, comme il arrive ordinairement en pareilles occasions.

Sur une de ces pierres que l'on conserve encore dans le cloître, derriere l'Eglise, on peut lire cette inscription.

TIB. CÆSSARE

AUG. JOVI OPTUMO

MAXUMO

NAUTÆ PARISIACI

PUBLICE POSIERUNT.

Pour donner quelque idée de ces monumens, on en a fait graver une estampe, que voici, deſſinée avec toute l'exactitude qu'il a été poſſible.

Ceux qui aiment la peinture & qui s'y connoiſſent, auront dequoi ſe ſatisfaire & dequoi s'occuper agreablement, en examinant les tableaux dont le chœur & la nef ſont remplis.

Toute l'étendue du chœur eſt garnie de huit grands tableaux, placez ſur les formes des Chanoines, quatre de chaque côté, dont les bordures ſont embellies d'une ſculpture dorée avec ſoin. Ils ont été donnez par *Antoine* de la PORTE Chanoine *Jubilé* de la même Egliſe.

Le premier au deſſus de la chaire archiepiſcopale, qui repreſente l'Annonciation de la Ste Vierge, eſt de HALE'.

Le deuxiéme, la Viſitation de la ſainte Vierge, a été peint par *Jean* JOUVENET; c'eſt le dernier ouvrage de ce grand peintre, & un des plus beaux qu'il ait fait, quoique de la main gauche, aiant été attaqué d'une paraliſie, quelque tems avant ſa mort, arrivée en 1717.

Le troiſiéme, la nativité de N. S. avec les accompagnemens ordinaires, par *Charles* de la FOSSE, né à Paris.

Le quatriéme, l'adoration des Mages par le même peintre.

K v

Le cinquiéme, qui se trouve à main gauche entrant dans le chœur par la porte principale, fait voir la présentation de N. S. au Temple, ou la Purification de la sainte Vierge, peint par BOULOGNE le jeune.

Le sixiéme, la fuite en Egypte, peint par le même.

Le septiéme, N. S. au Temple qui dispute avec les docteurs, par *Antoine* COYPEL, premier Peintre du Roi.

Le huitiéme & le dernier sur la même ligne, l'Assomption de la sainte Vierge enlevée par les Anges, du même peintre.

Tous les ans le premier jour du mois de May, la communauté des Orfévres étoit obligée de faire present d'un tableau à l'Eglise : elle se servoit ordinairement d'un Peintre habile, à qui cette oceasion étoit tres favorable, pour se faire connoître & pour aquerir de la réputation; mais comme cette obligation a cessé depuis peu d'années, & que le nombre des tableaux s'est trouvé suffisant pour décorer tous les endroits de l'Eglise qui pouvoient en avoir besoin, la nef en est toute embellie, & l'on y en voit plusieurs d'une rare & singuliere beauté, comme les connoisseurs le remarqueront aisément.

Voici l'Ordre dans lequel on les a difposez & l'année qu'ils ont été peints, avec le nom des Peintres de qui ils sont.

On remarquera cinq tableaux au deſſus & aux côtez de la grande porte, ſous la voûte qui ſoûtient les orgues.

Celui du milieu un peu plus grand que les autres, fait voir ſaint Barthelemi, qui délivre la princeſſe d'Arménie, fille de Polémon, qui étoit poſſedée du Démon, peint par VIGNON, en 1668.

Le tableau à droite en entrant repreſente la mort d'Ananie & de Saphira ſa femme, par *Aubin* VOUET en 1652.

Au deſſus de celui-ci eſt repreſenté le naufrage de ſaint Paul, proche de l'île de Malte, par PERSON le *pere*, en 1653.

De l'autre côté à gauche du grand tableau du milieu, on voit le Centenier Corneille, aux piés de ſaint Pierre, peint par *Aubin* VOUET, en 1639.

Au deſſous, la délivrance de ſaint Pierre eſt repreſentée par le même Peintre, en 1640.

A gauche en entrant dans l'Egliſe du côté du cloître, on a placé dix tableaux de ſuite.

Le premier tableau repreſente le fils de Sçeva exorciſte Juif, battu par un

K vj

228 DESCRIPTION
démon, peint par ELIE en 1702.

Le deuxiéme, Herodiade qui porte dans un bassin la tête de saint Jean-Baptiste, par CHERON, en 1690.

Le troisiéme, la flagellation de saint Paul & de saint Sylas, par TETELIN en 1655.

Le quatriéme, le départ de saint Paul, par GALLOCHE, , en 1705.

Le cinquiéme, saint Pierre en prison, délivré par un ange, par CORNEILLE le *jeune*, en 1679.

Le sixiéme, saint Estienne conduit au martyre, par HOUACE en 1673, Directeur de l'Académie de peinture, que le Roi entretient à Rome, où il est mort en 1713.

Le septiéme, le martyre de saint Simon, par BOULOGNE le *pere*, en 1648.

Le huitiéme, saint Jean l'Evangeliste jetté dans une chaudiere d'huile bouillante, par HALLE' le *pere*, en 1662.

Le neuviéme, saint Paul & saint Sylas en prison, par *Jean* JOUVENET, en 1662.

Le dixiéme, le Paralytique guéri par Jesus-Christ, par le même Peintre, en 1673.

En entrant par la grande porte de l'Eglise à main droite, du côté de l'Archevêché, il se trouve un pareil nombre de tableaux.

Le premier, fait voir le ravissement de S. Philippe, par BLANCHET, en 1663.

Le deuxiéme, saint Paul qui prêche dans l'Areopage, par DEHESTAIN, en 1636.

Le troisiéme, saint Pierre qui guérit un boiteux, par SILVESTRE, en 1703.

Le quatriéme, la fille de Jaïre ressuscitée, peint par VERNANSAL, en 1689.

Le cinquiéme, la vocation de saint André & de saint Pierre, par CORNEILLE, en 1672.

Le sixiéme, le Centenier, par BOULOGNE le *jeune*, en 1686.

Le septiéme, N. S. qui chasse les marchands du Temple, par HALLE', le *fils*, en 1687.

Le huitiéme, le Paralytique sur le bord de la piscine, par BOULOGNE le *jeune*.

Le neuviéme, la Samaritaine, peint par le même, en 1679.

Le dixiéme, l'apparition de Jesus-Christ à saint Pierre, par SORLAY.

Toute l'étendue de la croisée est garnie de dix-huit tableaux.

Du côté de l'Archevêché, le premier placé vis-à-vis de la chapelle de la Vierge.

Le vœu du roi LOUIS XIII, peint par *Philippe* de CHAMPAGNE, en 1638.

Le deuxiéme, le martyre de faint André, par *Charles* le BRUN, premier Peintre du Roi, en 1647.

Le troifiéme, le martyre de faint Eftienne, par le même, en 1635.

Le quatriéme, faint André à genoux devant la croix, à laquelle il doit être attaché, par BLANCHART, en 1670.

Le cinquiéme, faint Paul qui convertit le Proconful, par LOIR, en 1650.

Le fixiéme, faint Jacques conduit au martyre, par *Noel* COYPEL.

Le feptiéme, faint Paul lapidé dans la ville de Lyftre, par CHAMPAGNE le *jeune*, en 1667.

Le huitiéme, un grand vœu où la fainte famille eft reprefentée.

Le neuviéme, placé au deffus de la chapelle de l'Affomption, qui reprefente le martyre de faint Pierre dans la ville de Rome, par BOURDON, en 1643.

Dans l'autre bras de la croifée du côté du cloître.

Le premier fur le gros pilier, vis-à-vis de la chapelle de faint Sebaftien, représente une Pentecôte, où la descente du saint Esprit sur la Vierge & sur les Apôtres, peint en 1631, par *Jacques* BLANCHART, né à Paris. Cette peinture est fort estimée & approche de la perfection des beaux ouvrages des maîtres du premier rang, quoique ce Peintre l'eût faite dans un âge où il pouvoit espérer d'aller bien plus loin, étant mort âgé seulement de 38 ans.

Le deuxiéme, saint Paul qui fait brûler les livres des Païens devant le portique d'un Temple dans la ville d'Ephese, peint en 1649 par *Eustache* le SUEUR, né à Paris.

Le troisiéme, Tabite ressuscitée par saint Pierre, par TETTELIN, en 1652.

Le quatriéme, le martyre de saint Barthelemi, par PAILLET, en 1660.

Le cinquiéme, le repentir de saint Pierre, par PERSON le *pere*, en 1642.

Le septiéme, N. S. qui guérit une femme du flux de sang, par GAZES, en 1706.

Le huitiéme, S. Yves dans une gloire; c'est un vœu du *Marquis* de LAUMARIA.

Le neuviéme, au dessus de la chapelle de saint Martin, saint Paul & saint Barnabé qui refusent l'adoration & le sacrifice des habitans de la ville de Lyſtre, par CORNEILLE.

Les chapelles & les bas côtez, ſont auſſi garnis de pluſieurs tableaux de divers maîtres, mais moins conſiderables que ceux dont on vient de parler; ce qui eſt cauſe que l'on n'en dira rien, & que l'on s'en rapportera aux connoiſſeurs qui ſe donneront la peine de les examiner.

On remarquera encore dans la nef, ſans beaucoup de peine, la figure coloſſale de ſaint Chriſtophe, proche de la porte principale à l'entrée de l'Egliſe; elle a été faite en 1413, aux dépens d'*Antoine* des ESSARS, Chambellan du roi Charles VI. qui eſt repreſenté à côté, habillé à la maniere de ſon tems.

La chapelle de la Vierge, à côté de la porte du chœur, à laquelle il y a un fort grand concours de dévotion, eſt ornée de quantité de lampes d'argent & de pluſieurs offrandes que les perſonnes dévotes y font tous les jours.

On la nommoit autrefois la chapelle des pareſſeux, parce qu'elle étoit la ſeule où il fut permis de dire des meſſes après onze heures ſonnées. Le titre de cette chapelle qui eſt à la nomination de la maiſon de Roſtaing, rapporte au moins deux mille livres de revenu.

En 1719, l'ouvrage de cette chapelle a été entierement achevé, dont les décorations sont fort bien imaginées & dorées richement. Vendredy cinquiéme de Mai, le *Cardinal* de *Noailles* y celebra la Messe avec ceremonie.

Depuis quelques années on a suspendu dans le milieu du chœur, la grosse lampe d'argent que la reine *Anne* d'AUTRICHE, mere du roi Louis XIV, a donée, en action de graces pour l'heureuse naissance de ce grand Prince ; elle est du poids de six-vingt marcs, & a été longtems devant la chapelle de la Vierge.

On ne dira rien en particulier des chapelles qui regnent de chaque côté dans la longueur de la nef & derriere le chœur, qui sont au nombre de quarante cinq, quoiqu'il y ait un plus grand nombre de chapelains titulaires. La plûpart de ces chapelles sont revêtues de lambris de menuiserie peinte.

Il y a des tableaux de *Nicolas* POUSSIN, dans deux de ces chapelles, dont l'un represente le trépas de la Vierge, & l'autre sainte Marie Egyptienne dans le desert. Il peignit ces deux tableaux avant que d'entreprendre le voiage d'Italie, où il devint si habile, & où il prit cette savante & merveilleuse maniere de deſſiner, qui a rendu ſes ouvrages admirables & ſi recherchez des curieux.

Vis à vis de la chapelle de la Vierge, on voit la figure du roi *Philippe* LE BEL, repreſenté à cheval, armé & caparaçonné ſelon la maniere & la mode de ſon ſiecle, comme il ſe fit repreſenter après la fameuſe bataille qu'il gagna, le 18 d'Août 1304, ſur les Flamans, qui s'étoient pluſieurs fois revoltez contre lui, dont il en demeura plus de vingt-cinq mille ſur le champ de bataille.

On conſerve dans le tréſor, des châſſes & des reliquaires précieux, ſans parler de quelques croix d'or enrichies de pierreries.

La châſſe de ſaint Marcel, qui étoit autrefois derriere le grand autel, avec pluſieurs autres châſſes, eſt à preſent gardée dans le même lieu. C'eſt un ouvrage de vermeil doré en forme de petite Egliſe Gothique, travaillée délicatement, enrichie de pierreries de diverſes eſpeces & d'émaux clairs ſur or, d'une couleur tres-vive. On la porte tous les ans avec la châſſe de la Vierge, le jour de l'Aſcenſion, dans une proceſſion ſolemnelle qui ſe fait ce jour-là, où tout le clergé de l'Egliſe de Paris doit aſſiſter.

On voit auſſi dans le même tréſor, le

chef de l'Apôtre saint Philippe, de vermeil doré, dont le colier est d'or, soûtenu par des anges; c'est un present de *Jean duc* de BERRY, qui l'avoit obtenu des chanoines de saint Sernin de Toulouse. Il y a avec cela plusieurs riches ornemens, un entre autres, que l'on n'exposoit autrefois que le jour de la Pentecôte, dont toute la broderie, sur un fond de satin cramoisi est de perles, entre lesquelles il y en a de fort grosses, donné par la reine *Isabelle* de *Baviere*, comme un vœu, pour la guérison de Charles VI. son époux.

On tendoit dans le chœur avant les nouvelles décorations, les jours des fêtes principales, une tres-belle tapisserie, donnée par *Michel* le MASLE Prieur des Roches, Secretaire du Cardinal de Richelieu: le même a donné sa bibliotheque à la Sorbonne. Cette tapisserie est de *Philippe* de CHAMPAGNE, qui en fit les cartons en 1636.

Une chose tres-considerable que l'on doit remarqrer, à la louange du corps illustre qui forme le Chapitre de l'Eglise de Paris, c'est qu'il n'est point d'Eglise cathedrale en Europe, où l'office divin se fasse avec plus d'exactitude & d'édification, & en même tems avec plus de pompe & de majesté. Les Chanoines se lévent tous les jours à minuit pour chanter matines, suivant l'ancien & pieux usage de l'Eglise; & ce qui est digne de louanges, c'est que parmi ces Chanoines, il y en a plusieurs qui depuis trente ou quarante ans, n'y ont pas manqué une seule fois. On doit encore dire que l'Eglise de Paris est presque la seule entre les Eglises séculieres qui ait conservé ce pieux & ancien usage, quelque pénible qu'il soit, particulierement en hiver.

Plusieurs personnes considerables sont inhumées dans cette Eglise.

*Pierre* de MARCA, Archevêque de Paris, est enterré dans le chœur. Il est mort âgé de 69 ans, le 29 de Juin 1662. Les ouvrages qu'il a laissez sont estimez, entre autres celui *de Concordia sacerdotii, & imperii.*

*François* de HARLAY de *Chanvalon*, mort en 1695, y est aussi enterré. Il avoit une grande réputation à cause de sa doctrine & d'une éloquence aisée & naturelle, qui lui attiroit l'estime de tous ceux avec qui il avoit affaire. Il étoit âgé de soixante & onze ans, lorsque la mort le surprit dans sa belle maison de Conflans, qui est affectée à l'Archevêché.

Dans les chapelles derriere le chœur, on voit quelques tombeaux, dont les plus remarquables font des *Gondy*, qui vinrent en France avec la reine Catherine de Medicis, à qui ils étoient alliez.

En entrant du côté du cloître, on trouvera une chapelle dans laquelle est inhumé le *Marechal* de GUEBRIANT, tué en 1642, d'un coup de canon qu'il reçut au siege de Rotwil. Le roi Louis XIII. voulut pour récompense, qu'il fut inhumé dans cette Eglise. Son épouse morte à Perigueux le deux de Septembre 1659, est dans le même tombeau. Elle se nommoit *Renée du Brec-Crépin*, & étoit fille du marquis de Vardes. Elle fut employée à des affaires de consequence, sur tout en Pologne, où la France lui avoit donné le caractere d'Ambassadrice extraordinaire. *Jean* le LABOUREUR, qui a fait une belle relation de son voiage & de son ambassade en Pologne, rapporte à son sujet des choses curieuses.

*Paul* EMILE, Chanoine de cette Eglise, est enterré sous la croisée. On lisoit autrefois cette épitaphe gravée sur son tombeau.

PAULUS ÆMILIUS VERO-NENSIS, *hujus Ecclesiæ Canonicus, qui præter eximiam vitæ sanctitatem, quantâ quoque doctrinâ præstiterit, judex atque testis erit Historia de rebus gestis Francorum, posteris ab eodem edita.*

OBIIT A. P. 1526. DIE 5. MENSIS MAII.

Le roi *Louis* XII. l'honora de son estime, & connoissant son merite, l'amena d'Italie, où il étoit en réputation, & lui donna de grosses pensions. Il fut trente ans entiers à composer son histoire de France, en 10 Livres. Elle a été continuée par *Arnould* le *Feron*.

Joachim du BELLAY, Chanoine & Archidiacre de la même Eglise, d'une maison illustre & ancienne, un des plus beaux esprits de son tems, a été enterré dans la nef. Il est mort dans le mois de Janvier 1560, âgé seulement de trente-sept ans.

Avant les nouveaux embellissemens du chœur, on pouvoit voir le tombeau de *Renaud* de BAUNE, illustre Prélat qui contribua beaucoup à la conversion du roi Henri IV. & qui fut emploié dans les plus grandes affaires de son siecle. Comme il avoit été chanoine de N. D. il conserva toûjours une tres grande affection pour cette Eglise, & voulut y être enterré.

Voici son épitaphe qui marque ses dignités & les emplois qu'il a exercé avec une tres-grande réputation.

### D. O. M.

Et æternæ Memoriæ
Viri immortalitate dignissimi
RENALDI DE BAUNE,

*Qui sex Christianissimis regibus,*
*Francisco I. Henrico II.*
*Francisco II. Charolo IX.*

*Henrico III. Henrico IV. fidelem*
*strenuamque navavit operam.*
*Francisci Andium, & Alenconii*
*Ducis Cancellarius.*
*In aula Palatinus sanctiorisque*

*consilii Senator,*
*In Sacerdotum conventu ecclesiasticis*
*gloriose perfunctus.*
*Primum Mimatensis Episcopus*
*Aquitaniæ primas,*
*Postea Senonensis,*
*Galliæ & Germaniæ primas,*
*Magnusque Franciæ eleemosinarius.*
*Plenus honoribus & annis,*
*animam scientiis omnibus &*
*virtutibus decoratam, Deo reddidit,*
*Anno ætatis 79. reparatæ salutis*
*1 6 0 6.*

Claude JOLY, chantre & chanoine de la même Eglise, étoit un tres-savant homme, comme on en peut juger par les savans écrits qu'il a donné au public, entre lesquels il y en a, où il paroît beaucoup d'érudition & de doctrine. Il est mort en 1700, dans un âge fort avancé, estimé de tous les gens de bien à cause de sa vie exemplaire & édifiante.

Il a laissé sa nombreuse bibliotheque au chapitre, à condition qu'elle seroit publique, & que toutes sortes de personnes

sonnes y pourroient étudier librement ; ce qui cependant n'a pas encore été executé fort exactement jusques ici.

*Claude* CHASTELAIN, mort chanoine honoraire de la même Eglise, vers la fin du mois de Mars 1712, s'est occupé toute sa vie avec une extrême ardeur à l'étude de l'antiquité des Rits ecclesiastiques, & de l'histoire du culte des Saints, & y avoit fait de grandes découvertes. Il a donné une traduction du Martyrologe Romain, avec des additions tant des Saints de France, que des autres pays, qui ne sont point inserez dans le dernier Martyrologe. On trouve à la fin une table tres-utile des noms des Saints, tant en latin qu'en françois, & des lieux où ils sont célébrez ; ce qu'on peut regarder comme une notice la plus étendue qui ait encore paru. Il avoit préparé de grandes & savantes notes sur le Martyrologe, dont il n'y a eu que les mois de Janvier & de Fevrier d'imprimez. On lui doit aussi le *Vocabulaire hagiologique*, qui est un recueil de noms de Saints qui paroissent éloignez de leur origine. Ce curieux ouvrage se trouve imprimé dans le *Dictionnaire étymologique*, ou les *origines* de la *langue Françoise*, de *Gilles* MENAGE. L'*Abbé*

*Tome IV.* L

*Chaſtelain* a eu la meilleure part au travail du Breviaire reformé de Paris qui a ſervi de modele à tant d'autres qui ont été reformez depuis dans pluſieurs Egliſes du roiaume.

Dans une chapelle à côté du chœur nouvellement décorée, eſt le tombeau du *Maréchal Duc* de NOAILLES, ſi connu par ſa ſage conduite & par la réputation qu'il s'eſt aquiſe dans le commandement des armées, ſous le regne de Louis XIV.

*Louis* le Gendre, Chanoine de Nôtre-Dame, a publié des ouvrages qui ont été bien reçus. Il a donné une hiſtoire de France, & des eſſais pour une hiſtoire du Roi Louis XIV. Son ouvrage, intitulé, *Mœurs & Coutumes des François dans les differens tems de la monarchie*, in 12, a été imprimé en 1712. Il promet une *Genealogie de la Maiſon Roiale*, & des *Connêtables, Chanceliers, Maréchaux* & *Amiraux de France*.

LE PALAIS ARCHIEPISCOPAL eſt du côté méridionnal de l'Egliſe, ſur le bord de la riviere, dans une heureuſe ſituation. En l'année 1697 on y a fait de grandes réparations, ou plûtôt des augmentations, qui le rendent capable de loger un tres-grand Prince. Les vûes en sont étendues & agréables, & ce Palais est à present fort embelli.

L'Archevêque d'apresent, qui a fait toutes les dépenses de ces grands ouvrages, se nomme *Louis-Antoine* de Noailles, ci-devant Evêque de Cahors, ensuite de Châlons en Champagne, où il a fait paroître une piété exemplaire & un grand zele pour la discipline ecclesiastique. Il a été nommé à la dignité de Cardinal par le Pape Innocent XII. dans le consistoire du 21 de Juin 1700, & a assisté à l'élection du Pape Clement XI. le 23 de Novembre de la même année, qui lui donna le chapeau dans le Consistoire du 18 de Decembre suivant, sous le titre de sainte Marie sur la Minerve, le 3 de Janvier 1701. Il a pris possession de l'Archevêché le 2 de Novembre de l'année 1695.

Les archives de l'Eglise de Paris comptent 106 Evêques jusqu'à François de Gondy, sous lequel le siege fut érigé en Archevêché, par une Bulle du Pape Gregoire XV. du 20 d'Octobre 1622, qui fut verifiée au Parlement l'année suivante, sans l'approbation du terme, *de motu proprio*, dont le Pape s'étoit servi; & depuis cette érection il y a eu six

Archevêques, dont voici les noms.

*Jean-François* de GONDY.
*Jean-François-Paul de Gondy*, Cardinal de RETZ.
*Pierre* de MARCA.
*Hardouin* de PEREFIXE, Précepteur du roi Louis XIV.
*François* de HARLAY de CHAMPVALLON.
*Louis Antoine*, Card. de NOAILLES.

L'Archevêché de Paris, dont les revenus peuvent monter à quarante mille écus par an, a été érigé en Duché & Pairie par des Lettres Patentes données dans le mois d'Avril 1674. & enregistrées au Parlement le 18 Août 1690, & le Duché a été assigné sur la Seigneurie de Saint Cloud, qui dépend de l'Archevêché.

Il a quatre suffragans, qui sont les Evêchez de Meaux, de Chartres, d'Orleans, & de Blois. Cette derniere Ville érigée en évêché en l'année 1698, a été détachée de l'Evêché de Chartres, comme on l'a dit ailleurs.

Le Chapitre de l'Eglise de Paris est composé de cinquante & un Canonicats qui produisent depuis quinze cens livres

DE LA VILLE DE PARIS. 245
jusqu'à deux mille livres de revenu ; six Vicariats & une chapelle soudiaconale.

On compte cent cinquante chapelles fondées, entre lesquelles il y en a plusieurs qui ont du revenu.

Les dignitez du Chapitre sont, le Doien, le Chantre, trois Archidiacres, le Chancelier & le Penitencier.

On doit encore ajoûter que ce corps Ecclesiastique est le plus illustre du roiaume, aiant toûjours été composé de personnes distinguées par leur merite & par leur naissance, duquel on a fort souvent tiré autrefois, des Papes, des Cardinaux & plusieurs Prélats, qui ont rempli les premieres dignitez de l'Eglise avec éclat & avec édification.

Derriere l'Eglise de Nôtre-Dame, il y en a une fort ancienne, nommée SAINT DENYS DU PAS, à cause du premier martyre que l'on fit souffrir à ce Saint, qui fut mis à cet endroit dans un four chaud, d'où l'on croit qu'il sortit miraculeusement sans avoir été incommodé. La tradition porte que l'on lui donna la question, & que ce fut par le feu, selon l'usage des premiers siecles du Christianisme.

Le cloître où demeurent les Chanoi-

L iij

nes, est enfermé dans une enceinte de vieilles murailles, où ils ont leurs maisons particulieres : autrefois la demeure en étoit absolument interdite aux femmes ; & le jardin qui est commun à tous les Chanoines, dit le *Terrain*, leur est aussi défendu, de même que l'entrée du chœur en certains tems. La situation de ce jardin est d'autant plus avantageuse, que la riviere le borde de trois côtez, & qu'il jouit d'une vûe tres-agreable, à la pointe de l'île du Palais, du côté de l'Orient.

L'Université se tenoit autrefois dans le cloître de Nôtre-Dame ; mais son accroissement par le concours de toutes les nations de l'Europe, obligea de donner un quartier tout entier de la Ville pour faire ses excercices plus commodément.

Le Chantre de l'Eglise de Paris, s'est encore reservé jusqu'aujourd'hui une jurisdiction particuliere, sur toutes les petites écoles du diocese.

## LA BIBLIOTHEQUE DES AVOCATS.

Dans une galerie du bâtiment de l'avantcour de l'Archevêché, est une bibliotheque publique qui appartient à l'ordre des Avocats du Parlement.

*Estienne Gabriau*, Seigneur de RIPARFOND, homme tres-profond dans la jurisprudence, & d'une naissance distinguée par sa noblesse, est mort en l'année 1704. Il étoit le plus célebre consultant qu'il y eut de son tems au Palais ; & comme il étoit animé d'un tres-grand zele pour tout ce qui regardoit sa profession, il en a laissé des marques même après sa mort, en léguant sa nombreuse bibliotheque à ses confreres, avec des fonds pour l'entretenir.

On a cherché pendant quelques années à la placer dans un endroit où elle pût être commodément établie ; mais cela n'aiant pû se trouver comme on l'auroit souhaité, elle a été mise dans ce lieu, pris à loier de l'Archevêque de Paris, dans lequel on a fait des dépenses assez considerables pour le mettre en état de recevoir ce dépost si utile au public.

L'ouverture de cette bibliotheque se fit solemnellement le 5 de May en l'année 1708. Le *Cardinal* de NOAILLES, Archevêque de Paris, célebra une Messe dans la chapelle haute de l'Archevêché, où assisterent tous ceux qui ont droit à cette bibliotheque, comme formant l'ordre des Avocats, & composant le tableau au rôle qu'on appelle à l'ouverture du Parlement, le lendemain de la saint Martin ; savoir les gens du Roi, & les Avocats qui exercent actuellement leur profession.

Après cette Messe ils se rendirent tous dans la bibliotheque, où le *Cardinal* de NOAILLES vint accompagné de ses Officiers Ecclesiastiques ; & il y fut prononcé un discours à la louange de cet établissement par celui qui étoit alors bâtonnier des Avocats, ancienne dénomination qu'on donna à un Avocat élû tous les ans par tour d'antiquité.

Depuis cette ouverture solemnelle on a tenu cette bibliotheque ouverte à tout le monde ; on y fait des consultations gratuites toutes les semaines en faveur des pauvres, pour lesquels le nombre des Avocats est distribué de telle maniere, que chacun d'eux y va une fois l'an ; ce qui est arrêté par le premier des gens du Roi, qui fait cette distribution; & l'ordre est si sagement établi, qu'il se trouve toûjours huit ou neuf Avocats aux jours marquez dans la bibliotheque, pour ces consultations gratuites, qui sont d'un grand secours pour les personnes qui n'ont pas de quoi fournir aux frais des consultations; ce qui bien souvent leur cause un extrême dommage, faute de pouvoir fournir aux Avocats les *Honoraires* qui leur conviennent.

A l'occasion de quoi il est bon d'observer que dans aucune ville de l'Europe on ne voit point la quantité d'établissemens favorables aux pauvres de toute espece, comme dans Paris. Les Médecins & les Chirurgiens font les mêmes gratifications à l'égard des pauvres malades, à qui même ils distribuent charitablement des remedes; ce qui leur procure des soulagemens infinis.

Tous les quinze jours il s'y fait des conférences sur des matieres de jurisprudence, où les Avocats nommez & invitez par celui qui doit présider, viennent préparez à parler sur la matiere qui doit s'y traiter; & chacun des autres qui s'y veut trouver, y donne son avis: ç'a été jusqu'à present un

L v

des gens du Roi qui y a présidé, & quelquefois le bâtonnier.

Deux ou trois fois l'année on y tient d'autres conferences pour le régime de la bibliotheque & de la discipline du barreau ; & dans ces grandes conferences, les gens du Roi, les anciens Avocats, & quelques députez d'entre les autres, y donnent leurs suffrages.

On voit dans cette bibliotheque les portraits de plusieurs personnes illustres qui se sont distinguées dans le barreau, que leurs familles ont donnez pour en conserver la mémoire.

D'un côté on a placé,
Gilles BOURDIN.
Jerôme BIGNON.
Jacques TALON.
Denys TALON.
Chrétien-François de LAMOIGNON.
Joseph-Omer de FLEURY.

De l'autre côté.

Mathias MARESCHAL.
GORILON.
Jean-Marie RICARD.
Germain BILLART.
Jean ISSALIS.
Bonaventure de FOURCROIX.

*Louis* du Pré.
*Denys* le Brun.

Au milieu on a placé le portrait du fondateur, qui mérite bien cette marque de distinction, par le don magnifique qu'il a fait au public & aux personnes de sa profession.

A côté de l'Eglise de Nôtre-Dame, il y a une autre petite Eglise d'une tres-ancienne fondation, sous le titre de SAINT-JEAN LE ROND, dans laquelle est enterré le savant *Gilles* MENAGE. Sa profonde érudition & le grand nombre d'ouvrages qu'il a publié, avec l'accueil favorable qu'il faisoit aux personnes studieuses, lui avoient procuré l'estime & l'affection de tous les illustres de son tems de quelque nation qu'ils fussent, avec lesquels il étoit dans un continuel commerce de Lettres.

Voici l'épitaphe que ses heritiers devoient faire mettre sur son tombeau, dont la négligence n'est pas excusable. Ce savant homme qui a fait honneur à sa nation & à sa famille, meriteroit bien que l'on le fît connoître par un monument de cette sorte, quoique ses beaux ouvrages lui eussent déja procuré une tres-grande réputation chez tous les savans les plus renommez de toute l'Europe.

## EPITAPHIUM.

*Virum officiosum,*
*Ingenio præstantiorem,*
*Memoriâ tenacissimum,*
*Scientiâ denique notum ubicumque,*
*Græcum non solùm vel Latinum,*
*Sed & Italicum, Gallicumque*
*Scriptorem peritissimum quæris,*
V I A T O R :

*Hic jacet*
*Seu potius venerandi Manes*
ÆGIDII MENAGII
*Andini,*
*Regi, dum viveret, à consiliis &*
*eleemosynis,*
*Gulielmi, Regii apud Andes patroni,*
*& Guidonæ Ærodiæ filii quiescunt.*

*Qui*
*nominis sui scriptorumque fama,*

*Europam fere universam, non
sine invidia peragravit,
Societatem, etiam juvenis, cum
principibus,
Ac doctis quibuscumque viris,
sive exteris, sive Gallis, ubique
iniit;*

*Quam
ad mortem usque magnopere coluit,
studiose fovit, & constanter retinuit:
Hebdomadariis primùm,
postea quotidianis congressibus
magna celebritate domi habitis,
etiam clarus;
Florentinæ, Andegavensisque,
Academiarum socius,
Juris utriusque facultatis Parisiensis
Doctor Honorarius:
vir, ut paucis absolvam,
quem totus orbis conditus,
& consuluit, & suspexit:
Quisque vetustatis lux, ac nostri
sæculi decus fuit,
posteritatis etiam exemplar futurum.*

*Obiit*
*epiphora pectorali*
*die 23. Julii 1692, hora fere*
*septima serotina, ætatis 79.*
*Sacrosanctis Ecclesiæ sacramentis,*
*mira pietate, munitus.*
*Faustam manibus quietem*
*apprecare.*

Cette épitaphe est de la composition de *François* PINSSON Avocat, son ami particulier, habile & estimé dans ce genre d'écrire.

On disoit de *Gilles* MENAGE, qu'il étoit le Varron de son siecle, à cause de la quantité & de la diversité des ouvrages qu'il a mis au jour.

Dans la même Eglise est inhumé *Jean Baptiste* du HAMEL, de l'Académie roiale des Sciences, tres versé dans plusieurs rares connoissances. Il a donné l'histoire de cette Académie en latin sous le titre, *Regia scientiarum Academiæ historia*, & un grand nombre d'autres ouvrages fort estimez. Il écrivoit en latin d'une maniere tres-pure & tres-élegante pour ces bas siecles, & ses vertus morales & chrétiennes lui avoient aquis la vénetation de tous ceux qui le connoiſſoient. Il eſt mort âgé de quatre-vingt-deux ans le ſixiéme d'Avril 1706.

## L'HOSTEL-DIEU.

CEt hôpital eſt le premier & le plus conſiderable de tout Paris. On y reçoit indifferemment tous les pauvres malades, dont le nombre a été quelquefois ſi grand, qu'il a monté juſqu'à quatre mille, qui y ſont traitez & nourris avec un tres grand ſoin. Les malades ſont ſervis par des religieuſes de l'ordre de ſaint Auguſtin, dont la regle eſt d'autant plus rigoureuſe, qu'elles paſſent toute leur vie dans ce pénible exercice, qui ne ſe peut pratiquer qu'avec une vertu & une patience tout à fait admirable, à cauſe des grandes fatigues qu'elles ſont obligées d'eſſuier auprès de ces malades, que la miſere & les maux rendent également inſupportables & de mauvaiſe humeur.

Cet hôpital poſſede de tres grands revenus, qui augmentent par les dons & les teſtamens qui ſe font tous les jours en faveur des pauvres.

Le bâtiment n'a rien que d'incommode & de tres désagréable, parce qu'il est trop serré, l'espace où il se trouve étant borné de rues de tous côtez. On a même été obligé de l'étendre sur la riviere & de bâtir une longue sale sur une voute d'une hardiesse surprenante, sous laquelle l'eau coule continuellement.

Quoiqu'il y ait un tres-grand nombre de lits, ils ne suffisent pas pour la quantité de malades que l'on y porte continuellement; ce qui fait que souvent on est obligé d'en mettre trois ou quatre dans un même. On y compte jusqu'à cinquante sales, entre lesquelles il y en a de séparées pour ceux qui sont attaquez de diverses maladies, afin d'empêcher qu'elles ne se communiquent.

La sale du côté du petit Pont, dont le dehors est orné de figures, a été fondée par le Cardinal *Antoine* DU PRAT, Chancelier de France, & légat du saint Siege, environ l'an 1535. duquel on a parlé dans l'article de l'hôtel de Sens. Il est representé à genoux en habits de cérémonies sur la face de cette sale, du côté du petit Pont. Les connoisseurs estime cette figure, & celle de saint Jean Baptiste, qui est de l'autre côté, qui y trouvent de la correction & de la beauté.

En 1714 on a continué la sale de saint Charles, jusqu'au petit Châtelet, sur une voûte tres-solide, prise sur le lit de la riviere, ce qui ne s'est pû faire qu'avec de tres-grands travaux, à cause des massifs & des voûtes solides qu'il a fallu établir pour les soutenir & pour resister aux impetuosités de la riviere. La dépense extrême de ces grands ouvrages a monté à des sommes tres grandes, fournies par des personnes zelées pour le soulagement des pauvres, qui même n'ont pas voulu être connus, tandis qu'il n'y en a que trop en cette ville, qui triomphent effrontément des dépouilles d'autrui. Cette grande entreprise n'a été terminée qu'en 1720.

On attribue la premiere fondation de ce grand hôpital à *saint Landry*, vingt-neuviéme Evêque de Paris, qui vivoit sous *Clovis* II. vers l'année 660.

Dans les premiers siecles, par une louable & pieuse coutume, bien éloignée de celle d'aujourd'hui, les Evêques étoient obligez de nourrir & de loger les pauvres, comme étant les dépositaires de leurs biens, & les dispensateurs des aumônes que les fideles leur faisoient; c'est sans doute pour cette raison que l'on bâtissoit toûjours les hôpitaux proche des Eglises Cathedrales, afin que les

Evêques fussent presens & témoins oculaires de ce qui se passoit, & qu'ils distribuassent les aumônes de leurs propres mains aux pauvres qui se presentoient; même encore à present, l'Archevêque de Paris est le chef de la direction de l'Hôtel-Dieu, conjointement avec le premier Président & le Procureur General du Parlement; mais les Chanoines de Nôtre-Dame en ont conservé la direction pour le spirituel. *Saint Louis* au rapport de *Guillaume* de *Nangis*, qui a composé une histoire de France estimée, fit de grands biens à cet hôpital, & en augmenta considerablement les revenus. Le roi *Henry* IV. a donné de quoi bâtir la sale de saint Thomas, construite sur un pont de pierres tres-solide, achevé en 1606.

C'est une curiosité tres-édifiante de voir de quelle maniere les pauvres sont servis dans ce grand hôpital, sans contredit le plus nombreux de toute l'Europe. On y a quelquefois trouvé des Princesses faire l'office des plus viles servantes; & de nos jours, l'on en a vû une *a* mourir d'une maladie qu'elle avoit gagnée en donnant un bouillon à un pau-

―――――――――
*a* La Duchesse de Nemours, mere de Madame Roiale & de la Reine de Portugal défuntes.

DE LA VILLE DE PARIS. 259
vre malade attaqué de la petite verole.

Sur la porte de la sale de saint Charles, à l'extrémité du Pont, on doit lire cette belle inscription, gravée en lettres d'or dans une grande table de marbre noir, de la composition d'*Olivier* PATRU, de l'Académie Françoise, un des plus beaux esprits de son tems & des plus polis, de qui on a des plaidoiers fort estimez.

*Qui que tu sois qui entres dans ce saint lieu, tu n'y verras presque par tout que des fruits de la charité du grand* POMPONE. *Le brocard d'or & d'argent, les meubles précieux qui parerent autrefois sa chambre, par une heureuse métamorphose, servent maintenant aux necessitez des malades.*

*Cet homme divin qui fut l'ornement & les délices de son siecle, dans le combat même de la mort, a pensé au soulagement des affligez.*

*Le sang de* BELLIEVRE *s'est montré dans toutes les actions de sa vie : la gloire de ses ambassades n'est que trop connue.*

*Il fut premier Président & petit-fils de deux Chanceliers.*

*Son ame plus grande encore que sa naissance, & que sa fortune, fut un abîme de sagesse.*

*La France ne porta jamais un enfant plus digne d'elle.*

*Toute la terre dira ses vertus; mais cette sale parlera éternellement de sa pieté & de l'amour qu'il eut pour les pauvres.*

On trouve dans quelques memoires que le premier Président de *Bellievre* est mort empoisonné : ces mêmes memoires ajoûtent, que ce Magistrat avoit été plus grand *par ce qu'il n'avoit point fait, que par ce qu'il avoit fait*, à cause des exactions qu'il avoit empêchées. On ajoute que l'on trouva dans son cabinet après sa sa mort, arrivée en l'année 1657, un grand nombre d'Edits onereux au peuple qu'il n'avoit point voulu verifier en Parlement & qui étoient demeurés inutiles & sans effet.

A l'entrée du parvis de Nôtre Dame, vis-à-vis de la principale porte de l'Hôtel-Dieu, on voit une statue de pierre fort haute, qui représente un homme, une boëte à la main & un serpent à côté de lui.

Cette figure plus grande que nature, est d'un dessein grossier, & n'est remarquable par aucune chose que parce qu'elle paroît fort ancienne

Quelques antiquaires se sont imaginez que c'étoit la figure d'*Esculape*, Dieu de la medecine à qui on rendoit quelque culte à cet endroit, ou aux environs ; & les monumens trouvez en creusant sous le chœur de Nôtre-Dame, dont on a parlé, ne manqueront pas de fournir quelques matieres à des raisonnemens sur ce sujet ; cependant d'autres curieux, moins prévenus de l'antiquité, après avoir soigneusement examiné cette figure, ont crû avoir trouvé qu'elle representoit Nôtre-Seigneur, un Livre dans une main & une boëte dans l'autre, avec les quatre animaux d'Ezechiel à ses piés, le tout fort gâté par les années & formé d'une maniere grossiere, qui tient des siecles les plus ignorans.

Ces vers sont gravez sur la fontaine qui est derriere cette statue, vis-à-vis des principales entrées de l'Eglise de Nôtre-Dame.

QUI SITIS, HUC TENDAS, DESUNT
SI FORTE LIQUORES ;
PROGREDERE, ÆTERNAS DIVA
PARABIT AQUAS.

Tout ce quartier est rempli d'anciennes Eglises tres-mal bâties la plûpart, dont voici les noms.

SAINT JEAN LE ROND, à côté de l'Eglise de Nôtre-Dame, est la paroisse du cloître, & le baptistere du diocese, dont on a déja parlé.

SAINT CHRISTOPHE, vis-à-vis de la même Eglise, est une petite paroisse qui servoit autrefois de chapelle aux anciens Comtes de Paris, dont la demeure étoit assez proche de l'endroit, où se trouve à present l'Hôtel Dieu, qu'ils donnerent en faveur des pauvres. *Archambauld, Comes Parisiensis*, fit cette donation au Chapitre de Paris, avec la terre de Creteil, en l'année 666.

Le bâtiment de l'Eglise de saint Christophe qui se voit à present, quoique construit dans la maniere Gothique, n'est que de l'année 1510. & peutêtre est-il un des derniers édifices que l'on ait élevé dans ce goût.

## LES ENFANS-TROUVEZ.

C'est le lieu où l'on dépose les enfans, aussitôt que les Commissaires qui les ont levez du lieu où ils ont été exposez, les font porter ; ils sont ensuite donnez à des nourices pour les élever, & le nombre de ces enfans a monté quelquefois jusques à quatre mille.

SAINTE GENEVIEVE DES ARDENS, que l'on nomme ainsi, à cause d'un fameux miracle qui s'y fit par l'intercession de cette Sainte, dans une procession, où l'on portoit sa chasse à Nôtre-Dame, pour obtenir la guérison d'une maladie épidémique appellée les *Ardens*, parce que ceux qui en étoient affligez sentoient une ardeur, qu'aucun remede ne pouvoit éteindre. Ce miracle arriva sous le regne de *Louis* VI. en l'année 1131. Pour en conserver la mémoire, on bâtit cette Eglise, qui au commencement n'étoit qu'une chapelle, sous le titre de Nôtre-Dame la petite où sainte Geneviéve venoit faire ses dévotions, qui est devenue par la suite des tems une paroisse, mais de peu d'étendue. La statue à genoux à côté de la porte, represente *Nicolas Flamel*, dont on a parlé ailleurs, qui donna de quoi réparer cette Eglise en l'année 1402, & particulierement le portail.

SAINTE MARINE, la paroisse de l'archevêché, au Curé de laquelle on renvoie les mariages ordonnez par sentence de l'Official.

*François* MIRON, surnommé le pere du peuple, Lieutenant Civil & Prevôt des Marchands, dont on a fait mention dans l'article de l'Hôtel de Ville, & en plusieurs autres occasions, est enterré dans cette Eglise. Il est mort le 4 de Juin 1609. Cet illustre Magistrat a reçu des éloges de tous ceux qui ont écrit de son tems; & les mémoires parlent de lui comme d'un homme tres rare & tout dévoué au salut & à la gloire de la Ville de Paris sa patrie. Le Mercure françois dit, que les heritiers avoient promis de faire voir au public, les belles & sages remontrances qu'il avoit fait pendant qu'il avoit été en charge, qui faisoient voir son integrité & son zele pour la patrie.

Saint Pierre aux Boeufs, où l'on faisoit autrefois toucher les bêtes d'une clef ardente, pour empêcher qu'elles ne fussent attaquées de la rage. Dans les siecles passez les bouchers tenoient leur confrerie dans cette petite Eglise, ce qui a donné occasion au nom qu'elle porte à present.

Saint-Landry est dans le voisinage. C'est une Eglise paroissiale de fort petite étendue, comme sont la plûpart de toutes celles de ce quartier, mais d'une ancienne fondation, s'il est vrai qu'elle servoit autrefois de chapelle au saint Evêque, dont elle porte le titre, qui avoit sa maison fort proche de cette Eglise.

A main droite à côté du chœur de cette petite Eglise, est un tombeau orné de quatre colonnes de marbre, au haut duquel sont les armes du *Chancelier* Boucherat.

Sur une grande table de marbre noir, on peut lire ce qui suit.

*Ce tombeau destiné à la famille des sieurs* Boucherat, *dont les corps sont ici inhumez, depuis l'an* née 1550, a été élevé par les ordres du tres-haut & puissant Seigneur Messire LOUIS BOUCHERAT, Chevalier Comte de Compans, Chancelier & Garde des sceaux de France, Commandeur des ordres du Roi, en l'année 1694.

Au-dessous on peut lire cette autre épitaphe.

Messire Pierre de BROUSSEL, Conseiller en la grande Chambre du Parlement de Paris, & Dame Madelene BOUCHERAT, son épouse, & leurs enfans, y ont aussi choisi leur sepulture.

REQUIESCANT IN PACE.

Nicolas le TOURNEUX, Prêtre, a été enterré dans cette Eglise. C'étoit un homme également célebre par sa pieté & par sa science, & fort estimé des gens de bien & des savans, à cause des bons ouvrages qu'il a publiez, dans lesquels il paroît autant de doctrine que de pieté.

GIRARDON a érigé dans la même Eglife, un monument à la mémoire de fa femme, en 1705, dont il a donné le modele, qu'il a fait executer par deux de fes éleves, *Nouriſſon*, & le *Lorrain*, tous deux habiles ſculpteurs de l'Academie. Le ſujet eſt, JESUS-CHRIST deſcendu de la Croix, & la ſainte Vierge qui offre ſon fils mort au Pere éternel. Ces figures ſont de grandeur naturelle, ainſi que cinq autres de petits anges, qui ſont dans des attitudes d'adoration. Les principales de ces figures ſont à demi relief ſur un fond de marbre de couleur, poſées ſur un grand ſarcophage de marbre verd d'Egypte. Cet ouvrage n'a pas eu autant l'approbation des connoiſſeurs, que la plûpart des autres pieces de ce maître habile.

*François* GIRARDON eſt dépoſé dans le même tombeau; il eſt mort le premier de Septembre 1715, âgé de quatre-vingt-ſix ans. On ne dira rien ici de ſes ouvrages, parce que l'on en a déja parlé dans divers endroits de cette deſcription. On ajoutera ſeulement qu'il étoit tres-habile ſculpteur, & qu'il executoit avec préciſion les pieces qu'il entreprenoit.

268 DESCRIPTION

On voit de lui à Versailles & ailleurs, plusieurs figures d'une excellente beauté; entre lesquelles on admire les bains d'Apollon, avec les naiades qui lui versent de l'eau, l'enlevement de Proserpine par Pluton; dans la colonade, & le bas-relief autour du piédestal, qui represente les fureurs de Cerès après l'enlevement de Proserpine sa fille par Pluton; une grande figure de l'hiver, de sept piés de hauteur, & plusieurs autres pieces qui ont de la correction & une beauté toute particuliere.

SAINT SYMPHORIEN, autrefois Eglise paroissiale d'une ancienne fondation, mais dont l'étendue étoit fort bornée de tous côtez par les autres paroisses des environs, ce qui faisoit que cette Cure étoit d'un tres-petit revenu; & c'est aussi ce qui a été cause que la Communauté des Peintres de la Ville s'en est accommodée, & qu'elle s'y est établie.

# LA COMMUNAUTE' DES PEINTRES ET SCULPTEURS.

Autrefois cette Communauté avoit sa chapelle particuliere sous le titre de saint Luc, dans l'Eglise des filles pénitentes de la rue saint Denys; mais aiant eu des protecteurs puissans depuis quelques années, elle s'est accommodée en l'année 1704 de l'Eglise de saint Symphorien, dont on vient de parler, & d'une maison contigüe, où elle tient son bureau d'assemblée.

Cette Communauté pleine de zele pour la perfection des choses ausquelles elle s'applique, a établi en même-tems une école publique de dessein, qui est ouverte tous les jours à cinq heures du soir, en faveur de ceux qui veulent être instruits dans cet art. Elle y entretient un modele d'après lequel on travaille sous la direction d'un maître habile, qui a soin de corriger les jeunes gens qui s'appliquent au dessein.

Cette école qui avoit été interrompue, ou négligée pendant plusieurs années, quoiqu'elle eût produit autrefois de tres-excellens peintres, fut rendue à cette Communauté par une déclaration du Roi, donnée le 17 de Novembre 1705, sur ce que Sa Majesté fut informée qu'il y avoit dans cette Compagnie, bon nombre de sujets capables de profiter de l'étude du dessein & de tout ce qui en dépend, & qui dans la suite pourroient parvenir à faire des ouvrages estimez.

Le 20 du mois de Janvier 1706, cette école fut ouverte sous la direction du Lieutenant general de Police, & a continué jusqu'à present, sans aucune interruption avec tout le succès qu'on en pouvoit attendre.

Tous les ans on distribue à la fête de saint Luc, deux médailles d'argent, que le Protecteur donne pour prix aux étudians qui ont fait un plus grand progrès, & qui ont surpassé les autres dans le cours de l'année ; ce qui donne bien de l'émulation à tous ceux qui s'appliquent.

Avant que l'Academie roiale de peinture fut établie comme elle est à present, cette Communauté formée plusieurs années auparavant, avoit produit un grand nombre de peintres & de sculpteurs tres-habiles tels que les *Porbus*, *Simon*

Vouet, Bourdon, Lerembert, Sarazin, Stella, la Hire, Champagne, Francifque, le Sueur, le Brun, Mignart, & quantité d'autres illuftres qui ont fait beaucoup d'honneur à la nation, dont la Communauté des peintres conferve encore les chefs-d'œuvres avec foin, pour faire voir les grands hommes qu'elle a formé autrefois.

La fale dans laquelle cette Communauté tient fes affemblées, eft remplie de quantité d'excellens tableaux, la plûpart de ces grands maîtres, que les curieux en peinture ne doivent pas manquer de voir pour leur fatisfaction.

Fort proche fe trouve SAINT DENYS DE LA CHARTRE, où ce faint Apôtre de Paris, chargé de chaînes, fut mis dans un cachot obfcur, qui s'y voit encore, lorfqu'il vint apporter les lumieres de l'Evangile dans les Gaules.

C'eft un ancien prieuré de l'ordre de faint Benoift, dépendant de faint Martin des Champs, échangé pour Montmartre, que le Prieur & les Religieux de faint Martin céderent au roi *Louis le Gros*, & à la reine *Alis* fa femme, en 1133, pour fonder l'Abbéle de filles que l'on y voit à prefent.

La reine *Anne d'Autriche* a fait réparer l'Autel de l'ancienne Eglife de faint Denys de la Chartre en 1665. Il y a quelques figures qui repréfentent un miracle arrivé à faint Denys, lorfqu'il étoit enfermé dans ce lieu. Ces figures font d'*Anguier* l'aîné, qui faifoit ordinairement de belles chofes. Le même fujet eft repréfenté dans un bas-relief de marbre blanc, placé au-deffus de la petite porte en dehors.

On remarquera que le terrain de cette Eglife & des maifons contigües eft fort bas, ce qui marque combien le pavé de la Ville a été rehauffé depuis la fondation de cette ancienne maifon.

LA MADELENE, Eglife Archiprefbyterale, eft de tres-ancienne fondation, dans laquelle il y a une confrérie érigée dès l'année 1168; elle étoit autrefois dans une fi grande recommandation, que les plus grands feigneurs du roiaume s'y enrolloient, à l'exemple des Rois & des Princes du fang; mais fort déchue à prefent comme bien d'autres, dont on ne parle prefque plus. Cette Communauté fe qualifie encore à prefent, *la grande Confrerie de Nôtre-Dame aux feigneurs, prêtres & bourgeois de Pa-*

*ris*. Elle a pour Superieur Ecclesiastique l'Archevêque de Paris, sous le titre d'Abbé; & pour Superieur Laïque, toûjours quelqu'un des premiers Magistrats, sous le titre de Doïen.

SAINTE CROIX DE LA CITE' a un petit bâtiment construit, comme on le voit, en 1529. Cette Eglise est d'ancienne fondation, puisqu'elle étoit érigée en paroisse dès l'année 1136, sous le titre de saint Hildevert Evêque de Meaux, que l'on invoquoit pour la phrenesie, dont les reliques ont été depuis transferées à saint Laurent. *Jean* de *Launoy* tres-savant critique de ces derniers tems, croit que cette Eglise est une translation faite d'une chapelle sous le titre de sainte Croix, située autrefois hors des murs de la Ville, qui fut entierement détruite par les Normans Danois: les reliques qui y étoient conservées, furent apportées dans ce lieu, où elles ont été longtems gardées, pour être exposées à la veneration des fideles.

*Pierre* DANET, Abbé de saint Nicolas de Verdun, Curé de cette petite Eglise, a donné un dictionnaire Latin & François, à l'usage de Monseigneur le Dauphin & des trois Princes ses fils.

Il a aussi mis au jour un dictionnaire François des antiquitez Greques & Romaines en 1698, à l'usage de ces mêmes Princes. Dans le nombre des savans que le Duc de Montauzier avoit choisis pour éclaircir les auteurs à l'usage de Monseigneur le Dauphin, il eut en partage Phedre, qu'il donna avec une interpretation & des notes excellentes. Cet auteur est mort en 1709, & a voulu être enterré dans le cloître des Chartreux de cette Ville.

SAINT PIERRE DES ARCIS est encore une Eglise paroissiale d'une fondation ancienne, si l'on en croit aussi les conjectures du même de *Launoy*. Il pretend qu'il faut dire, *saint Pierre des Assis*, parce qu'elle étoit destinée pour plusieurs familles d'Assyriens, marchands établis alors en cette Ville, qui y faisoient célebrer le service divin selon leur rit, du tems d'un Evêque de Paris, de la même nation, nommé *Eusebe*, qui les favorisoit beaucoup.

En 1702, on a fait un petit portique de quatre colonnes Ioniques, qui n'est pas d'un mauvais dessein, dont *Jean-François* LANCHENU, né à Paris, a donné les proportions. Cet architecte a fait des études en Italie sur les plus beaux bâtimens antiques & modernes ; & l'on peut dire qu'il a de la connoissance dans la bonne architecture.

Saint Martial est un reste de l'Eglise de l'Abbéie de sainte Aure, fondée par saint Eloy, comme on le dira ci-après dans l'article des Barnabites ; mais cette Eglise est à present presque détruite. Elle avoit obtenu une loterie qui devoit produire de quoi faire les réparations qui y étoient nécessaires ; cependant tout est demeuré imparfait, & il ne paroît pas que l'ouvrage puisse être achevé si tôt, ce qui incommode fort les paroissiens, en les obligeant d'aller à l'office à Sainte Croix, ou à saint Pierre des Arcis, ou le Curé de saint Martial fait ses fonctions à des heures particulieres.

Saint Germain le Vieux, tres ancienne Eglise originairement dédiée à saint Jean Baptiste, a été fondée sous le regne de Childebert, vers l'année 693 ; mais en 880 elle changea de titre.

Les Normans Danois, assemblant une formidable armée pour assieger la Ville de

Paris; les habitans des lieux circonvoisins sauverent avec empressement tout ce qu'ils avoient de plus précieux dans cette capitale, comme dans un lieu qui pouvoit résister plus longtems à leur fureur. On craignit avec raison que l'Abbéie de saint Germain des Prez ne fût pillée comme ces barbares avoient fait en plusieurs endroits du roiaume, où ils faisoient des ravages étranges; & cette Abbéie étant exposée à leurs insultes, alors au milieu de la campagne, les Religieux apporterent dans cette petite Eglise les reliques de saint Germain leur patron, où elles resterent pendant deux années seulement. Pour marquer l'hospitalité, les Religieux laisserent un os du bras du même Saint, dont elle prit le nom, qu'elle a conservé jusqu'à present.

L'Autel est d'une jolie menuiserie, décorée de quatre colonnes Corinthiennes de marbre de Dinan, au milieu duquel il y a un tableau qui represente le baptême de Nôtre Seigneur, peint par *Stella*, en 1644.

La tapisserie ancienne, faite sous le regne de Charles VI. que l'on expose aux grandes fêtes, est d'une rare beauté dans son goût Gothique. La vie de saint Germain y est representée avec divers miracles faits par son intercession. On y voit les modes d'habits du tems, pour l'un & pour l'autre sexe, & pour toutes sortes d'états, avec des édifices publics & particuliers, & d'autres singularitez curieuses dessinées assez correctement dans leur maniere.

La cure de saint Germain est à la nomination de l'Université, par une cession des Religieux de l'Abbéie de saint Germain des Prez, faite il y a plusieurs siecles.

LA MAISON DES BARNABITES, qui se trouve devant la principale entrée du Palais, est aussi d'une tres-ancienne fondation.

C'étoit originairement une fameuse Abbéie de filles, fondée par *saint Eloy* Evêque de Noyon, qui la mit en 660, sous la direction de sainte Aure; & cette Communauté alors tres-florissante, composée de trois cens Religieuses, occupoit un grand espace de terrain, qui s'étendoit jusques sur le bord de la riviere; que l'on a longtems nommé pour cette raison la *ceinture de saint Eloy*, parce que l'on présume que cet espace avoit appartenu en propre à ce saint Evêque, & que c'étoit la maison où il avoit demeuré.

L'Eglise de Saint-Martial, à present presque détruite, dont on vient de parler, servoit de chœur à ces religieuses ; mais le relâchement & la négligence des regles prescrites par le fondateur s'étant introduits dans cette nombreuse Communauté, elle fut dispersée en l'année 1087, sous le regne de Philippe I. à trois differens monasteres, savoir à Montmartre, à Chelles, & à saint Antoine. Cette maison se trouvant comme abandonnée, fut convertie en Prieuré de l'ordre de S. Benoist, que l'on mit sous la dépendance de l'ancienne Abbéie de Saint-Maur des Fossez, proche de Vincennes, qui suivoit la même regle : ce qui a demeuré en cet état l'espace de plusieurs siecles. Les revenus considerables de l'un & de l'autre de ces benefices, ont été depuis affectez à l'Archevêché de Paris, qui en jouit encore à present, de même que de plusieurs autres réunions qui y ont été faites, pour en augmenter les revenus, autrefois peu considerables.

Les Barnabites qui s'étoient aquis de la réputation en plusieurs endroits du roiaume, où ils étoient déja établis, furent reçus dans cette ancienne maison le 3 de Juillet de l'année 1631, par les sollicitations & sous la protection de *Jean-François* de GONDY, premier Archevêque de Paris, à condition qu'ils rétabliroient l'Eglise & la maison qui étoient dans un grand délabrement, par la négligence des anciens moines Benedictins qui les avoient occupées. Les Barnabites travaillerent quelque tems après à la construction de l'Eglise, & la commencerent sur un assez bon dessein ; mais faute de fonds nécessaires ils n'ont pû parvenir à l'achever ; elle est demeurée imparfaite & sans voute jusqu'ici.

Cependant ces Peres ont fait élever un portail en l'année 1703, sur les desseins de CARTAULT, dont l'apparence est gracieuse & plaît à la vûe. Les deux ordres qui y sont observez, le Dorique & l'Ionique en pilastres seulement, sont d'une execution correcte & assez bien entendue ; & la propreté avec laquelle cet ouvrage est terminé, n'est pas moins à remarquer.

On conserve dans la sacristie de cette Eglise, un manuscrit du premier âge, & d'une conservation admirable, que les savans estiment beaucoup. Quelques uns l'ont nommé le *Pseautier de sainte Aure*; ce volume ne contient cependant que les quatre Evangiles, & à la fin un calendrier un peu plus ancien que celui que le P. Fronteau a donné au public.

*La congrégation des* BARNABITES, qui est tres-célebre en Italie, a pris naissance dans la ville de Milan. Elle a été instituée par trois Gentilshommes d'une pieté distinguée, deux de cette Ville, & le troisiéme de Crémone, sous le titre de *congrégation de saint Paul*; mais comme la premiere maison où ils s'établirent s'appelloit saint Barnabé, le peuple leur donna le nom de cette Apôtre, qu'ils ont toûjours porté depuis en France & en Italie, où ils ont plusieurs maisons considerables & tres bien établies.

Le roi Henry IV. parfaitement instruit de leur zele pour la conversion des heretiques, & de leur habileté pour l'éducation de la jeunesse, demanda quelques-uns de ces Religieux à leur General, il les envoia en Bearn, pour prêcher la pureté de la foi & pour tenir des Colleges, dont ils se sont aquitez jusqu'ici avec un tres-grand succès.

Un des premiers Colleges qu'ils aient eu, est celui de Montargis, où ils ont grand nombre de pensionnaires, entre lesquels il y en a des meilleures familles, qu'ils instruisent dans la pieté chrétienne & dans les sciences humaines, avec un soin tout particulier.

*Dom* CAPITAIN, de cette maison, a été Provincial plusieurs fois; il s'est aquis une grande réputation par sa savante maniere de prêcher, qui a plû infiniment à la Cour & à la Ville.

Ils ont seulement quatorze ou quinze maisons dans le roiaume, en y comprenant les séminaires qu'ils dirigent avec toute l'assiduité & l'édification qui se peuvent désirer.

La petite place qui se trouve proche de la porte des Barnabites, a été faite au sujet d'un execrable attentat commis en la personne du roi *Henry* IV. le 27 de Decembre 1594, vers les sept heures du soir.

Voici ce qui en est rapporté dans l'histoire de ce grand Roi, publiée par *Hardouin* de *Perefixe* Archevêque de Paris, & par divers autres historiens.

*Henry* IV, arrivant de Picardie, & étant encore botté, dans la chambre de la Marquise de Monceaux, à l'hôtel de Schomberg, derriere le Louvre, entouré de Princes & de Courtisans, un jeune homme se coula sans être apperçu jusqu'auprès de la personne du Roi, & lui porta un coup de couteau dont il prétendoit le frapper à la gorge : mais ce Prince s'étant courbé dans le moment, pour embrasser Ragni & Montigni, qui s'abaissoient en le saluant tres-profondement, il reçut le coup dans la lévre superieure, à côté droit, & en eut une dent rompue. L'Assassin s'appelloit *Jean Chatel*, âgé environ de dix-huit à dix-neuf ans. Il étoit fils d'un marchand Drapier, & fut arrêté sur le champ. La blessure du Roi aiant été scue, toute la Ville en fut extrémement alarmée ; mais dès qu'on eut appris qu'elle n'étoit nullement dangereuse, on courut en foule à l'Eglise Nôtre Dame, pour remercier Dieu d'avoir préservé ce bon Prince d'un si grand péril ; le *Te Deum* y fut chanté, où le Roi assista lui même, sur les huit heures du soir.

L'assassin interrogé, son procès lui fut fait en tres-peu de tems. Il fut condamné à être tenaillé & ensuite tiré à quatre chevaux dans la place de Greve; ce qui fut executé suivant la teneur de l'Arrest le 29 de Decembre 1594. Son pere quoique peutêtre innocent de cet horrible attentat fut banni du roiaume avec toute sa famille pour neuf ans, & sa maison rasée. Sur la place qu'elle occupoit on érigea une piramide, aux faces de laquelle on grava sur des tables de marbre, l'Arrest de condamnation de ce scelerat & d'autres inscriptions, en prose & en vers, dont quelques curieux gardent encore l'estampe : Mais sept ans après, cette piramide fut renversée, une fontaine fut mise sur la face de la maison voisine, laquelle a depuis été transportée dans la rue de saint Victor, & placée à l'extrémité de l'Abbéie de ce nom, au coin de la rue de Seine, proche de l'hôpital de la pitié.

Le *pere* DANIEL savant Jesuite, raconte aussi cet événement avec exactitude dans sa grande histoire de France, en 3 volumes *in folio*, & raporte à ce sujet bien des choses tres-curieuses qui regardent sa compagnie, & les troubles extrêmes qu'elle souffrit en cette occasion, où elle eut besoin de tout son crédit pour être rétablie comme elle a été depuis.

Deux années auparavant ou environ, *Pierre Barriere*, ou la *Barre*, né à Orleans, Batelier & puis Soldat de profession, attenta à la vie du roi Henry IV. Il fut découvert par le P. Sebastien Banqui Dominiquain de Florence, à qui ce scelerat avoit communiqué son abominable dessein, sans que ce bon religieux l'en pût détourner. Barriere fut puni à Melun le

29 d'Août 1593, & avoua dans son testament de mort, qu'il avoit été porté à ce grand crime, par un Capucin de Lion, par Aubri Curé de Saint-André des Arcs, & par le P. Varade; ce que tous les historiens rapportent, particulierement, de *Thou*, d'*Aubigné du Plex* & *Mezeray*.

SAINT BARTHELEMY est fort proche. C'étoit anciennement la paroisse roiale, lorsque les Rois tenoient leur Cour dans le Palais, comme elle est à present celle du Parlement qui a pris leur place.

Cette paroisse s'étendoit alors bien avant dans la rue saint Denys, puisque celle de Saint-Leu Saint-Gilles y servoit de secours.

On ne voit dans aucun Auteur en quelle année elle a été fondée, ce qu'elle a de commun avec la plûpart des anciennes Eglises de cette Ville. On sait cependant qu'il y a eu premierement des Chanoines, qui furent transferez à la petite chapelle de Saint-Nicolas, à present Saint-Michel, dans l'enclos du Palais; & que sous le regne de Lotaire, Samson Evêque d'Aleth, à present Saint-Malo, étant obligé d'abandonner son payis à cauſe des incurſions des Barbares, ſe réfugia à Paris, où il apporta le corps de ſaint Magloire & quelques autres reliques, qu'il mit en ſûreté dans cette Egliſe. Hugues le Grand, Comte de Paris, pere du roi Hugues Capet, en fit enſuite une Abbéie, à laquelle il fit porter le titre de Saint-Barthelemy & de Saint-Magloire, à cauſe des reliques de ces Saints qui y étoient en veneration depuis fort longtems. Il y mit des Religieux de l'ordre de ſaint Benoiſt, qui y ont reſté pendant pluſieurs années; mais comme ils ſe trouvoient trop ſerrez en cet endroit, & pour éviter le tumulte du centre de la Ville, où ils étoient placez, ils allerent s'établir dans la rue ſaint Denys, proche d'une chapelle ſous le nom de Saint-Georges, ſituée au milieu de leur cémetiere, au même endroit, où ſont à preſent les filles pénitentes, comme on l'a dit en parlant de ce monaſtere.

Cette tranſlation ſe fit ſous le regne de Louis le Jeune, en l'année 1138. Le titre de Prieuré eſt encore reſté à l'Egliſe de Saint-Barthelemy; mais la plus grande partie des revenus a été affectée à l'Archevêché, & la cure n'eſt plus qu'un vicariat perpetuel.

Cette Egliſe eſt des plus mal bâties, & fort obſcure.

Le grand autel est décoré d'une menuiserie dorée d'un assez beau dessein.

Il y a une chapelle à main droite, où on voit trois tableaux de HERAULT; l'un représente saint Guillaume; l'autre saint Charles Boromée; & le troisiéme, sainte Genevieve. Celui qui est à l'autel est de LOYR, Peintre habile, qui avoit fait de longues études à Rome; ce tableau fait voir une sainte Catherine à genoux, avec l'Enfant Jesus entre les bras de la sainte-Vierge, qui lui met un anneau au doigt. Le reste est peu de chose.

Dans cette même chapelle on remarquera une épitaphe en marbre blanc, avec des ornemens dessinez correctement, & une figure au milieu qui represente la religion, aux piés de laquelle est un génie entouré de lunettes d'approche, d'instrumens de mathématique, & une sphere derriere lui: il tient en main une tête de mort qu'il regarde attentivement, pour faire entendre que celui pour qui cette épitaphe a été faite, n'a pas seulement été un grand Philosophe, mais encore un tres-bon Chrétien; que sachant tout, il n'a pas ignoré qu'il falloit mourir, & que sans cesse il a eu la mort présente devant les yeux, pour se préparer à l'avoir heureuse; ce qui lui est arrivé en effet.

*Claude* CLERSELIER, pour qui ce monument a été érigé, étoit un homme tres-savant, il a donné des traductions excellentes des œuvres de *René des* CARTES, fort estimées des savans, à cause de l'exactitude & de la netteté avec lesquelles elles sont écrites.

Dans un cartel au dessous, on lit cette Inscription, qui est d'une excellente composition.

*Optima Philosophia, mortis meditatio.*

CLARISSIMO VIRO

CLAUDIO CLERSELIER EQUITI

MAGNO,

REIP. CHRISTIANÆ

ET LITTERARIÆ ORNAMENTO.

ILLAM MORIBUS ANTIQUIS,

HANC SCRIPTIS

ELEGANTISSIMIS DECORAVIT.

OBIIT, HAUD LAUDI UTRIUS-
QUE DAMNO,
ANNO DOMINI 1684.
IDIBUS APRILIS, ÆTATIS
SEPTUAGESIMO.
PETRUS DE LA CHAMBRE,
HUJUS BASILICÆ RECTOR
AD GREGIS EXEMPLUM
ET INCITAMENTUM,
PONI CURAVIT.

Tous les ornemens de ce tombeau font d'un Sculpteur Flaman, nommé *Barthelemy* de MELO.

Louis SERVIN, Avocat General au Parlement, est enterré dans cette Eglise. Il s'étoit procuré par son merite extraordinaire,

dinaire l'amitié de tous ceux qui le connoissoient ; & sa réputation étoit si grande dans toute l'Europe, que les plus illustres savans de son tems se faisoient gloire d'avoir commerce de Lettres avec lui, comme on le voit encore dans leurs ouvrages, où il y en a quelques-unes de sa composition, qui font juger de son génie merveilleux. Sa fidelité inviolable pour le bon parti, lui procura la confiance du roi *Henry* III. qui le choisit pour la charge d'Avocat General, après la démission de *Jacques Faye Despesses* ; il l'exerça avec une integrité exemplaire, jusques en l'année 1626, qu'il mourut en haranguant le roi *Louis* XIII. tenant son lit de Justice au Parlement, à qui il remontra avec un zele dont on voit peu d'exemples, trois choses importantes ; La *défense des libertés de l'Eglise Gallicane, le soulagement des peuples, & le danger de souffrir les dogmes des nouveaux Docteurs* L'Université à qui il avoit rendu d'importans services, lui fit une pompe funebre aux Mathurins, où son éloge fut prononcé en Latin.

Ces deux vers faits à sa louange, peuvent lui servir d'épitaphe.

Est satis in titulo, Servinus proh! jacet ingens, in mundo scivit scibile quidquid erat.

*Omer* TALON, fut nommé pour remplir la place de cet illustre Magistrat & *Jerôme Bignon*, si recommandable par son integrité, sa pieté & par sa profonde érudition, fut nommé pour être le second. Tout le monde applaudit à cet heureux choix, & avoua que la place de *Servin* ne pouvoit être mieux remplie.

*Jean* FOREST, né à Paris, est mort en 1712. Ce Peintre habile réussissoit particulierement dans les payisages, & avoit avec cela une grande connoissance des ouvrages de peintures, ce qui étoit cause que les amateurs le consultoient comme une espece d'Oracle, pour éviter d'être trompez, en quoi il a rendu de tres-bons offices à diverses personnes qui auroient, sans lui, donné de grandes sommes pour des copies, au lieu d'originaux qu'ils croioient acheter.

Les deux figures aux côtez de la porte, qui représentent saint Barthelemy & sainte Catherine, Patrons de cette Eglise, que les connoisseurs estiment, sont de *Barthelemy* de MELO, Sculpteur habile.

Pendant l'octave de la fête du Saint-Sacrement, on expose dans cette Eglise un grand nombre d'excellens tableaux, qui sont fournis par des curieux de cette même Paroisse.

# LE PALAIS.

SI l'on s'étoit engagé dans cette description à traiter des origines & des antiquitez de Paris, on auroit occasion de dire bien des particularitez curieuses touchant le Parlement ; mais cependant on ne feroit autre chose que répeter ce que plusieurs graves auteurs ont déja publié dans leurs ouvrages.

Ceux qui auront la curiosité d'être instruits de ce qui regarde cet illustre corps, le plus ancien & le plus considerable du roiaume, qui donnoit autrefois le mouvement aux grandes affaires de l'Etat, pourront consulter *de Thou*, *du Tillet*, *Gilles Corozet*, le P. *du Breul* dans son Theatre des antiquitez *de Paris*, & tous les auteurs qui ont écrit sur l'histoire de France.

On dira seulement à l'honneur de cet ancien & souverain Tribunal, qu'il a été ambulatoire jusqu'au regne de *Philippe le Bel*. Ce Prince au raport de *Belle Forest*, fut le premier qui le rendit fixe & sédentaire, en l'année 1302, en abandonnant son propre palais aux Officiers qui formoient cette illustre Compagnie. Pour lui donner plus de commoditez, il fit bâtir la plûpart des chambres, dont l'ouvrage ne fut entierement achevé qu'en l'année 1313; cependant il est tres certain qu'il y avoit déja de grands édifices avant ce tems là, puisque plusieurs Rois y avoient demeuré. *Clovis* même y avoit tenu sa Cour; mais *saint Louis* qui aimoit beaucoup la ville de Paris, y avoit fait une plus longue résidence que les autres; car trouvant ce lieu commode au centre de la Ville, il fit faire de grands ouvrages dont on voit encore quelques restes, & fit élever particulierement la sainte-Chapelle, comme on le dira dans la suite.

Ce qui doit être remarqué dans ce spacieux bâtiment, est particulierement la grande sale que le *Cavalier* BERNIN admira comme un des plus beaux édifices de toute l'Europe; elle a été bâtie & élevée sur le plan d'une autre tres ancienne de la même grandeur, qui fut reduite en cendres le septiéme de Mars 1617, par l'imprudence d'un Marchand qui avoit laissé du feu dans une poële au fond de la boutique. Cet embrasement causa la ruine entiere de plusieurs Marchands, qui avoient leurs boutiques dans cette grande sale, disposées à peu près comme elles sont à present. Tout le comble & les plafonds furent entierement consumez, & sans les prompts secours que l'on apporta, le feu auroit gagné jusqu'à la Sainte Chapelle & à d'autres édifices contigus. Ce ne fut qu'avec bien de la peine que l'on sauva les regiftres du Parlement, mais le *Greffier Voisin*, felon le Mercure François, fut assez heureux pour les faire enlever & les mettre en lieu de sûreté.

Cette grande sale fut rétablie comme elle est à present, en l'année 1622, sur les desseins & sous la conduite de Jacques de Brosse, tres-excellent Architecte, le même qui avoit conduit le Palais d'Orleans & d'autres édifices de distinction, & on y chanta une messe solemnelle le douziéme de Novembre qui est le tems que le Parlement reprend les seances, où plusieurs Cardinaux & grand nombre de personnes de qualité assisterent. Cette grande sale étoit auparavant ornée des statues de tous les Rois de France, de grandeur naturelle, qui éroient placées tout autour. C'étoit dans ce lieu que les anciens Rois recevoient les Ambassadeurs, qu'ils donnoient des festins publics à certains jours de l'année, selon l'usage de plusieurs siecles; & même les nôces des enfans de France s'y faifoient en préfence du peuple, avec une extrême magnificence.

Au mariage de Catherine de France avec Henry VI. roi d'Angleterre, qui mourut deux ans après dans le château de Vincennes en 1422, il y eut, felon *Juvenal des Urfins*, hiftorien oculaire, un fi grand concours, que plufieurs perfonnes y furent étouffées; & le roi Charles VI. pere de la mariée, y courut rifque de la vie.

Cette fale eft toute voutée de pierre de taille, avec une fuite d'arcades au milieu, foûtenues de piliers, autour defquels il y a quantité de boutiques occupées par divers marchands. L'ordre Dorique en pilaftres regne avec quelque regularité fur les faces des jambages qui portent les arcs.

A une des extremitez, il y a une chapelle, où l'on dit des meffes tous les jours. Les Procureurs à qui elle appartient, ont fait quarante mille livres de dépenfe pour l'embellir comme elle eft à prefent.

Au deffus eft l'horloge, fur laquelle on regle les audiences.

Au bas du cadran on lit cette infcription de *Montmort*, de l'Académie Françoife.

SACRA THEMIS MORES, UT
PENDULA DIRIGIT HORAS.

Les environs de cette chapelle ont été ornez de dorures & peints en marbre de diverses couleurs ; ce qui distingue cet endroit du reste de la grande sale.

Il ne faut pas negliger d'aller voir les chambres particulieres, dans lesquelles on plaide, qui sont décorées de plafonds & de lambris, où il y a des peintures qui ont coûté beaucoup.

Dans la *troisiéme des Enqueftes*, on verra un excellent plafond peint par Simon VOUET ; un tableau de BOURDON, qui represente la femme adultere ; & un autre de le BRUN, qui fait voir l'accusation de Susanne.

La chambre du Trésor a des ouvrages de SILVESTRE, peintre de l'Academie à present établie en Saxe, où il travaille avec bien de la réputation.

Les chambres des Enqueftes sont aussi fort embellies.

LA GRANDE CHAMBRE à côté de la grande sale, a été construite sous *saint Louis*, qui donnoit des audiences publiques dans le même lieu.

Ce Prince, avec la bonté d'un pere & la majesté d'un grand Roi, travailloit & s'occupoit fans relâche à pacifier les defordres qui naiffoient entre fes fujets. Il y recevoit auffi les Ambaffadeurs que les Princes fes voifins lui envoioient.

Louis XII. pere de la patrie, fit réparer la grande chambre, comme on l'a vûe pendant longtems. Le plafond qui eft orné de grands culs de lampe chargez de quantité de fculptures dorées fur des fonds d'azure, a paffé autrefois pour un riche ouvrage; mais le tems qui change tout, a ôté une grande partie de ce qui le faifoit eftimer autrefois. En l'année 1722 on a fait des reftaurations magnifiques dans la grande chambre, fous la conduite de *Germain* BOFFRAND, excellent architecte. On a redoré le plafond & remis en couleur tous les endroits qui en avoient befoin. Le lambris qui regne tout autour eft orné de divers ornemens de fculpture richement dorés; ce qui produit une excellente decoration, ainfi que la grande cheminée, fur laquelle on a placé un tableau de fculpture qui remplit tout l'efpace & qui fait un excellent effet.

C'eft dans ce lieu où tout le Parlement

s'assemble, lorsque le Roi vient tenir son lit de Justice, ou bien lorsqu'il y a quelque grande affaire, sur laquelle on doit deliberer en corps.

C'est aussi dans cette même Chambre, que se fait l'enregistrement des lettres d'Erection de Duchez & Pairies; & que les Pairs prêtent serment.

Les principales jurisdictions qui se trouvent dans l'enceinte du Palais, sont:

## LE PARLEMENT.

contenant
- La grande Chambre.
- La chambre de la Tournelle criminelle.
- La chambre de la Tournelle civile.
- Cinq chambres des Enquêtes.
- Deux chambres des Requêtes du Palais.
- Les Requêtes de l'Hôtel, composées des Maîtres des Requêtes qui ne font point de quartier au Conseil.

Le premier Président du Parlement, *Antoine* PORTAIL, Chevalier Seigneur du *Vaudreuil* & de *Chatou*.

## LA CHAMBRE DES COMPTES.

Le premier Président, *Jean Aimard* de NICOLAI, Chevalier, Marquis de *Gouffainville*, Comte d'*Ivot* : il est le septiéme de sa famille de pere en fils, qui occupe cette grande charge, ce qui n'a point d'exemple en France.

## La COUR DES AIDES,

composée de trois chambres.

Le premier Président, *Nicolas* le CAMUS, Seigneur de la *Grange-Bligni*.

L'Election.

Les jurisdictions comprises sous le nom de table de marbre, savoir,

L'Amirauté,
La Conestablie,
Les Eaux & Forêts.

Il y a encore la jurifdiction de la maîtrife particuliere des Eaux & Forêts de l'Ile de France.

## LA COUR DES MONOIES.

Le premier Préfident, *Jacques* HODIER.

La chambre du Domaine & le bureau des Finances.

La chambre fouveraine des Décimes Eccléfiaftiques.

La Chancellerie.

Le Bailliage du Palais.

La Maçonnerie.

La Panneterie, à préfent réunie au Châtelet.

De tout tems le Parlement a été un corps fi illuftre & fi révéré par fon autorité & par les membres illuftres qui l'ont compofé, que toute l'Europe regardoit les arrêts de ce tribunal fouverain, comme des oracles de fageffe & de juftice qui devoient être fuivis & refpectez par tout.

En effet l'hiftoire fait mention de plufieurs Rois & Souverains de l'Europe qui se sont soûmis à ses décisions dans des affaires de la premiere consequense, où il s'agissoit de leurs possessions, qui recevoient ses jugemens comme les regles les plus assurées de la justice, ce qui n'a point d'exemple pour aucun autre tribunal.

L'Empereur Maximilien & le Roi Ferdinand d'Arragon, choisirent le Parlement de Paris comme le plus auguste Senat du monde, pour juger de leur differend. Il s'agissoit de la regence du roiaume de Castille, pendant la minorité de Charles-Quint, qui fut ensuite Empereur, que l'un & l'autre pretendoit. La question fut portée au Parlement devant le roi *Louis* XII. accompagné des Princes du sang, des Prélats, des Seigneurs & du Conseil. Le Cardinal d'Amboise proposa cette grande affaire, qui fut jugée en faveur du roi d'Arragon, dont les deux prétendans furent tres-satisfaits.

Le *roi Charles* VIII. eut pour le Parlement toute la consideration que cet illustre corps méritoit, ce qu'il témoigna par les graces particulieres qu'il lui accorda. Il exempta de l'arriereban toutes les terres que ses membres tenoient en fief, en 1484.

Cette grande compagnie étoit comme le sanctuaire de toutes sortes de vertus, de temperance, de continence, de modestie, de zele pour le bien de l'état & du public.

Sa religion se laissoit rarement surprendre.

On ne lui demandoit point d'injustice, parce qu'on le connoissoit incapable d'en commettre.

Ses arrêts étoient reçus comme des oracles, d'autant qu'on savoit que ni l'interêt, ni les parentez, ni la faveur quelle qu'elle fût, n'y pouvoit rien.

Les mœurs innocentes de ses magistrats, & leur exterieur même, servoient de loix & d'exemple.

La gravité de leur profession les éloignoit des vanitez du grand monde, du luxe, des jeux, de la danse, de la chasse, encore bien plus de la dissolution & de la débauche.

Ils trouvoient leur plaisir & leur gloire à exercer dignement leurs charges.

Un grand fond d'honneur, d'integrité & de suffisance faisoit leur principale richesse, & la frugalité leur plus certain revenu.

N'aimant point le faste & la dépense, ils n'avoient point d'avidité pour les grands biens, & ils croioient leur fortune sûre & honorable, quand elle étoit médiocre & juste.

Ainsi se rendant venerables par eux-mêmes, ils étoient necessairement en veneration à tout le monde ; & on les respectoit à la Cour, parce que n'y aiant aucunes pretentions, ils n'y alloient jamais s'ils n'étoient mandez par les ordres du Roi & pour son service.

Il faut ajoûter qu'alors les procureurs & la chicane n'avoient point trouvé les portes du palais ouvertes pour s'y jetter en foule. Le procès n'étoit point encore un labyrinte où le meilleur droit perd dans les détours infinis des formalitez & des procedures : & il n'y avoit le plus souvent dans toute une affaire aucunes écritures que les pieces necessaires pour la demande & pour la défense, & l'arrêt qui intervenoit là-dessus. L'expédition n'en coûtoit rien aux parties, le greffier étoit paié aux depens du Roi, & il y avoit un fondé de cinq ou six mille livres destiné pour cela.

Mezeray, in quarto, tome 2. page 358, édition 1690.

## LA COUR DES AIDES.

C'Est une Jurisdiction souveraine pour les affaires de Finances, qui tient ses séances dans trois chambres particulieres, embellies de plafonds, pour lesquelles on a fait autrefois de la dépense. La face du bâtiment qui donne sur la cour, du côté du grand perron du mai, est d'une maçonnerie enrichie de moulures & de couronnement sur les fenêtres, d'un assez bon dessein.

La Cour des Aides a été établie par le roi Charles V. dit le Sage, sous le nom *de la Cour des Generaux*, pour regler les differends, touchant les Aides, subsides & les Finances.

Le grand arbre que l'on voit au plé du perron, est planté tous les ans le dernier jour du mois de Mai, avec quelque cérémonie, par la Communauté des Clercs de Procureurs du Parlement, qui ont entre eux une espece de jurisdiction que l'on nomme la *Bazoche*.

On lit dans les journaux du regne de *Charles* VI. un évenement ridicule, qui arriva au milieu d'une action tres-sérieuse & tres-éclatante, à cet endroit.

Le Roi accompagné de tous les grands

Officiers de la Couronne & de toute la Cour, avoit fait dresser son trône sur le palier au haut du perron du mai, pour recevoir les soumissions du peuple de Paris, qui s'étoit mutiné au sujet de quelques impôts nouvellement établis: tous les ordres de la Ville vinrent les uns après les autres, dans leur rang, la corde au cou, demander pardon à ce bon Roi. La foule fut excessive dans cette occasion. Le Recteur de l'Université suivi de ses supôts & de ses officiers, en habits de cérémonie, à son tour comme les autres, parut; & dans le tems qu'il faisoit ses soumissions & qu'il haranguoit le Roi, d'un air grave & fort serieux sans doute, ne regardant pas derriere lui, il fit un faux pas en se retirant, qui le renversa sur ceux de sa suite, lesquels à leur tour tomberent sur d'autres qui étoient plus bas; ce qui causa une confusion plaisante, qui fit rire toute la nombreuse assemblée. Cette action extraordinaire finit par le pardon que Charles VI. accorda aux Parisiens, moiennant une fort grosse somme d'argent, à laquelle ils furent condamnez, qu'ils paierent tres-exactement à leur ordinaire.

LA CHANCELLERIE, dont l'entrée est dans la gallerie des prisonniers, a été réparée depuis quelques années. Le petit tableau de la chapelle, qui represente une Pentecôte, est de BLAN-CHART, peintre né à Paris, estimé, parce qu'il peignoit dans le goût du fameux *Titien*, dont il avoit soigneusement étudié les manieres à Venise, où il avoit été longtems exprès.

Le lendemain de la fête de saint Martin, qui est le jour de l'ouverture du Parlement, il y a une céremonie que les Etrangers ne doivent pas négliger de voir.

Les principaux membres du Parlement, vêtus de robes d'écarlate, assistent ce jour-là à une messe qui se dit solemnellement dans la grande sale. Le premier Président & les Presidens à Mortier sont distinguez par leur doublure de menu-vair, qui est une fourure mouchetée de petit gris.

Lorsque ces derniers vont à l'offrande, ils font des réverences que l'on faisoit autrefois, mais qui ne sont plus en usage que dans des occasions particulieres, comme aux funerailles des Rois, des Reines & des Princes du sang, par les princes qui font le deuil, par les maîtres & sous-maîtres des ceremonies, par les héraults d'armes, & par les enfans de chœur. Les Chanoines de Lyon, qui se piquent de n'admettre aucune nouveauté dans les fonctions de leur Eglise, les ont conservées, de même que les pages, lorsqu'ils servent la messe devant le Roi.

Cette messe finie, on va entendre les harangues qui sont ordinairement prononcées par le premier President & par l'Evêque qui a officié.

LA CONCIERGERIE est la prison, où l'on tient enfermez tous ceux qui sont arrêtez ou pour dette ou pour crimes, ce qui fait qu'elle est toûjours fort remplie. On lit dans l'histoire que les Romains n'ordonnerent la prison aux débiteurs que pour les garantir de la persecution & des mauvais traittemens de ceux à qui ils devoient, qui avoient le droit de les insulter & de leur faire toute sorte d'outrages jusqu'à ce qu'ils les eussent paiez.

Dans l'enceinte de la Conciergerie, on voit une vieille tour que l'on nomme encore la *tour de Montgomery*, parce que *Gabriel de Lorges*, Comte de *Montgomery*, Capitaine de la garde Ecossoise de Henri II. y fut mis prisonnier, après sa défaite en Normandie. Il fut condamné a être trainé dans un tombreau en place de Greve & d'y avoir la tête tranchée, ce qui fut executé le 26 de Juin 1574. Il alla au supplice avec une fermeté extraordinaire, quoique tout brisé de la torture que l'on lui avoit cruellement donnée. Ce même *Montgomery* avoit blessé Henri II. dans le tournoy de la rue saint Antoine ; mais à la mort le Roi lui donna sa grace, & recommanda fort qu'il ne fut point inquiété pour ce funeste accident, où il n'y avoit point de sa faute & dont il avoit été lui même la cause ; cependant quelques années après, ayant été fait prisonnier à la tête des religionnaires qu'il commandoit en Normandie, il fut executé, comme on vient de le dire : ce qui donna occasion à quelques-uns de blamer l'humeur vindicative de la reine Catherine de Medicis épouse de Henri II.

La Sainte Chapelle

## LA SAINTE CHAPELLE.

D'Un tres-grand nombre de monumens de pieté que le *roi saint Louis* a fait élever, il n'en est point de plus beau & de plus magnifique, que l'édifice de la Sainte-Chapelle.

Comme ce Prince pieux faisoit sa résidence ordinaire dans le Palais, au milieu de la capitale de son Roiaume, ainsi que la plûpart de ses prédécesseurs & des rois qui l'ont suivi; il fit construire cette chapelle, pour vaquer plus exactement à ses dévotions, & pour y conserver les précieuses reliques qu'il avoit tirées des mains des Venitiens, comme on le rapportera dans la suite.

Il y avoit déja une petite chapelle dans le même lieu, fondée par le roi *Hugues Capet*, sous le titre de l'adoration des Mages, dans laquelle le roi *Robert* son fils, surnommé le pieux à bon titre, institua, s'il en faut croire quelques auteurs, un ordre de chevaliers appellez, *les Chevaliers de l'Etoile*, parce qu'ils en portoient une au cou attachée à une chaîne d'or, avec ces mots gravez,

## MONSTRANT REGIBUS ASTRA VIAM.

Cet ordre étoit si honorable dans son commencement, que les plus grands seigneurs du roiaume en prirent le collier; mais par la succession des tems il s'avilit entierement.

Le roi *Charles* VII. vers l'année 1455. voiant que les Seigneurs de la Cour en faisoient tres-peu de cas, un jour à son lever en presence de tous les Courtisans, tira de son cou la chaîne à laquelle pendoit l'étoile d'or, & la mit au cou du Capitaine du guet; ordonnant en même tems, *que lui seul & ses archers, tant de pied que de cheval, porteroient sur leurs casaques perses, tant devant que derriere, une étoile blanche*; ce qui a demeuré dans le même état jusqu'à present. Le Chevalier du guet & ses archers qui veillent nuit & jour avec tant de soin & de fatigue à la sûreté de la Ville, portent encore aujourd'hui cette étoile en broderie sur leurs casaques bleues, & sur leurs bandoulieres, pour marque de cette ancienne institution.

Cette petite chapelle fondée par le roi *Hugues Capet*, comme on vient de le dire, demeura sur pié jusques sous le regne de saint Louis, qui la fit détruire pour élever le bel édifice qui se voit à present, dont le dessein & la structure sont d'une délicatesse & d'une legereté surprenante. Il est vrai que cet édifice n'est pas d'une fort grande étendue ; mais cependant à le considerer en general & dans ses parties, il a la régularité & toute l'élégance que peut demander l'architecture Gothique, la plus correcte & la mieux entendue. Les voûtes en croix d'ogives sont fort élevées & liées si correctement, qu'elles ne se sont point encore démenties, malgré le nombre des années & un furieux incendie qu'elles ont supportées de toute la charpente & du plomb qui les couvroient. Le clocher & la couverture que l'on voit à présent, sont des ouvrages modernes faits depuis l'année 1630, que le grand embrasement arriva par l'imprudence des Plombiers, qui consuma quantité d'ornemens de pierre & de plomb délicatement travaillez, dont le corps de l'Eglise, le clocher & le toit étoient enrichis.

La hauteur de tout cet édifice est tres considerable.

Il se trouve deux Eglises l'une sur l'autre. Celle d'en bas, ou à rez-de-chauffées, n'a pas beaucoup de hauteurt. Les voutes de l'Eglife fuperieure font tout-à-fait exhauffées & d'une hardieffe furprenante. Les dedans de cet édifice étoient autrefois fort enrichis d'ornemens tres beaux pour leur tems, dont on voit encore quelques reftes qui ont été détruits par l'embrafement dont on a parlé.

La figure de Nôtre Seigneur fur la porte, & des douze Apôtres dans l'interieur de cette Eglife fuperieure, placez fur les trumeaux entre les grands vitraux, font d'une execution qui n'eft pas à méprifer, où il paroît qu'il y avoit en ce tems là quelque régularité de deffein.

Enfin on doit remarquer que ce petit édifice a été conduit avec toute l'exactitude poffible felon l'art & la maniere des fiecles, où l'architecture Gothique étoit dans fa plus haute perfection.

Les grands vitraux qui font tout autour & qui regnent également par tout, féparez par des trumeaux, ou jambages de trois ou quatre piés d'épaiffeur feulement, paffent pour les plus beaux que l'on puiffe voir, à caufe de leur exceffive hauteur, & de la varieté prefque infinie des couleurs qui s'y trouvent. On y a reprefenté dans des manieres de cartouches, en chaffis de fer de figures differentes,

l'hiftoire

l'histoire de l'ancien & du nouveau Testament, dessinées tres grossierement à la verité ; & le verre dont on s'est servi pour cet ouvrage a eu tant de force, qu'il a resisté jusqu'à present aux injures de plusieurs siecles.

L'histoire marque que ce bel édifice ne fut entierement terminé, comme on le voit, qu'en l'année 1247, après six années ou environ de travail assidu, & que la dédicace s'en fit avec un tres-grand appareil, & beaucoup de cérémonies.

*Pierre* de MONTEREAU eut la conduite de tout cet ouvrage, comme le plus habile & le plus fameux Architecte qui fut alors, duquel on voit encore d'autres édifices sur pié à Paris & ailleurs, qui marquent bien sa capacité & sa grande experience.

L'interieur de cette Eglise n'a rien de fort singulier pour les curieux.

Sur le grand autel est le modele de tout l'édifice de la Sainte Chapelle, en petit volume de vermeil doré, de trois ou quatre piés de proportion, d'un ouvrage exquis, & même enrichi de pierreries de valeur considerable, que l'on découvre seulement pour les fêtes principales.

A côté du même autel, sur la porte de

la sacristie, on a placé un ancien tableau qui représente Louis XII. & un Pape, peint, à ce que l'on prétend, du tems de ce grand Roi.

La porte du chœur est accompagnée de deux petits autels, sur lesquels on verra des tableaux d'émail d'une grandeur considerable de l'ouvrage de *Leonard Limosin*, faits en l'année 1553. lorsque l'on travailloit beaucoup à ces sortes d'ouvrages, & qu'il y avoit des ouvriers tres-excellens qui y réüssissoient avec succès, ordinairement sur les desseins des grands maîtres qui vivoient alors; ce qui fait que les pieces de ce tems là sont encore fort recherchées des curieux.

Le roi François I. & la reine Eleonore d'Autriche son épouse, sœur de l'Empereur Charles-Quint; le roi Henry II. & la reine Catherine de Medicis, y sont representez en habits roiaux avec des sujets de dévotion, dans des compartimens de figure singuliére. Si le dessein de ces pieces n'est pas d'une correction parfaite, & comme on la demande à present, au moins peut-on assurer que le coloris a tout ce que l'on peut désirer de plus beau & de plus vif en ce genre de travail ; & ces pieces sont d'autant plus à estimer, qu'il n'y a plus à present d'ouvriers qui en puissent faire de pareilles pour la grandeur, & pour la composition générale qui s'y trouve.

Comme le trésor de la Sainte-Chapelle conserve, sans contredit, les plus précieux monumens qui soient au monde, de nôtre sainte Religion, on a cru faire quelque plaisir aux curieux de leur donner une histoire exacte, tirée avec soin des auteurs originaux qui en ont traité dans leurs ouvrages.

Ces saintes reliques sont enfermées dans une grande châsse de bronze doré, ornée de quelques figures sur le devant; elle est élevée sur une voûte Gothique, derriere le grand autel, au ron-point de l'Eglise; mais on ne peut voir ces saintes reliques, ni satisfaire sa curiosité sur cet article, si quelque personne du premier rang ne le demande, ce qui n'arrive que tres-rarement.

Voici en quoi elles consistent.

La *Couronne d'épines de Nôtre Seigneur, & quelques gouttes de son Sang précieux*, dans un grand vase de cristal de roche, enrichi de gros rubis & d'autres pierres de couleurs d'un tres-grand prix.

Une *grande portion du bois de la vraie Croix.*

Des *drapeaux de l'enfance de Nôtre-Seigneur.*

Une *autre portion du bois de la vraie Croix.*

Du *Sang forti miraculeufement d'une image de Nôtre Seigneur*, frappée par un Infidele.

Un *anneau de fer de la chaîne* dont il fut lié.

Le *linge dont il effuia les piés des Apôtres* le jour de la Céne.

Une *partie de la pierre de fon Sépulcre.*

Du *lait & des cheveux de la fainte Vierge.*

Le *fer de la lance dont le côté de nôtre Seigneur fut percé.*

La *robe de pourpre*, dont on le vêtit.

Le *rofeau qu'on lui mit dans la main.*

L'*éponge dont on fe fervit*, pour lui faire boire le fiel & le vinaigre.

Une *partie du Suaire* dans lequel il fut enveloppé.

Avec toutes ces chofes, il y a encore dans le même tréfor ;

Une *Croix*, que nos ancêtres portoient dans les grandes batailles avec l'*oriflame*, qui étoit conservé à Saint-Denys, lorsqu'ils alloient à des expéditions de conséquence ; on la nommoit pour cette raison la Croix des victoires : & plusieurs autres choses encore, comme,

La *verge de Moyse*.

Une *sainte face de nôtre Seigneur*.

Une *partie du chef de saint Jean-Baptiste*.

Voici enfin tout ce que l'on a pû recueillir sur cette curieuse matiere de plusieurs auteurs du tems de saint Louis, & des savans Commentaires sur *Villahardouin*, par *Charles* du *Fresne*, sieur du *Cange*.

*Beaudouin* second, le dernier des cinq Empereurs François qui ont regné à Constantinople, dont les regnes n'avoient duré que cinquante-huit ans & dix mois ; se voiant épuisé d'argent & dénué de toute esperance, son Empire attaqué de toutes parts, par les Grecs & par les Bulgares, vint en France pour implorer le secours de saint Louis. Les Barons François qu'il avoit laissé à Consstantinople pour gouverner l'empire en son absence, pressez d'un extrême besoin d'argent, & ne trouvant aucun moien pour en avoir, furent obligez d'engager les précieuses reliques que l'on conservoit depuis plusieurs siecles dans la chapelle imperiale du Palais des *Blachernes*, entre lesquelles étoit la Couronne d'épines de Nôtre Seigneur. Cét engagement se fit à diverses personnes de distinction, pour la somme de treize mille trente-quatre *perpres*, qui étoient des monoies courantes de l'Empire de Constantinople, que l'on nommoit *bezans* en Occident. Les auteurs marquent même ceux à qui elles furent engagées, dont voici les noms: à *Albertin Morosini*, podestat, ou bail de la République de Venise à Constantinople, pour quatre mille cent soixante & quinze *perpres*: à l'Abesse de Nôtre-Dame, surnommée *Periulepre*, pour quatre mille trois cens: à *Nicolas Cornaro* & à *Pierre Zanne*, nobles Venitiens, pour deux mille quatre cens: & aux Génois, pour deux mille quatre cens cinquante-neuf, avec la faculté de retirer ce précieux dépôt, en remboursant les sommes dont on étoit convenu: cependant comme les Barons François prévoioient bien qu'ils ne pourroient pas satisfaire dans les termes marquez, ils s'aviserent pour gagner du tems, d'emprunter les mêmes sommes à *Nicolas Quirini*, à condition que l'argent qu'il prêteroit seroit remis aux premiers créanciers, pour les rembourser, & que la sainte Couronne d'épines seroit gardée, ou mise en dépôt avec les autres reliques dans l'Eglise du *Pantocrator*, qui appartenoit aux Venitiens, sous la garde de *Pancrace Garsoni*, camerier du commun de la même nation. De plus, on convint & on arrêta qu'elles seroient transportées à Venise pour y être gardées quatre mois, pendant lesquels il seroit libre à l'Empereur *Baudouin* ou à *Jean de Brienne*, régent de l'Empire en son absence, de les dégager, en païant autant de livres de deniers de Venise que les *perpres* seroient estimées ; & les termes expirez, *Quirini* qui avoit prêté cette somme, auroit la liberté de les garder, vendre ou aliener, ainsi qu'il le trouveroit à propos. Cette convention fut faite le quatriéme de Septembre 1238, par un traité autentique, signé des plus qualifiez Seigneurs François restez à Constantinople. On donna incontinent avis de cet accord à l'Empereur *Baudouin*, qui alors étoit en France, à la Cour de *saint Louis*, que l'on sollicita par des dépêches tres preffantes de travailler à les dégager, en l'avertiffant en même-tems de l'extremité où étoient les François en Orient. L'*Empereur Baudouin* fe réfolut enfin d'en parler à *faint Louis* & à la reine *Blanche* de *Caftille* fa mere, dont il connoiffoit le zele pour les chofes faintes, dans la penfée que fur cette fâcheufe nouvelle ils ne manqueroient pas de dégager ces précieux monumens, particulierement s'il leur en faifoit préfent. Il prit ce parti, parce qu'il connoiffoit que le Roi avoit la confcience tres délicate, & ne voudroit pas entendre parler de racheter des chofes faintes, qui devoient être hors de tout commerce. Cependant *faint Louis* tres ravi d'orner la France du plus rare tréfor qui fut dans la Chrétienté, accepta avec joie les offres de l'Empereur Baudouin.

Pour ce fujet le Roi envoia au plus vîte à Conftantinople deux freres prêcheurs, un defquels avoit été Prieur pendant plufieurs années dans un couvent de fon ordre de la même Ville, & avoit vû tres-fouvent les faintes reliques dans la chapelle du Palais Impérial des Blachernes.

L'Empereur nomma conjointement des députez de fa part, qui portoient ordre aux Barrons François de les livrer entre les mains de ces Religieux, pour être transportées à Venise, où le Roi s'étoit obligé de faire paier à *Nicolas Quirini* la somme qu'il avoit prêtée. Les Ambassadeurs du Roi & les Agens de l'Empereur arriverent heureusement de Constantinople à Venise, où ils déposerent les reliques dans le tréfor de saint Marc, jusqu'à ce que l'argent fut compté à *Quirini*. Sur la nouvelle qu'elles étoient arrivées en sûreté dans cette Ville, le Roi envoia d'autres ambassadeurs à la République pour remettre l'argent. Il écrivit en même-tems à l'*Empereur Frédéric*, pour le prier de donner un sauf-conduit sur ses terres, par où elles devoient passer.

Enfin elles furent tirées des mains des Venitiens pour de l'argent comptant, & arriverent heureusement en France. Dès que la nouvelle en fut venüe, le roi *saint Louis* partit de Paris en grande diligence, accompagné de la reine *Blanche de Castille* sa mere, des Princes ses freres, & d'un grand nombre de Seigneurs les plus distinguez de sa Cour, de *Gautier Cornut*, Archevêque de Sens, de *Bernard de Montaigu*, Evêque de Puy, & de plusieurs autres Prelats.

O v

Étant arrivé à Ville-Neuve l'Archevêque, à cinq lieues de Sens, il rencontra les saintes reliques qu'il attendoit avec une extrême impatience. Le lendemain qui se trouva le jour de saint Laurent de l'année 1239, elles furent conduites avec un tres-grand appareil dans la ville de Sens, où à l'entrée, le Roi revêtu d'un habit de bure, nuds piés, ainsi que le *Comte* d'*Artois* son frere, les prirent sur leurs épaules, suivis des Prélats & de toute la Cour. Le Clergé accompagné des principaux de la Ville & des lieux des environs, vint au-devant ; les rues furent tendues de tapisseries, les cloches de toutes les Eglises sonnerent : enfin on les déposa dans l'Eglise de Saint Estienne la Cathédrale, où elles furent exposées pendant quelques jours à la dévotion d'un grand concours de peuple, venu exprès de divers endroits pour assister à cette pompeuse cérémonie. Le Roi partit le lendemain pour Paris, où il arriva huit jours après qu'il en étoit sorti ; il fit dresser aussitôt un magnifique reposoir à la porte de saint Antoine, sur lequel en presence du Clergé & de tout le peuple de Paris qui étoit venu en foule, on découvrit les reliques, qui furent portées solemnellement par le Roi &

par le Comte d'*Artois* son frere, avec le même appareil & les mêmes cérémonies observées à Sens; le Roi, les Prélats & les Seigneurs nuds piés jusques dans l'Eglise de Nôtre-Dame. Enfin après quelques oraisons, elles furent déposées dans la chapelle de saint Nicolas, à present saint Michel, dans l'enclos du Palais, alors la Chapelle roiale, l'édifice de la Sainte-Chapelle que l'on voit à present n'aiant été achevé que huit ans après, que saint Louis fit construire tout exprès pour les conserver. Il fonda le Chapitre, & fit beaucoup d'autres grandes dépenses en cette occasion.

L'histoire ajoute que ce Roi pieux fit présent d'une épine de la sainte Couronne à *Bernard* de *Montaigu*, Evêque de Puy, Prélat d'une éminente pieté, qui l'avoit accompagné dans toutes ces grandes cérémonies, & que ce Prélat la donna à son Eglise, où elle a été conservée jusqu'à present avec bien de la vénération.

Le *roi* Louis XI. qui craignoit extrémement la mort, fit venir en 1483. la plus grande partie de ces reliques, au Plessis lez Tours, où il étoit malade.

*Claude de Montfaucon Gouverneur*

d'Auvergne, & plusieurs Prélats furent nommez pour les conduire. Le Pape Sixte IV. lui envoia aussi de Rome le Corporal sur quoy chantoit Monseigneur S. Pierre, avec plusieurs autres reliques. La sainte AMPOLE qui est à Reims, qui jamais n'avoit été remuée de son lieu, lui fut aussi apportée jusqu'en sa chambre au Plessis, & étoit sur son buffet à l'heure de sa mort; & avoit envie d'en prendre pareille onction qu'il avoit pris à son sacre, combien que beaucoup de gens cuidoient qu'il s'en voulut oindre tout le corps, ce qui n'est vraisemblable, car ladite sainte Ampole est fort petite, & N'A GRANDE MATIERE DEDANS. Ce sont les propres termes de *Philippes de* COMINES; mais tous ces remédes spirituels, non plus que bien d'autres choses tres-singulieres qu'il fit, marquées dans le même auteur & dans la chronique de son tems, ne purent empêcher qu'il ne mourût en 1483, samedy trentiéme d'Août à six heures du soir, âgé de soixante & un ans, peu regretté de ses sujets, & beaucoup moins de ses voisins, à cause des maux qu'il leur avoit causez.

Le P. *Daniel* dans son histoire de France, page 1448, ajoute une chose curieuse à ce sujet, & dit, que pour empêcher le roi *Louis* XI. de dormir sur la fin de ses jours, l'on faisoit souvent des concerts de musique devant lui, on assembloit sous les fenêtres du château du Plessis proche de Tours, où il s'étoit renfermé, des bergers, que l'on faisoit jouer de leurs instrumens champêtres; & comme il avoit fort aimé la chasse, & qu'il ne pouvoit plus y aller à cause de la foiblesse où il se trouvoit, on prit les plus gros rats que l'on pût attraper, & l'on les faisoit chasser par des chats dans les appartemens, ce qui lui donnoit encore quelque sorte de satisfaction.

*Brantome* tom. I. pag. 30. raporte un évenement fort singulier, au sujet du roi Louis XI. qui marque bien son caractere, & le grand art de dissimuler dont il faisoit toute son étude & son application particuliere.

Cet auteur parlant de la mort du Duc de Guyenne, frere de ce Prince, qui fut empoisonné par l'Abbé de saint Jean le 14 de Mai 1472, dit que Louis XI. étant en priere devant l'image de Nôtre-Dame de Cleri, où par dévotion il avoit fait édifier une Eglise & fondé un Chapitre, se croiant seul dans l'Eglise, on l'entendit dire dans l'ardeur de sa priere qu'il faisoit à haute voix.

*Ma bonne Dame, ma petite maîtresse, ma grande amie, en qui j'ai toûjours eu mon reconfort ; je te supplie de prier Dieu pour moi, & être mon Avocate envers lui, qu'il me pardonne la mort de mon frere le Duc de Guyenne, que j'ai fait empoisonner par ce méchant Abbé de saint Jean : je me confesse à toi comme à ma patronne & à ma maîtresse ; mais aussi qu'eû-je pû faire, il ne me faisoit que troubler mon roiaume: fais moi donc pardonner, ma tresbonne Dame, & je sai ce que je te donnerai.* Il vouloit entendre quelques beaux presens, ainsi qu'il étoit coutumier d'en faire tous les ans, force grans & beaux aux Eglises, comme à Tours, au tombeau de saint Martin, qu'il fit enfermer d'une grille d'argent, où l'on emploia selon la chronique quatre mille marcs de ce riche métail, sans les autres dons qu'il avoit fait à Nôtre-Dame de la Victoire, de deux mille marcs.

Les reliques de la Sainte-Chapelle après avoir été transportées à Tours, comme on vient de le dire, furent remises en leur place, d'où elles n'ont point été tirées depuis, que pour des processions solennelles & extraordinaires, faites sous les rois François I. & Henry II. en réparation de plusieurs impietez insignes, commises en ce tems-là, par les héretiques declarez.

On conserve bien des choses tres-rares & d'un fort grand prix dans la sacristie, qui satisferoient infiniment les personnes dévotes, & les curieux les plus intelligens, si les personnes qui en sont chargées les faisoient voir plus facilement.

Deux grandes armoires sont remplies de quantité de reliquaires d'or & d'argent, la plûpart enrichis de pierreries de diverses especes, & de grosses perles.

On remarque entre autres choses, une grande croix de vermeil doré, dans laquelle est enchassé un morceau du bois de la vraie Croix, qui en occupe une superficie toute entiere, que l'on expose tous les Vendredis du Carême.

Le chef d'or de saint Louis, gros comme le naturel, avec une couronne aussi d'or, garnie de diverses pierres précieuses, soutenu par des anges de vermeil doré. Sous le chef on a enchassé une turquoise d'un grand prix. Cette relique a été longtems conservée dans le trésor de S. Denys, mais elle en fut tirée pour être mise à la Sainte-Chapelle, que ce Roi pieux avoit fait élever avec tant de soin. Louis XIII. par un zele de dévotion qu'il avoit pour son patron, obtint du Pape Paul V. en 1618, que la fête de saint Louis fut gardée de commandement, ce qui a été depuis exactement observé.

Le bâton du chantre est une piece à remarquer pour les curieux des antiques. Il est orné par le haut d'une grosse agate qui represente saint Louis à demi corps, tenant d'une main une petite croix, & de l'autre une couronne d'épines : mais les bons connoisseurs remarquent tres-aisément que cette tête est antique, d'une assez bonne execution, laquelle represente l'Empereur *Tuus*, les délices du genre humain, à qui saint *Louis* ressembloit en bien des choses, l'un & l'autre aiant regné avec beaucoup de justice & de douceur.

On conserve aussi des livres fort anciens pour le service divin, dont les couvertures sont garnies d'or, de perles, & de pierreries de diverses especes, entre lesquelles est une grosse amétiste gravée en creux, qui represente un Empereur Romain : un de ces riches volumes contient les Evangiles en manuscrit du tems de l'Empereur *Charlemagne*, dont les caracteres sont d'or parfaitement bien formez, ainsi que les vignettes & d'autres ornemens en miniature d'un fini admirable que plusieurs siecles ont épargné.

Toutes les pieces qui se trouvent dans la seconde armoire, sont d'or la plûpart, & fort enrichies de pierres précieuses.

On distingue un grand calice d'or avec sa patene, d'un ouvrage rare, orné d'émaux clairs damasquinez d'or avec une industrie toute particuliere.

Deux Burettes de cristal de roche, taillées & vuidées avec bien de l'art & de la propreté.

Une Croix d'or en filigrane, d'une grandeur considerable, d'un ouvrage fort ancien.

Deux autres Croix aussi d'or de differentes grandeurs, couvertes de quantité de rubis, d'émeraudes, de saphirs, de jacyntes & de grosses perles, & plusieurs autres pieces, dans lesquelles on peut remarquer la pieté des anciens Rois, & le goût bizarre des siecles passez pour le dessein & pour le travail.

Mais ce que les savans & les véritables curieux examineront avec une attention plus particuliere & beaucoup de plaisir, c'est une agate-onix antique, de figure presque ovale, taillée en bas-relief de onze à douze pouces de hauteur, sur un peu moins de largeur, plus large par le bas que par le haut de quelques lignes seulement, dont les angles font un peu arondis.

On doit obferver d'abord que cette piece eft d'une grandeur ou d'un volume qui n'a prefque point de pareille dans fon efpece, & que rien n'eft plus merveilleux que les couleurs vives & diverfes, dont la nature l'a embellie. Ce précieux monument qui eft d'un travail exquis & tout-à fait furprenant, felon la plus commune opinion des antiquaires, reprefente l'apotheofe d'*Augufte*.

Les figures au nombre de vingt-quatre, dont les plus grandes peuvent avoir cinq à fix pouces de proportion, font d'un contour correct ; & l'on ne doute point que ce bel ouvrage ne foit Grec, du tems de la fplendeur de Rome, c'eft-à dire lorfque les arts étoient parvenus au plus haut point de leur perfection, & que les Romains avoient attiré chez eux les plus excellens artifans de Gréce & des autres endroits du monde, pour fatisfaire leur bon goût & leur magnificence.

Il faut remarquer que l'ouvrier habile a fû conferver ou ménager les lits de couleurs differentes qui fe trouvent naturellement dans la pierre, fur un fond noir, de jayet, avec tant d'art & d'adreſſe pour les endroits des figures où elles devoient être emploiées, que ces couleurs naturelles font prefque autant d'effet, que ſi elles avoient été appliquées avec le pinceau.

On doit encore obſerver que ce rare morceau eſt tres-conſiderable non ſeulement par le volume extraordinaire de la pierre, comme on vient de le dire, mais auſſi par la beauté de l'execution ſur une matiere d'une extrême dureté, qui n'a pû être terminé comme il eſt, qu'avec une grande patience & un travail preſque infini.

D'ailleurs l'antiquité n'eſt pas moins à admirer que tout le reſte, puiſqu'on ne doute point que ce ne ſoit un monument conſacré par Tibere à l'Empereur Auguſte, à qui il devoit l'Empire, que l'on conſervoit précieuſement dans le Palais Imperial, & que tant de ſiecles barbares & tant de révolutions differentes ont épargné pour venir juſqu'à nous.

Par l'inſcription gravée ſur la bordure de vermeil doré, dans laquelle elle eſt incaſtrée, on connoît que le roi *Charles* V. en a fait préſent à la Sainte-Chapelle; il fit mettre des reliques au bas, & les quatre Evangelistes aux coins, dans l'opinion que toutes les figures exprimées sur cette belle pierre representoient quelque sujet de l'Histoire sainte ; ce qui marque le peu d'intelligence que nos ancêtres avoient dans l'antiquité profane. On conservoit depuis plusieurs siecles ce précieux joyau dans la Maison roiale, avec plusieurs autres, peutêtre aussi rares que celui ci, qui furent dissipez depuis, pendant les troubles du roiaume, particulierement dans le tems de l'alienation d'esprit du roi *Charles* VI. où tout fut au pillage pendant l'espace de plusieurs années.

On ne peut se dispenser d'ajoûter encore qu'il s'en faut bien que le vase d'agate du trésor de saint Denys, chargé de figures autour, dont avec raison on fait tant de cas, ait la même beauté, non plus que celui dont parle le savant *Lambecius*, gardé avec tant de soin dans le cabinet de Sa Majesté Imperiale, sur lequel il y a seulement quelques feuillages d'un travail commun.

*Eggenius* a donné l'explication d'un autre vase antique aussi d'agate-onix, conservé chez le Duc *Ferdinand Albert* de *Brunsvick*, embelli de figures en relief qui representent les mysteres de Cerès &

de Bacchus; mais pour dire la verité, on ne voit pas que cette piece & les autres dont on vient de parler, soient comparables, à beaucoup près, à celle-ci, pour la correction du dessein & pour la quantité des figures, quoique d'ailleurs ces vases soient d'un tres-grand prix.

*Jean* TRISTAN, dans ses commentaires, sur l'histoire Romaine, a tâché d'expliquer ce beau monument, sur les conjonctures que *Peiresc* lui avoit communiquées; & ce savant Auteur a été le premier qui a découvert l'erreur des siecles ignorans qui en donnoient une explication bien différente comme on l'a déja dit.

*Dom Bernard de Montfaucon*, savant Benedictin, qui a fait graver ce rare & précieux monument dans son grand ouvrage des antiquités Greques & Romaines, a enfin trouvé qu'on a voulu representer l'apotheose, ou la déification d'Auguste, par la ressemblance parfaite des têtes principales, avec les médailles les plus approuvées. Il remarque d'abord que cet Empereur est enlevé dans les cieux sur le cheval Pégase, guidé par un génie aîlé; Jule César, couronné de raions le reçoit; & Enée couvert d'une draperie, un casque en tête, lui présente un globe, ou l'Empire du monde. Une autre figure, un bouclier au bras, est derriere lui. Tibere couronné de laurier est au dessous assis sur son trône, qui tient le *Lituus* de la main droite, comme souverain Pontife, & une demie pique sans fer de l'autre main, avec plusieurs serpens autour de lui, pour marquer la prudence & le bon génie de l'Empire. Antonia, mere de Germanicus, a aussi une couronne de laurier autour de la tête, & est assise à côté. Germanicus debout, un bouclier au bras, semble leur rendre compte de ses glorieuses expeditions en Allemagne; & sa femme Agrippine ravie de son heureux retour, l'embrasse de joie. Leur fils Caligula, encore jeune, appuié & soutenu sur des armes, avec une autre figure qui tient un billet en main, sont derriere lui. Une Princesse, les cheveux nouez, assise derriere Antonia, un sphinx à côté d'elle, est l'Imperatrice Julie, fille d'Auguste & femme de Tibere, qui fut condamnée à un bannissement perpetuel, à cause de ses déreglemens. Fort proche est un soldat, le bras levé, qui paroît recevoir les dépouilles mortelles qu'Auguste monté sur Pégase, laisse tomber, pour être reçu entre les dieux. Les figures qui occupent les parties inferieures de la pierre, font voir plusieurs nations captives diversement habillées, dans des attitudes & des expressions tres-excellentes ; qui marquent de la douleur & de l'abattement, couchées ou assises sur des armes de differentes especes, & signifient les Provinces soumises à l'Empire par les grandes & signalées victoires d'Auguste, à qui ce rare & précieux monument étoit consacré.

Il seroit fort à souhaiter que quelque savant dans l'antiquité se donnât la peine de travailler avec un nouveau soin à l'explication des figures de cette piece admirable, peutêtre que l'on y découvriroit encore d'autres choses tres-instructives pour l'histoire. On espere qu'avec le tems elle sera dessinée & gravée d'une maniere plus correcte qu'elle n'a été, ce qui donnera bien de la satisfaction aux curieux.

Les ornemens d'autel de cette Eglise sont tres-magnifiques, principalement ceux dont on se sert dans les fêtes solemnelles ; & il y en a peu à Paris & ailleurs, qui les surpassent en richesse & en beauté de travail. Toute la tenture du chœur est de velours violet chargé de fleur-de-lys & de chiffres en broderie d'or.

Le Tréfor des chartres est au dessus de la sacristie, dans lequel on conserve la plus grande partie des titres de la Couronne, desquels les auteurs savans ont tiré d'excellentes & rares pieces pour l'histoire de France. Saint Louis choisit cet endroit comme un lieu sacré, proche des saintes reliques, qui s'y conservent depuis plusieurs siecles ; pour lequel on devoit avoir du respect.

Avant que de sortir de l'Eglise on doit remarquer une belle figure de *Nôtre-Dame de pitié*, placée sous les orgues. C'est un ouvrage de *Germain* PILON, que l'on regarde comme son chef-d'œuvre.

Le college de la Sainte Chapelle est composé d'une dignité de Trésorier, qui a le droit de porter la mitre ; d'un office de Chantre, & de plusieurs Chanoines. Saint Louis fonda d'abord huit Chapelains & un Trésorier à leur tête, qu'il appella maître des Chapelains: ensuite il en fonda encore quatre autres, qui firent le nombre de douze, & le Trésorier le treizième. Sous le roi Philippe le Long, ils prirent le titre de Chanoines. Le Trésorier officie avec la mitre, mais il ne porte point la crosse s'il n'est Evêque auparavant. A l'égard de la chantrerie, ce n'est n'est qu'une simple commission que l'on ajoute à une prébende. Il y a encore six Chapelains nommez perpetuels, fondez par differens Rois, qui ont chacun leur maison comme les anciens Chapelains. Ces anciens Chapelains, aujourd'hui Chanoines, doivent avoir chacun deux Ecclesiastiques sous eux, l'un Prêtre & l'autre Clerc, pour leur aider au service de l'Eglise, qu'ils doivent entretenir & loger *sumptibus prabenda sua*, suivant les titres de la fondation.

Les revenus de la Sainte-Chapelle montent au moins à cinquante mille livres par an, en y comprenant ceux de la manse abbatiale de Saint-Nicaise de Reims, qui y sont affectez, pour dédommager les Chanoines & les Bénéficiers des droits de régale que les Rois leur avoient attribuez autrefois; lesquels le Roi regnant remet aux Bénéficiers après la prestation de serment.

Les Chanoines & les Chapelains sont logez dans l'enceinte du Palais, & occupent la plûpart les mêmes logemens destinez autrefois aux grands Officiers de la Couronne, lorsque les Rois logeoient dans ce lieu.

Tous les Bénéficiers de la Sainte Chapelle sont à la nomination du Roi &

commenſaux de ſa maiſon, & jouiſſent de tous les droits qui y ſont atttribuez.

*Nicolas Boileau* DESPREAUX, né à Paris, eſt enterré dans la baſſe Sainte-Chapelle. Il eſt mort le Vendredi treiziéme de Mars 1711, âgé de ſoixante & quinze ans. Il étoit de l'Académie Françoiſe & de l'Académie roiale des Inſcriptions & belles Lettres.

Les excellens ouvrages de poëſie qu'il a mis au jour, ont été goûtez de tout le monde ; & la langue Françoiſe n'a point eu de Poëte qui ſe ſoit acquis une plus grande réputation. Il avoit été nommé conjointement avec l'illuſtre *Jean Racine*, dans le mois d'Octobre de l'année 1677, pour travailler à l'hiſtoire du dernier regne, dont on n'a encore rien vû, la mort aiant apparemment trop tôt prévenu ces deux auteurs renommez.

En 1717 il a paru une nouvelle édition de tous les ouvrages de ce fameux Poëte, avec des notes curieuſes, pleines d'une érudition choiſie & tres-inſtructive; cette nouvelle édition a été imprimée en deux volumes *in quarto*, à Geneve, avec bien du ſoin & plus de propreté que tout ce que l'on a vû juſqu'ici ſortir des mains des Imprimeurs de cette Ville. Le même ouvrage a été contrefait depuis en plusieurs endroits en quatre volumes *in* 12, mais avec bien de la difference, pour la correction & pour la beauté de l'impression.

Dans la cour du Palais, vis-à-vis de la principale porte de la Sainte-Chapelle,

# LA CHAMBRE DES COMPTES.

Cette Jurisdiction souveraine, qui est comme le second membre du Parlement, se trouve aussi dans l'enclos du Palais.

C'est où se rendent les comptes de toutes les recettes des Finances du roiaume, & où ceux qui ont quelque maniement de l'argent du Roi, doivent justifier ce qu'ils en ont fait.

C'est aussi dans le même lieu où se conservent les regîtres, hommages, aveus & autres titres de la Couronne, entre lesquels il y en a un grand nombre qui ont utilement servi aux historiens pour les ouvrages qu'ils ont publiez.

Ce souverain Tribunal, selon l'histoire

ordinairement reçue, a été établi & fondé par le roi saint Louis & confirmé par Philippe le Bel, quand il rendit le Parlement sédentaire. Cette Chambre a été autrefois si considérable, que les plus importantes affaires de l'Etat, des Finances & de la Justice y étoient portées, après y avoir appellé les principaux Officiers de la Couronne & du Parlement. Plusieurs personnes illustres y étoient assemblées : les Patriarches, les Archevêques, les Evêques, les Princes, les Connétables y avoient séances ; & elle eut Jacques de BOURBON Prince du Sang, pour Président en l'année 1397. Plusieurs Rois l'ont honorée de leur présence, entre autres Philippe de Valois, qui pendant son voiage de Flandres en 1328, lui laissa son Sceau en garde, avec le pouvoir d'accorder des graces comme il auroit pû faire. Sous les rois Charles V. Charles VI. & Louis XII. elle eut une grande autorité, non-seulement sur les Finances, mais encore pour juger souverainement de la police & de la direction des Ponts, Chaussées & des grands chemins. Saint Louis lui donna le pouvoir de recevoir la foi & hommage des Prélats, des Princes, des Ducs & des autres Seigneurs qui relevent de la Couronne;

C'est à cette Chambre que l'on enregistre encore les fermens de fidelité que font au Roi les Archevêques, les Evêques, les Abbés d'Abbétes roiales & les Chefs d'ordres sujets aux droits de régale. La Chambre des Comptes juge souverainement de toutes les matieres qui concernent la recette & la dépense des Finances, examine les comptes du Trésor roial & ceux de la Maison du Roi & des maisons roiales, & géneralement tous les comptes. Les autres Chambres des Comptes des Provinces sont obligées d'envoier tous les ans à celle ci les doubles des comptes de leurs Provinces, afin qu'elle ait une connoissance generale de toutes les Finances de l'Etat, & bien d'autres choses qu'il seroit trop long de raporter.

Le bâtiment de la Chambre de Comptes a été regardé autrefois comme un édifice remarquable & de quelque distinction.

Il fut commencé sous *Charles* VIII. & achevé par les soins particuliers du sage roi *Louis* XII. dont la devise est repétée en plusieurs endroits.

C'est un porc-épic avec ces paroles,

COMINUS ET EMINUS.

Cet édifice est situé à une des extrémitez de la cour du Palais, presque vis-à-vis du frontispice de la Sainte-Chapelle. La façade est fort chargée d'ornemens Gothiques & de sculptures confuses, cependant assez proprement terminées. Il y a quantité de fleurs-de lys avec des palmes & des rinceaux, plusieurs feuillages en enroullemens, & mille caprices de cette sorte.

Les quatre vertus cardinales de grandeur naturelle, sont placées dans des niches entre les croisées, au milieu desquelles est la figure de *Louis* XII. revêtu de ses habits roiaux, tenant le sceptre & la main de justice.

Jamais Prince ne mérita plus justement que lui ces attributs, puisque tous les historiens françois & étrangers qui parlent de son regne heureux, en ont fait des éloges extraordinaires ; ce qui a donné matiere à un auteur moderne des plus fideles & des plus estimez, d'en dire des choses qui méritent bien d'être raportées dans l'occasion qui se présente ici.

*Il se plaisoit à la lecture des bons Livres, & cherissoit & avançoit les gens de lettres, mais beaucoup plus ceux qui étoient capables d'instruire & de servir, que ceux qui* ne l'étoient que de flater & de plaire. La postérité lui conservera à jamais le surnom de PERE DU PEUPLE, qui lui fut donné de son vivant.

Jamais Prince ne fut tant aimé que lui. Par tout où il alloit il n'entendoit que des cris de joie formez dans le cœur avant que de passer par la bouche, que des louanges sans flaterie, que des bénédictions, qui font les plus doux concerts dont les oreilles d'un Prince genereux & sage puissent être flattées ; aussi jamais Roi ne chérit plus tendrement ses peuples, & ne les épargna davantage.

De peur d'être obligé de les fouler, il faisoit peu de liberalitez, parce que dans un tems de dépense comme est celui de la guerre, où les revenus ordinaires ne suffisent pas, elles ne se peuvent faire qu'aux dépens des sujets, & souvent au dommage de l'Etat.

Il ne souffroit pas que le peuple fût la proie des grands ni des gens de guerre, aussi il avoit si bien reglé ceux-ci, que les Provinces lui demandoient souvent comme une grande grace, qu'il leur envoiât des compagnies de ses hommes d'armes.

On le vit plus d'une fois avoir les larmes aux yeux quand la nécessité le forçoit d'imposer quelque petit subside ; & dans la vûe qu'il avoit des dissipations que le luxe & la vaine prodigalité de François I. causeroient après sa mort, il disoit en soupirant: Ah! nous travaillons en vain, ce gros garçon gâtera tout.

MEZERAY *in* 4. tom. 2. pag. 407. édition 1690.

Ce grand Prince est mort à Paris dans le palais des Tournelles, la premiere nuit de l'année 1515. âgé de 54 ans, après un regne de 17 ans, qui parut trop court à ses peuples & à toute l'Europe.

Au commencement de son regne, il remit une grande partie des impositions que ses prédecesseurs exigeoient du peuple, ce qui lui attira mille bénédictions.

Le *roi* LOUIS XII. portoit ordinairement cette belle devise en broderie, sur sa cotte d'armes, lorsqu'il entroit en triomphe dans quelque Ville révoltée, qui marquoit sa clémence & sa bonté.

NON UTITUR ACULEO REX
CUI PAREMUS.

L'édifice de la Chambre des Comptes est du dessein de *Joannes* JOCONDUS, Dominicain, né à Veronne, expert dans l'art de bâtir, & fort estimé en son tems.

C'étoit, à ce que dit l'histoire, un bon religieux, qui avoit fait une grande étude des beaux arts, sans avoir negligé les devoirs de son état, & qui réunissoit en sa personne plusieurs qualitez qui rarement se trouvent ensemble. Il avoit été maître de *Scaliger* & du fameux *Budé* pour les belles Lettres; & après la mort de *Bramante*, il fut choisi pour la conduite de la superbe fabrique de saint Pierre de Rome. On a de lui d'excellentes notes sur *Vitruve*, & sur les *Commentaires de César*; le Pont de bois dessiné dans ce dernier ouvrage, est de son imagination.

*Felibien* ajoute à son sujet, dans son histoire de la vie des Peintres, que ce fut par ses soins que l'on trouva par hazard dans une boutique de cette Ville, la plus grande partie des *Epîtres de Pline*, qui depuis furent imprimées par *Alde Manuce*. S'étant attaché au service du Roi *Louis* XII. qui l'aimoit beaucoup, à cause de sa vertu, il entreprit l'édifice du Pont Nôtre-Dame, & du petit Pont, comme on le dira en son lieu.

Dans une des chambres il y a quelques anciens tableaux assez curieux, qui representent au naturel des Princes & des Princesses de la Cour de Charles V. &

de quelques autres Rois, dont on ne voit point ailleurs les portraits. Le P. *Menetrier* Jésuite a trouvé ces vieilles peintures si singulieres & si utiles à l'histoire qu'il les a fait graver ; & on en voit des estampes avec des explications historiques, que ce Pere a données pour la satisfaction du public.

La cour des Monoies étoit autrefois logée au dessus de la Chambre des Comptes, mais on l'a placée depuis quelques années à l'extrémité de la cour neuve du Palais, qui regarde la place Dauphine. Il n'y a rien de particulier à y remarquer pour les curieux.

L'hôtel du premier Président est derriere la Chambre des Comptes ; il a été entierement réparé en l'année 1711, sous la conduite de *Germain* Boffrand, qui a rendu tous les appartemens infiniment plus commodes & plus agréables qu'ils n'étoient autrefois.

Le principal appartement de cet hôtel est composé de plusieurs chambres d'une tres-bonne proportion, terminées par une galerie qui sert de bibliotheque. Cette galerie finit par une perspective de l'ouvrage de *Boyer*, qui produit un heufeux effet, en terminant cette grande fuite avec magnificence. Les portraits des premiers Préfidens depuis l'établiffement de cette grande charge jufqu'à préfent, font placez fur les tablettes de la bibliotheque.

Quoique ce grand appartement paroiffe fimple & fans ornemens, il n'eft cependant pas moins magnifique; ce qui fait connoître que la véritable & folide beauté des édifices confifte bien plus dans les proportions inventées avec art, que dans la multiplicité & la richeffe des ornemens. Cet appartement eft doublé par un autre au midi, dont les pieces ont une communication fort aifée avec beaucoup d'autres pieces de commodité pratiquées fort ingénieufement.

Il y a au fond de la cour une fale fpacieufe pour les affemblées du Parlement, qui fe font quelquefois chez le premier Préfident, laquelle communique à d'autres pieces particulieres. On peut dire enfin que cet hôtel a été conduit & diftribué avec un tres-grand art.

Avant que d'arriver à l'hôtel du premier Préfident, on paffe fous une arcade qui fert de communication aux vaftes appartemens de la Chambre des Comp-

P vj

tes. Cette arcade est estimée à cause des masques en sculpture qui s'y trouvent, ils sont de l'ouvrage de *Jean* GOUGEON né à Paris, excellent Sculpteur, qui les a copiez la plûpart d'après les plus belles antiques.

On remarquera dans la cour du Palais une ancienne chapelle, sous le titre de *saint* MICHEL, qui étoit autrefois la chapelle roiale, avant que saint Louis eût fait élever l'édifice de la Sainte-Chapelle. Elle portoit auparavant le nom de saint Nicolas, & étoit d'une tres-ancienne fondation. *Philippe Auguste* y fut baptisé avec bien de la pompe & de la magnificence, comme les historiens le rapportent.

Voila les choses principales qui se peuvent voir dans l'enceinte du Palais.

Il est vrai qu'il étoit aisé de s'étendre bien davantage sur cet article, ainsi que sur plusieurs autres de cette description, que l'on a tâché de rendre abregée, autant qu'il a été possible : mais comme on ne s'est pas absolument attaché à l'histoire des établissemens, ni à la relation de tous les événemens mémorables qui sont arrivés dans les siecles passez, on a cru que ce que l'on a dit pouvoit suffire, pour la satisfaction des curieux, & pour la connoissance generale que l'on peut avoir de cette grande & fameuse Ville ; d'ailleurs, le Pere *Lobineau*, savant Bénédictin, doit donner incessamment un grand ouvrage en cinq volumes *in folio*, dans lequel l'histoire generale de la ville de Paris sera comprise avec bien de l'exactitude & de l'érudition.

# DESCRIPTION DES PONTS DE LA VILLE DE PARIS.

Comme les ouvrages immenses des Ponts de cette grande Ville, ainsi que des Quais magnifiques qui bordent & soutiennent tous les rivages de la riviere, en font une des principales beautez, on a jugé à propos d'en faire un article séparé, particulierement de ceux dont on n'a pû parler dans la suite de cet ouvrage, afin de ne rien obmettre de tout ce qui doit servir à faire connoître la splendeur de cette Ville, qui paroît dans la structure magnifique de ses Ponts & de ses Quais plus sans doute qu'aucune autre Ville que l'on connoisse; pour lesquels on a fait des dépenses extrêmes en divers tems.

En effet on peut assurer qu'il ne se voit point ailleurs d'édifices publics construits avec plus de soin & de travail, que les quais & les Ponts que l'on a élevez en divers tems en cette Ville. Rien n'y a été épargné; ce qui contribue aussi infiniment à sa beauté, & forme des points de vûe admirables, dont on conviendra si l'on veut prendre la peine de les examiner sans prévention, & l'on doit seulement regretter que ces grands & utiles travaux n'aient pas été poussez aussi loin qu'ils pouvoient aller, pour achever de procurer à cette Ville un agrément qui l'auroit encore rendue infiniment plus belle & plus commode qu'elle ne paroît à présent.

## LE PONT NOTRE-DAME.

Le plus ancien & le premier qui ait été construit de pierre, est celui ci; comme il n'étoit que de bois auparavant, il étoit exposé à plusieurs accidens qui obligeoient souvent à de grandes réparations.

*Robert Gaguin*, Ministre general des Mathurins, historien contemporain, rapporte que le Pont Nôtre-Dame fut entierement emporté par la fureur d'un débordement extraordinaire, le vingt-cinquiéme d'Octobre 1499. Ce qu'il a exprimé par ces vers que l'on trouve à la fin de son histoire de France, composée en douze Livres.

CORPORA MERSA LATENT,

ET PISCIBUS ESCA MANEBUNT:

CRISPINI FESTUM DISCENT

INSIGNE NEPOTES,

DE LA VILLE DE PARIS. 353

TAM TRISTI CLADE QUAM

MŒSTA LUTETIA PLORAT.

On entreprit le grand ouvrage qui se voit à present, peu d'années après ce triste accident, sous la conduite de *Joannes* JOCONDUS, religieux Dominicain, né à Veronne, qui étoit un homme d'un mérite extraordinaire, comme on l'a remarqué à l'occasion de la Chambre des Comptes.

La Ville qui en ce tems-là jouissoit de forts grands revenus & de plusieurs privileges considerables qui ont été retranchez depuis, fournit aux frais de cette grande & importante entreprise, sous les auspices du sage & incomparable roi Louis XII. où l'on mit la derniere pierre Samedi dixiéme de Juillet 1507.

*Sanazare*, illustre poëte de ce tems-là, fit ces vers à la louange de l'Architecte, que l'on grava sur un marbre qui est encore resté.

JOCONDUS GEMINUM POSUIT

TIBI SEQUANA PONTEM,

HUNC TU JURE POTES DI-
CERE PONTIFICEM.

L'inscription qui suit fut attachée sur une des arches du Pont, lorsqu'il fut entierement terminé.

*Soit mémoire que Samedi 10 de Juillet 1507, environ sept heures du soir, par noble homme* Dreux Raguier *Ecuier Seigneur de* Thionville, Nicolas Seguier, *& sire* Hugues de Neufville, *Echevins de la ville de Paris, fut assise la derniere pierre de la sixiéme & derniere arche du Pont de* Nôtre-Dame *de Paris, & à ce étoit present quantité de peuple de ladite Ville, par lequel pour la joie du parachévement de si grand & magnifique œuvre, fut crié* Noel, *& grande joie démenée, avec trompettes & clairons, qui sonnerent par long espace de tems.*

Ce Pont est chargé des deux côtez de trentequatre maisons dans toute l'étendue de sa longueur, mais moins élevées que celles des autres Ponts. Elles sont ornées sur le devant de grands termes d'hommes & de femmes qui portent des corbeilles pleines de fruits sur leurs têtes, dessinez à la verité fort grossierement. Entre deux il y a des médaillons, où sont representez les Rois de France avec un émistiche latin qui les désigne; mais les années ont fort endommagé tous ces ornemens, qui furent tres-bien réparez à l'occasion de la reine MARIE-THERESE D'AUTRICHE, qui passa par cet endroit pour aller au Louvre, selon la coutume observée depuis fort longtems, d'y faire passer les Reines, lorsqu'elles font leurs premieres entrées dans Paris. On ornoit magnifiquement ce Pont pour cette cérémonie; & lorsque la reine ISABELLE DE BAVIERE épouse de Charles VI. fit son entrée, on le couvrit d'un bout à l'autre d'une espece de pavillon de taffetas bleu, semé de fleurs-de-lys d'or.

Un auteur ajoûte, que par le moien d'une machine, tout-à-fait surprenante, un ange lui apporta une couronne d'or sur la tête, qui avoit pris & commencé son vol des tours de Nôtre-Dame, quoique ce fait soit rapporté par plusieurs historiens contemporains, il est cependant tres-raisonnable d'en douter.

Au milieu de ce Pont on a construit deux machines qui élevent l'eau de la riviere pour les quartiers de la Ville qui en sont les plus éloignez. La porte que l'on a bâtie pour entrer dans ces machines hidrauliques, du dessein de *Pierre* Bullet, habile Architecte, est embellie d'un ordre Ionique, avec quelques ornemens de sculpture placez fort à propos. Les figures en bas-relief d'un fleuve & d'une nayade couchées sur le bandeau de l'arc, sont de *Jean* Gougeon né à Paris, célebre Sculpteur, tirées d'un édifice qui étoit autrefois dans le Marché-neuf, lequel avoit été construit par les soins de l'illustre *François* Miron, Prevost des Marchands, renversé depuis pour donner plus d'espace à ce Marché, qui en avoit extrémement besoin.

Ces vers de *J. B.* Santeul, Poëte fameux, dont on a parlé tant de fois dans cette description, sont gravez en lettres d'or, sur une table de marbre de Dinan au-dessus de l'entrée qui conduit à ces machines.

SEQUANA CUM PRIMUM REGINÆ
ALLABITUR URBI,
TARDAT PRÆCIPITES AMBI-
TIOSUS AQUAS.
CAPTUS AMORE LOCI, CURSUM
OBLIVISCITUR, ANCEPS
QUO FLUAT, ET DULCES NECTIT
IN URBE MORAS.
HINC VARIOS IMPLENS FLUCTU
SUBEUNTE CANALES,
FONS FIERI GAUDET QUI MODO
FLUMEN ERAT.
ANNO M. DC. LXXVI.

Il est à propos de remarquer en cet endroit que toutes les eaux de source qui viennent en cette Ville, se tirent seulement de deux endroits.

Du côté du midi la Ville reçoit celles du village de *Rongis*, à deux lieues d'éloignement, par le magnifique Aqueduc d'*Arcueil*, qui font environ quatre-vingt quatre pouces cubes ; & du côté du

Nord, il en vient huit pouces des hauteurs de *Belleville*, & vingt pouces du *pré saint Gervais*, qui font toutes enfemble cent-douze pouces ; fur quoi on en a diftrait foixante pour les maifons roiales; en forte qu'il n'en refte plus que cinquante-deux pouces pour le public, diftribuez en vingt-fix fontaines ; & comme cette petite quantité ne pouvoit fuffire pour une Ville auffi peuplée & auffi étendue que Paris, le Prevoft des Marchands & les Echevins en charge, attentifs alors aux commoditez des habitans, prirent la réfolution en 1670, dans le tems que l'on s'appliquoit avec beaucoup de zele aux commoditez & aux embelliffemens publics, de faire la dépenfe de deux pompes magnifiques, d'un travail folide fur la riviere à côté du Pont Nôtre-Dame.

JOLI Ingénieur du Roi, entreprit celle de ces machines, qui éleve trente pouces d'eau.

MANCE, Ingénieur habile, établit la feconde qui en fournit 50.

L'une & l'autre de ces machines pouffent l'eau à 80 piés de hauteur de la fuperficie de la riviere, & fuivent exactement fa hauteur d'une maniere très-ingénieufe ; en forte que pendant tout le cours de l'année, ces pompes donnent la même quantité d'eau. Elle est conduite ensuite par des tuïaux de six pouces de diametre, dans des bassins de plomb placez sur les terrasses des machines ; de là elles passent dans une chambre de la maison voisine qui sert de premier réservoir. Ces eaux se divisent ensuite par divers canaux pour se rendre dans seize fontaines nouvellement construites, en divers quartiers assez éloignez la plûpart ; ce qui procure bien de la commodité à plusieurs endroits qui en manquoient auparavant, & qui n'en ont pas encore autant qu'ils en ont besoin.

Sur le même canal de la riviere, on trouve

# LE PONT
# AU CHANGE.

LE premier qui se presente à la vûe après le Pont Neuf, est celui-ci. Il est ainsi nommé, à cause qu'il y avoit autrefois un grand nombre de *changes* ou de *changeurs*, qui habitoient les maisons qui étoient dessus ce Pont, lesquels faisoient une maniere de bourse à cet endroit.

## DESCRIPTION

Il a été aussi appellé le Pont aux oiseaux à cause des oiseliers qui y demeuroient; mais en l'année 1621, le 24 d'Octobre, aiant été consumé entierement par un embrasement extraordinaire, de bois qu'il étoit anciennement, on le rebâtit de pierre de taille comme il se voit à présent, avec tant de solidité, que l'on éleva dessus deux rangs de maisons doubles à quatre étages dont les faces du côté de la route & du côté de la riviere sont d'une maçonnerie de pierre de taille tres-solidement construite. Elles sont occupées par des marchands qui ont leurs magasins du côté de l'eau, & leurs boutiques sur le devant.

Ce Pont est un des plus passans de la Ville, à cause du Palais qui est à l'extrémité, & de divers grands quartiers fort fréquentez, où il donne un accès facile & tres-commode.

Du côté de la rue saint Denys, ou du grand Châtelet, sur une maison qui fait face à la route du Pont, l'on voit la statue du roi LOUIS XIV. à l'âge de dix ans ou environ, couronné de laurier par les mains d'une Victoire. Cette figure est élevée sur un piédestal, à chaque côté duquel le *roi* LOUIS XIII. & la reine la reine *Anne* d'AUTRICHE sont representez en bronze de grandeur naturelle, sur un fond de marbre noir. Ces statues sont fort bien dessinées & fort resemblantes. Elles sont posées sous un arc, orné de deux pilastres Ioniques & d'un fronton, dans lequel sont les armes de France & d'Autriche accolées. Il y a au bas des captifs representez en demi-relief. Toutes ces pieces sont de *Thomas* GUILIN, qui a passé pour un habile Sculpteur.

On lit cette inscription gravée sur le pédestal, qui porte la figure du roi Louis XIV. avant sa majorité.

*Ce pont a été commencé le 19 de Septembre 1639, du glorieux regne de* LOUIS *le Juste, & achevé le 20 d'Octobre 1647, regnant* LOUIS XIV. *sous l'heureuse regence de la reine* ANNE D'AUTRICHE *sa mere.*

Mais ce qui est tres-surprenant, c'est que cette masse de bâtiment, à quatre étages, toute construite solidement de pierres de taille, se trouve assise sur le vuide, ou sur la clef de l'arche du Pont; & d'une maniere si hardie, qu'aucun Architecte n'a encore rien entrepris de

*Tome IV.* Q

pareil, du moins ne voit-on rien ailleurs de semblable; dequoi l'on ne s'apperçoit point du tout en passant sur le Pont.

Le quai de Gesvres conduit à couvert de ce Pont au Pont Nôtre-Dame. Il est soutenu sur des voutes prises dans le lit de la riviere, dont la coupe & le trait sont d'une hardiesse surprenante. Ceux qui sont curieux de ces sortes d'ouvrages, ne doivent pas négliger d'y descendre pour les voir & pour les examiner soigneusement, parce qu'ils y trouveront dequoi se satisfaire dans la science de la coupe des pierres, si necessaire aux Architectes, presque inconnue à present à la plûpart de ceux qui entreprennent des ouvrages de conséquence.

Ce Quai est un passage couvert, qui donne sur la riviere rempli de boutiques de Peintres & de divers marchands.

A l'autre extrémité du Pont au Change, au coin du quai des Morfondus, est l'horloge du Palais, réparée à la fin de Novembre 1685 : le cadran est orné de quelques figures de terre cuite, de l'ouvrage de *Germain* Pilon, célebre Sculpteur, qui mit la derniere main à cet ouvrage en 1585. Comme ce fut sous le regne de *Henri* III. que ce cadran fut embelli, on y mit les armes de France & de Pologne, avec ce vers qui s'y lit encore.

QUI DEDIT ANTE DUAS, TRIPLICEM DABIT ILLE CORONAM.

Ce fut au sujet de cette devise & au même endroit, que les ligueurs eurent l'insolence de mettre une autre inscription tout-à-fait choquante.

Le roi HENRY III. fut assassiné à Saint-Clou, le premier du mois d'Aoust 1589, à huit heures du matin, par Jacques Clément, âgé de vingt-trois ans, dans le tems qu'il assiegeoit la ville de Paris, qui s'étoit retirée de son obéissance par la faction des ligueurs, qui faisoient un furieux parti contre l'autorité roiale.

L'histoire marque que le *Te Deum* fut oublié dans la cérémonie de son sacre, que la couronne lui tomba de la tête, & qu'il ne se trouva point d'huile dans la sainte Ampoule pour faire les onctions du sacre; ce qui fut remarqué comme un mauvais présage, qui ne se trouva que trop veritable dans la suite, le regne de ce prince aiant été agité de partis & de révolutions étranges, qui ne finirent que quelques années après sa mort.

Les choses allerent si loin après sa mort tragique de ce Prince, que son corps fut conduit sans cérémonies à Compiegne ; Saint-Denys, lieu ordinaire de la sépulture des Rois, étant occupé par les ligueurs, furieusement animez contre sa personne sacrée. Il fut en dépôt dans cette Ville jusques en l'année 1610, qu'il fut apporté à Saint Denys, avec le corps de Catherine de Medicis sa mere, qui étoit resté à Blois, pour accompagner la pompe funébre de Henry le Grand. Tous deux furent mis dans le mausolée des Valois, bâti par cette Princesse, avec beaucoup de magnificence, sur les desseins de *Philbert* de l'ORME, tres-excellent Architecte ; mais ce bel ouvrage étant demeuré imparfait & commençant à tomber en ruine, il y a eu ordre de la Cour en 1719 de le détruire entierement.

*Benoise*, secretaire du cabinet, tres-fidele serviteur du roi Henry III. fit enterrer le cœur & les entrailles de son maître dans un lieu secret de l'Eglise de saint Clou ; & puis quand Henri IV. eût donné la paix à la France, & que tout fut tranquille, il y fit mettre une épitaphe & ériger une colonne de marbre qui s'y voit encore à present.

On lit encore ces vers sur un marbre, au bas du cadran de l'Eglise du Palais, qui sont de la composition de *Jean* PAS-SERAT, Professeur roial en éloquence, fort versé dans la belle érudition, poëte tres-renommé en ce tems-là.

MACHINA QUÆ BIS SEX TAM

JUSTE DIVIDIT HORAS,

JUSTITIAM SERVARE MONET,

LEGESQUE TUERI.

C'est sur cette horloge que les séances du Parlement sont reglées ; & lorsqu'il y a quelque réjouissance publique, on ne manque pas de sonner la grosse cloche pendant plusieurs heures.

*Mezeray*, avec un grand nombre d'autres fideles historiens, rapporte que ce fut au son de cette même cloche, que le signal fut donné pour le cruel massacre de la saint Barthelemy, que les historiens étrangers nomment *Nuptiæ Parisienses*, parce qu'il se fit dans le tems que l'on célebroit les nôces de *Henry* roi de Navarre & depuis roi de France, avec *Marguerite* de *Valois*, sœur de trois Rois. Cette cruelle tragédie dura autant de tems qu'elle sonna. Celle de l'Hôtel-de-Ville sonna de même & en même-tems, pour cette barbare execution, arrivée Dimanche vingt quatriéme d'Août 1572 qui se trouva le jour de la fête de saint Barthelemy, sous le regne de Charles IX. dont il ne se voit aucun exemple dans l'histoire.

Aussitôt que l'on eût sonné le tocsin, plus de cinquante mille personnes courant les armes à la main par toutes les rues, comme autant de furies enragées enfonçant les portes, se jettant en foule dans les maisons qui leur avoient été marquées, faisant retentir l'air de cris effroiables, que l'on entendoit de tous côtez parmi les hommes & les femmes que l'on égorgeoit, & les juremens & les blasphêmes de ceux qui les massacroient impitoiablement, *dépêche, tue, poignarde, assomme, jette par les fenêtres*, firent de de la ville de Paris, pendant ce saint jour de Dimanche & de Fête, un sanglant théatre de cruauté, ou plûtôt une horrible boucherie, par le massacre de six mille personnes, dont le sang couloit par les ruisseaux, & dont les corps déchirez étoient ensuite jettez dans la riviere. Plusieurs Villes furent poussées à la même fureur, & l'on compte que ce massacre monta à trente-deux mille personnes dans le roiaume.

## LE PONT SAINT MICHEL.

CE Pont se trouve aussi dans le voisinage du Palais, à l'opposite du Pont au Change, sur le bras de la Seine, qui coule du côté du midi. Il prend son nom de la petite Eglise de saint Michel, qui est dans l'enclos du Palais; ou bien parce qu'il conduit à la porte de ce nom, à l'extrémité de la rue de la Harpe, abatue depuis quelques années, comme on l'a dit ailleurs. Il est chargé de maisons baties de briques & de pierres de taille. Autrefois il n'étoit que de bois, de même que ceux dont on a parlé, mais aiant été emporté par un débordement extraordinaire au commencement du regne de *Louis* XIII. on le rebâtit peu de tems après, en 1618. comme on le voit à present.

LE PETIT PONT, un des plus anciens de la Ville, est sur le même canal de la riviere qui coule sous le Pont saint Michel & sous les deux Ponts de l'Hôtel Dieu. Il termine au petit Châtelet, cette

masse énorme de bâtiment qui gâte fort
tout ce quartier. Il étoit auparavant
chargé de maisons des deux côtez ; & de
bois qu'il étoit autrefois, il fut construit
de pierres de taille, presqu'en même tems
que le Pont de N. D. sous la conduite du
même Architecte, dont on a parlé dans
l'article de ce Pont & au sujet de la
Chambre des Comptes. La premiere
construction de ce Pont en 1314, fut
prise aux dépens des Juifs qui furent condamnez à une grosse amende de dix mille
cinq cens livres Parisis, à cause des im-
pietés qu'ils avoient commises. Ils furent
chassez du roiaume & tous leurs biens
confisquez, une partie desquels fut ap-
pliquée à l'Hôtel-Dieu & à d'autres
choses utiles au public.

L'histoire gardera longtems le souve-
nir du fâcheux accident qui arriva à ce
Pont le 27 d'Avril 1718, à sept heures
du soir par un incendie, causé par deux
bateaux de foin embrasez, qui détachez
du port au foin passerent sous les Ponts
de l'Hôtel-Dieu & s'arrêterent sous le
petit Pont, ne pouvant aller plus avant à
cause des armatures que l'on y avoit lais-
sées pour soûtenir les arcs mal construites. Le feu prit aux maisons bâties de

charpente, & elles furent confumées en tres-peu de temps; ce qui caufa la ruine de plufieurs marchands & un dommage tres-confiderable. On a depuis refait ce pont fans y mettre des maifons deffus, comme il y en avoit auparavant; ce qui donne beaucoup d'air à ce quartier qui en avoit grand befoin.

Dans l'enclos de l'Hôtel-Dieu, on a bâti deux Ponts, un qui eft tout à fait dans l'interieur de cet hôpital, & un autre dont une partie eft refervée pour la communication du paffage des gens de pié qui vont à l'Eglife de Nôtre Dame. On paie un liard pour paffer fur celui-ci ; l'un & l'autre font de pierre & affez correctement conftruits.

On ne dira rien en cet endroit du PONT MARIE, ni du PONT de la TOURNELLE, parce qu'il en a déja été parlé dans l'article de l'Ile de Nôtre-Dame, à laquelle ils fervent d'entrée; ainfi que du Pont de bois qui joint cette île à l'île du Palais, conftruit en l'année 1614, lequel fut fi fort endommagé en 1710, qu'on a été obligé de le détruire entierement ; & après les grandes incommoditez que les habitans de l'île & des quartiers des environs en ont fouffert pendant plusieurs années, on a pris enfin la résolution de le rebâtir de bois comme il étoit autrefois.

En l'année 1717, il s'est présenté un entrepreneur, qui a commencé l'ouvrage de ce Pont, à condition que l'on lui céderoit les passages pendant quinze ans, à un liard par personne, sans distinction, pour le dédommager des frais qu'il a été obligé d'avancer, qui pouvoient aller à une grande dépense, à cause de la quantité de grands bois qu'il a été nécessaire d'employer, pour cette construction bizarre & ridicule, qui fait honte à la ville Paris, où tout devroit paroître solide & magnifique, & proportionné à la beauté & à la majesté que doit avoir la capitale du plus beau & du plus florissant rolaume du monde. Ce Pont a été achevé quelque tems après, & procure de la commodité aux personnes à pié, à cheval & en chaise, qui sont obligées de prendre cette route pour aller en divers endroits où elle conduit facilement, & pour éviter des embarras qui causent souvent beaucoup de peines.

## LES PRINCIPAUX AUTEURS
### qui traitent de la ville de Paris.

César. *lib. 6. & 7.*
Strabon, *lib. 4.*
Julien, *in misopogon.*
Ptolomée, *lib. 2. Geograph.*
Amian Marcellin, *lib. 15.*
Aimonius Mona ; *de gestis Franco.*
Gregoire de Tours, *Hist. Franco.*
Fortunat, *lib. 2.*
Du Saussay, *metrop. Paris.*
Eustache de Knobelstorf, *descript. Lutetiæ.*
Rodolphe Boterée, *Lutetia.*
Raoul de Preles, descript. de Paris.
Fauchet de la ville de Paris.
Paul Merula, descript. de Paris.
Sincerus.
Robert Gaguin, *Hist. Franc.*
Pierre Masson, & Pithou, Annal. franc.
La Satyre Menipée.
Memoires de la Ligue.
Jacques du Breul antiq. de Paris.
Maurice, tableau de la France.
Gilles Corozet, Antiq. & Chronique de Paris.
Malingre de saint Lazare, Antiq. & An. de Paris.

Sainte Marthe, *Gallia Christiana.*
Du Chesne, recherches des Antiq. des Villes de France.
le P. du Bois, Hist. Ecclef. de Paris.
De Valois, *Notitia Galli.*
Baudran, Diction. Geograph.
Du Boulay, *Hist. Univ. Parisiensis.*
La Croix du Maine.
De Launoy, *Tractat. de Basilicis.*
Moreri, Diction. hist.
Thomas Corneille, Diction. Geograph.
Le Maire, Paris ancien & nouveau.
La Mare, traité de la Police de Paris.
Dom Bouillard dans son histoire de l'Abbéie de saint Germain des Prez.
Henry Sawal dans ses recherches de la Ville de Paris.

LE

# LES ENVIRONS
## DE LA VILLE
## DE PARIS.

N auroit bien souhaitté donner une description des environs de Paris, plus étendue, & parler plus en détail des maisons roiales & des endroits les plus remarquables ; cependant pour satisfaire bien des curieux qui souhaitent savoir ce que l'on peut voir autour de cette grande Ville, où il se trouve sans contredit des choses plus singulieres que dans son enceinte ; on ose donner cette legere Description, pour marquer au moins ce qu'il y a de plus digne de distinction.

Si Paris a de grands avantages sur toutes les autres Villes du monde, comme on en doit juger par la Description que l'on vient de publier ; & comme en conviennent toutes les personnes, sans prévention, qui ont voiagé, même dans les payis les plus éloignez, on peut ajoûter de plus que ses environs ont des beautés & des magnificences qui ne se trouvent en aucun endroit que l'on connoisse.

Rome, Londres, Madrit, Amsterdam, Vienne, Berlin, n'ont rien dans ce genre qui puisse être comparé.

Il n'y auroit tout au plus que Naples, Venise, Florence & Genes, qui pourroient disputer legerement.

Naples est à la vérité dans une tres heureuse situation sur le bord de la mer, à l'extrémité d'une tres-grande plaine extrémement fertile, nommée pour cette raison, la campagne heureuse; mais cette plaine est trop égale & trop unie & sans aucune maison de plaisance; d'ailleurs le voisinage du Mont Vesuve, y cause de tems en tems de terribles ravages qui gâtent la surface de cette charmante plaine, en la couvrant de cendres & pierres brulées, sans parler des tremblemens de terre qui causent presque toûjours des dommages tres considerables.

Venise a dans ses environs des beautez tres distinguées, & le canal de la Brente ravit d'étonnement ceux qui y passent pour aller à Padoue, où il conduit; car avec une heureuse situation par des terres tres-fertiles en tout ce que l'on peut défirer & fous un ciel bien plus agréable & plus temperé que les environs de Paris, où le froid & l'humide regnent trop longtems, on trouve dans cette route enchantée une infinité de palais, la plûpart fur les deffeins des plus fameux architectes, comme *Palladio, Scamozzi, Baltazar* de Sinne, ce qui ne fe voit point ailleurs.

Les villages de cette délicieufe contrée font avec cela regulierement bâtis, & l'on découvre de la politeffe & quelque chofe de diftingué même dans la maniere des payifans qui paroiffent avoir plus d'affabilité & moins de rudeffe que dans le refte de l'Italie; mais dans les autres environs de cette Ville du côté de Trente, du Tirol & de la Dalmatie, tout y eft rude & fauvage, au lieu que Paris eft également peuplé tout autour, & que l'on n'a négligé aucune fituation avantageufe qui n'ait été embellie, particulierement par les Financiers du miniftere du Cardinal de Richelieu, & du Cardinal Mazarin; & de nos jours on a élevé de tous côtez des maifons magnifiques où l'on n'épargne aucune dépenfe quelque grande qu'elle puiffe être.

R ij

Florence & Gennes sont dans des situations tres bornées par des hauteurs si escarpées en bien des endroits, que le terrain manque pour faire des édifices reguliers, outre que dans l'Italie on ignore presque à présent l'art des jardinages; & cet agrément le plus utile & plus nécessaire que l'on puisse désirer à la campagne, est bien éloigné du degré de perfection où l'on l'a porté en France, depuis quelques années, par l'industrie des habiles maîtres qui ont été employez.

Cependant on doit ajoûter que ce sont les Italiens qui ont donné les premiers l'idée de la régularité des jardins & trouvé l'invention des eaux jaillissantes, à cause de la commodité des dispositions naturelles qu'ils ont en plusieurs endroits, excepté quelques jardins qu'ils ont aux environs de Rome, à Tivoli, à Frescati, ou à Pratolino proche de Florence; tout le reste ne mérite pas qu'on en parle; & tous les jets d'eau d'Italie ensemble, ne sont point absolument comparables aux merveilles qui se voient à Versailles, à Trianon, à Marly, à Fontainebleau, à Saint-Clou, à Chantilly, à Liancourt, à Vaux-le-Vicomte, à Courance, à Ceaux, & en plusieurs autres endroits; où l'on ne peut assez admirer l'artifice & l'abondance des eaux, jointe à la varieté des parterres, des allées, des bosquets, des boulingrins, en un mot de tout ce que l'on a pû imaginer, ou inventer, pour l'embellissement des promenades les plus délicieuses & les plus magnifiques.

Il faut dire encore à la louange des Italiens, que s'ils ont négligé d'embellir leurs jardins de fontaines & d'eaux artificielles, comme ils pouvoient le faire tres-aisément, ils ont emploié bien plus utilement cette dépense & ces travaux à conduire les eaux dans les villes & dans les villages, & même dans les campagnes non-seulement pour arroser les terres & les rendre plus fertiles, comme on le voit dans le Milanois; mais encore pour le soulagement des voyageurs dans des lieux secs & arides: En effet rien n'est plus beau que de voir l'abondance prodigieuse des eaux à Rome, & dans toutes les grandes villes d'Italie, qui se communique dans la plûpart des maisons, & où il n'est point de place & de coin de rue qui n'ait une fontaine: ce qui marque bien le zele des magistrats pour la commodité publique qui leur a fait entreprendre des travaux immenses pour procurer à leur patrie une chose si utile & si salutaire.

On tachera dans cet abregé, de fuivre autant qu'il fera poffible, la méthode qui a été obfervée dans l'ouvrage que l'on vient de donner, de la Defcription de Paris, afin que l'on puiffe voir de fuite autant de chofes qui fe trouveront dans le voifinage les unes des autres.

On auroit bien voulu étendre cette Defcription abregée des environs, avec plus de circonftances & plus de particularitez hiftoriques ; mais cet ouvrage qui demande un tres grand travail, eft differé à un autre tems, dont on efpere que les curieux pourront être contens, parceque l'on ne parlera que bien inftruit, de tout ce qui y fera traitté.

On peut divifer les environs de la Ville de Paris, felon les quatre parties du monde, & commencer du côté de l'occident, parcequ'il fe trouve de ce côté-là une plus grande quantité d'objets remarquables, peu éloignez les uns des autres.

## DU COTE' DE L'OCCIDENT.

EN prenant la route par la porte de la Conférence, on paffera le long du Cours de la Reine, dont on a déja parlé dans la Defcription de Paris p. 165.

de la premiere partie ; ainsi que de plusieurs autres endroits remarquables qui se trouvent le long de la riviere jusqu'au Pont de Séve, qui conduit à Versailles.

De cet endroit on trouve un large chemin qui finit à la principale avenue de Versailles, composée de trois allées, formées par quatre rangées d'ormes. Celle du milieu a vingt-cinq toises de largeur, & les contr'allées qui l'accompagnent en ont dix. Celle de Saint-Clou & celle de Saulx, se réunissent à la grande place, vis à-vis du Château, que l'on nomme la Place Roiale.

## VERSAILLES.

Comme la description de ce superbe Palais a été faite une infinité de fois, on n'entreprendra pas ici d'en donner une nouvelle ; on se contentera seulement de marquer les principales choses qui s'y peuvent voir & aux environs.
A savoir,

TRIANON, qui se trouve situé à une des extrémitez de la croisée, ou de la traverse, qui coupe le grand canal qui a 800 toises de longueur ; l'autre extrémité est terminée par la MENAGERIE.

& de l'une à l'autre on compte 120 toises, ou environ.

Dans l'enceinte du Parc.

L'ABBE'IE ROIALE DE SAINT CYR, fondée par LOUIS le Grand, pour l'éducation de deux cens cinquante jeunes Demoiselles.

LE POTAGER.

Le nouveau Versailles.

La PAROISSE.

LE CHENIL.

Le grand AQUEDUC, qui conduisoit autrefois les eaux de Marly à Versailles pour les fontaines.

LE CHATEAU DE CLAGNY, au *Duc* du MAINE, bâti en l'année 1678 pour la *Marquise* de Montespan, sur les desseins de *Jules-Hardouin* MANSART. Les jardins sont de la conduite du fameux le NOTRE.

LE CHATEAU DE MARLY, & ses magnifiques jardins.

LA MACHINE DE MARLY, qui éleve l'eau de la Seine, jusqu'à six cens dix toises de la superficie de la riviere.

LE CHATEAU DE SAINT-GERMAIN EN LAYE, remarquable pour sa

belle situation & pour la forêt qui l'environne.

Le Chateau de Maisons, décoré d'une excellente architecture, sur les desseins de *François* Mansart, où l'on doit remarquer des portes de fer d'un travail admirable.

Le Chateau de Saint Clou, la galerie & le salon peints par Mignard, la cascade & le grand jet d'eau qui pousse jusqu'à 100 piés de hauteur.

Le Mont-Valerien, que l'on distingue de fort loin à cause de sa hauteur, isolée de tous côtez, de laquelle on découvre une vaste étendue de payis, & un nombre infini de grands & magnifiques objets qui se trouvent aux environs de la Ville de Paris.

En prenant une autre route sur le bord de la riviere, on trouvera Issy qui appartient au *Prince* de Conty, dont l'édifice est fort remarquable pour les dehors & pour les dedans.

La maison du *Duc* de Bourbon, à Venvres, bâtie dans un heureuse situation par les soins de le *Bast* de Montargis, ci-devant Garde du Tréfor Roial.

Le Château de Meudon, situé sur une grande hauteur qui lui procure une vûe merveilleuse & d'une extrême étendue.

Le Château neuf de Meudon élevé sous la conduite de *Jules-Hardouin* MANSARD.

Les Capucins ont un beau Couvent dans le voisinage du Château de Meudon, le premier qu'ils ont eu en France.

CHAVILLE, à l'extrémité du Parc de Meudon, a appartenu autrefois au Chancellier le TELLIER, & au Marquis de LOUVOIS son fils, Ministre & Secretaire d'Etat.

## DU COTE' DU SEPTENTRION.

EN sortant de la Ville par la porte de Saint-Denys, on entre dans une grande plaine tres-fertile & tres-bien cultivée, semée de quantité de gros villages.

La Ville de SAINT-DENYS se presente d'abord à la vûe; il y a bien des choses tres remarquables à voir dans l'ancienne Abbéie qui lui donne son nom. L'Eglise est remplie d'un tres-grand nombre de tombeaux de nos rois, entre lesquels on distingue ceux de LOUIS XII. des VALOIS, & celui de FRANÇOIS I, décoré d'une excellente architecture, & de bas-reliefs d'un travail admirable.

Le Trésor où l'on conserve quantité de reliques précieuses tres-richement enchassées.

Le monastere nouvellement rebâti sur les desseins de de Cotte, premier Architecte du Roi, est un édifice d'une grandeur & d'une beauté qui n'a point de pareille.

Proche de Saint-Denys dans le village de Saint Ouen, est la belle maison du *Duc* de Tremes, Gouverneur de Paris, où il y a un salon d'un excellent dessein, duquel on découvre dans l'éloignement

La Ville de Montmorency, sur un coteau assez élevé. Les curieux en architecture vont voir dans l'Eglise de cette Ville, le tombeau de l'illustre Connétable Montmorency, du dessein de *Philbert* de l'Orme.

Au bas du côteau est la magnifique maison de Crosat, décorée d'une riche architecture en pilastres Corinthiens & de plusieurs ornemens que l'on découvre de loin.

Sans beaucoup s'éloigner on doit prendre le grand chemin qui commence à Saint-Denys.

On pourra voir en passant, le Château d'Ecouen, bâti par le Connétable

de Montmorency, à préfent au *Duc*
de Bourbon.

En fuivant le même chemin on arrivera à Chantilly, qui peut paffer à préfent pour le plus beau Château du roiaume, par les grandes augmentations qui y ont été faites depuis peu d'années & par un nombre infini de belles chofes en tous genres qui s'y remarquent.

Deux châteaux remarquables fe trouvent affez proche de Chantilly.

Liancour, où l'on verra de vaftes jardins fort ornez de jets d'eaux & de plufieurs grands canaux.

Verneuil, élevé par les foins du roi Henri IV. pour la Duchefle du même nom, dont l'architecture eft affez reffemblante à celle que l'on remarque au Palais de Luxembourg.

Sur le chemin qui conduit à Meaux, on doit entrer dans le Château de Reincy, qui porte à préfent le nom de Livry, à caufe du *Marquis* de Livry, à qui il appartient.

On y remarquera un édifice regulierement conftruit, & décoré d'une architecture affez bien entendue. Le veftibule eft foûtenu de plufieurs colonnes, & le falon au-deffus a un plafond peint par

ROMANELLI, que le *Cardinal* Mazarin fit venir exprès d'Italie pour son palais ; lequel a fait ici des ouvrages d'une grande correction & d'une beauté particuliere.

FRESNE au *Chancelier* d'AGUESSEAU: ce qu'il y a de plus distingué dans ce Château ; c'est la chapelle, du dessein & de la conduite de *François* MANSARD, où ce grand Architecte dans un fort petit espace a fait voir toute l'étendue de son genie & de quoi il étoit capable pour les grandes entreprises.

Voilà en general tout ce qu'il y a de plus remarquable dans le Canton dont on vient de parler.

## DU COTE' DE L'ORIENT.

POur commencer cette route, on doit sortir par la porte saint Antoine à l'extrémité du Faubourg de même nom.

On découvrira d'abord le Château de Vincennes, dont on a dit quelque chose dans la page 249 du second volume de la Description de Paris, à cause de la proximité où il se trouve.

On distinguera sur le côteau à main gauche, une grande & belle maison située tres-avantageusement, que le roi Louis XIV. a fait élever pour le *Pere de la* Chaise, son Confesseur. Elle appartient à present aux RR. PP. Jesuites de la maison Professe.

Bagnolet est une fort jolie maison à *Madame la Duchesse d'*Orleans, peu éloignée.

Au-delà de Vincennes est le Château de Saint-Maur, au *Duc de* Bourbon, dont on a aussi parlé dans le II. *Vol.* de la Description, page 259.

Sans beaucoup s'éloigner on doit aller à Conflens & à Bercy, dont la situation est sur la riviere, sans oublier la maison des Paris, qui se trouve fort proche, nouvellement élevée sur un dessein qui n'a point de pareille.

Si l'on vouloit aller plus loin, en passant par le Pont de Charenton, nouvellement rebâti avec une tres-grande solidité, on pourroit voir encore à l'entrée de la Brie, quelques belles maisons.

Le Château de Gros-Bois, qui a toûjours appartenu à des Seigneurs de distinction, a été acheté depuis peu d'années par *Samuel* Bernard, renommé pour ses grandes richesses. Le parc de ce Château est d'une étendue pareille à celle du bois de Boulogne; c'est-à-dire de quinze à seize cens arpens; & le bâtiment dont les faces ont quelques décorations, n'a rien d'extraordinaire. On y a vû longtems la riche bibliotheque des HARLAY, qui est à present au College des Jesuites.

Le Château de COUBERT, qui a été acheté depuis peu par le même *Samuel* Bernard, apartenoit au Duc de Schombert.

Après avoir examiné tous les endroits dont on vient de parler, il faut prendre le grand chemin du faubourg *saint* MARCEAU.

On doit d'abord se rendre à CHOISY, qui appartient à la *Princesse* de CONTY Douairiere, fille du roi Louis XIV. On y verra une tres-belle maison bâtie à moderne, située sur le bord de la riviere, dont les appartemens sont fort ornez : le jardin qui l'accompagne est spacieux, coupé par diverses allées qui fournissent de tres-belles promenades.

Au-delà on peut aller à VILLE-NEUVE LE ROI, tres-belle maison bâtie à la moderne, dont les dehors sont d'une grande apparence ; elle appartient à *Louis* le PELLETIER, ci-devant premier Président du Parlement : les appartemens de cette maison sont distribuez avec art, & meublez avec bien du choix & du discernement.

VILLE-ROY, au Maréchal Duc de même nom, eft un Château qui n'a rien d'extraordinaire pour les exterieurs; mais dont les appartemens font magnifiquement meublez.

PETITBOURG, fe trouve plus avant. Le *Duc d'*ANTIN, à qui il appartient à prefent, par fucceffion de la Marquife de Montefpan fa mere, y a élevé depuis peu d'années de tres-grands édifices, où il paroit de la magnificence & de la grandeur, fans parler des agrémens du Parc & de plufieurs autres chofes qui fatisfont infiniment par le choix ingenieux & par le bel arrangement.

LE CHATEAU DE FONTAINE-BLEAU, maifon roiale depuis plufieurs fiecles, fitué à quatorze lieues de Paris, eft au centre d'une grande foreft qui occupe vingt-fix mille arpens de terrain, coupée par quantité de longues routes pour la commodité de la chaffe. Tous les Rois depuis François I. ont fait des augmentations tres-grandes aux édifices de ce Château, ce qui fait que l'on n'y trouvera aucune regularité; cependant on remarquera dans les apartemens quantité de plafonds peints par les maîtres renommez que François I. fit venir exprès d'Italie; mais comme on ne s'eft pas engagé à décrire dans cet abregé tout ce qui se peut remarquer, on se contentera de renvoier les lecteurs aux Auteurs qui ont fait de longues descriptions, qu'ils pourront consulter pour satisfaire leur curiosité.

Courance, à deux ou trois lieues de Fontainebleau, est un endroit distingué par la quantité des belles eaux qui paroissent dans tous les endroits du jardin.

Vaux-le Villars, à présent au Maréchal Duc de Villars, qui lui a donné son nom. On l'appelloit autrefois Vaux-le-Vicomte, il a appartenu à *Nicolas* Fouquet, Surintendant des Finances, qui avoit fait élever tous les grands édifices qui s'y voient à présent sur les desseins de *Louis* le Vau, premier Architecte du Roi. L'exterieur de ce Château est d'une grande régularité, & l'on remarque dans les appartemens quantité d'ornemens de peinture de la main du fameux le Brun. Le jardin a plusieurs grandes pieces d'eau qui ont coûté des sommes extrêmes.

## DU COTE' DU MIDY.

ON doit commencer cette courſe par le faubourg ſaint Jacques, à l'extrémité duquel on trouve une route magnifique, & des plus frequentées qu'il y ait pour arriver à Paris, que l'on a embellie depuis peu de deux rangées d'ormes régulierement plantez.

SAULX, qui appartient au *Duc du* MAINE, eſt ſur cette route, environ à deux lieues de la Ville. La principale avenue de ce Château, plantée de quatre rangées d'ormes, commence au grand chemin qui mene à Orleans & à pluſieurs grandes & fertiles provinces qui fourniſſent continuellement une quantité prodigieuſe de toutes ſortes de denrées.

L'édifice du Château de SAULX, bâti par *J. B.* COLBERT, eſt d'un exterieur mediocrement décoré ; mais les nombreux appartemens ſont diſtribuez de maniere que toutes commoditez s'y trouvent abondamment.

La Chapelle a un excellent plafond, en coupe peint à freſque par *Charles* le BRUN, premier peintre du Roi, qui y a repréſenté l'ancienne Loi accomplie par la nouvelle. L'Autel à la place du tableau a deux tres-belles figures de marbre, de grandeur naturelle, sur un fond de marbre noir, de l'ouvrage de *François* GIRARDON, qui representent le baptême de *N. S.* par saint Jean.

Les jardins de ce Château sont tres-vastes, ornez de plusieurs belles statues de marbre & de quantité de pieces d'eau entre lesquelles il y en a d'une tres-grande étendue.

La grande galerie autrefois destinée pour une orangerie, a quelques tableaux originaux de VANDERMEULEN, qui representent des vûes de Villes & quelques copies de bonne main faites à Rome, d'après les originaux du fameux *Raphael d'Urbin*.

Le petit pavillon bâti depuis peu hors du parc, élevé sur une éminence, merite que l'on se donne la peine d'y aller pour remarquer & pour jouir de la charmante vûe que l'on y découvre. Les dedans de ce petit édifice sont d'une distribution tres ingenieuse & fournissent bien des commoditez pour ceux qui aiment la solitude.

BERNY est aussi sur la route d'Orleans & fort proche de SAULX; ce Château appartient à present aux Abbés de saint Germain des Prez. Le bâtiment a quelques ornemens d'architecture & de sculpture ; mais de peu de distinction pour les bons connoisseurs.

En suivant encore la grande route d'Orleans, on trouvera le Château de CHILLY, que le *Marechal* d'EFFIAT a fait élever autrefois avec beaucoup de soins & de grandes dépenses. Les appartemens sont fort décorez de dorures, & les plafonds ont été peints par *Simon* VOUET, qui étoit en grande réputation en son tems.

En revenant par le même chemin qui conduit droit à la Ville, il faut descendre dans le *Village* d'ARCUEIL, assez proche de Ceaux, où se trouve le magnifique Aqueduc que la reine *Marie* de MEDICIS a fait élever en l'année 1615, sous la conduite de *Jacques* de BROSSE; comme on l'a remarqué dans la page 136 de la troisiéme partie de la Description, à l'occasion du regard de saint Laurent proche de l'Observatoire roial On ajoutera encore que ce grand édifice a deux cent toises de long, sur douze toises de hauteur. Il est composé de vingt arcades qui ont vingt-quatre piés de diametre, dont il y en a seulement neuf qui sont ouvertes pour le passage & pour l'écoulement de la riviere de Bievre qui passe dessous, pour se rendre à Paris, par le village de Gentilly, & par de fort belles prairies, & delà passant par les Gobelins & par le faubourg Saint-Marceau, où elle procure de grandes commoditez à des Tanneurs & à des Megiciers, elle se jette dans la Seine où elle se perd.

A l'endroit où l'Aqueduc commence pour recevoir les eaux du village de Rongis & de quelques sources des environs, est une fort jolie maison qui appartient au *Prince* de GUISE, dont la plûpart des jardins sont en terrasses qui terminent à la petite riviere dont on vient de parler.

*Fin du quatriéme volume.*

TABLE

# TABLE
## DES MATIERES PAR QUARTIERS.

---

### QUATRIEME PARTIE.

### L'HOTEL ROIAL
### DES INVALIDES. page 1.

La situation & la disposition generale de ce grand édifice.  
L'Eglise interieure.    2.  
La sale où se tient le Conseil.    4.  
Les quatre Refectoires.    5.  
Les Infirmeries.    Ibid.  
L'architecte des grands travaux de cette maison. 7  
La nouvelle Eglise.    Ibid.  
La grande façade de l'Eglise & tous les ornemens dont elle est décorée.    8  
La hauteur & toutes les proportions du dôme. 12  
L'interieur de l'Eglise.    Ibid.  
Les douze Apôtres peints par JOUVENET, sur la premiere voute.    13  
La seconde voûte peinte par la Fosse.    14  
Les rois representez en sculpture sous le dôme. 15  
Les quatre Evangelistes peints par la Fosse. Ibid.

*Tome IV*    S

## TABLE

Le grand Autel, les ornemens de peintures qui s'y remarquent, & le nom des peintres qui y ont travaillé. 16.

Le baldaquin qui couvre le grand Autel. 17

Les deux chapelles des extrémitez de la croisée. 18

Les quatre chapelles qui accompagnent le dôme. *Ibid.*

Le nom des peintres qui y ont travaillé. 19

Les marchepiés du grand & des petits Autels. 21

Les riches ornemens confervez dans la facriftie. 22

Les auteurs qui ont décrit l'hôtel roial des Invalides. 23

Le Séminaire des Miffions Etrangeres. 24

Deux jolies maifons bâties à côté de ce Séminaire. 25.

Les filles de la Vifitation de fainte Marie. *ibid.*

Le monaftere des filles de l'immaculée Conception. 26

L'Hôpital des Convalefcens. 27

Les maifons les plus remarquables de la rue de la Planche. *ibid.*

Les belles maifons de la rue de Varenne. 28

L'hôtel de Vendôme. 29

L'hôtel de Clermont. *Ibid.*

La rue faint Dominique. 31

Le Couvent du Noviciat des Jacobins reformez. 32

L'édifice de leur Eglife & le nom de l'architecte. 33

Cette Eglife eft décorée de plufieurs bons tableaux de Frere ANDREI. 34

L'épitaphe d'*Hyacinte* SERRONI premier Archevêque d'Alby. 37

Tombeau du deffein de *Gilles Marie* OPPENORDT, premier Architecte de S. A. R. Monfeigneur le Duc d'Orleans. 40

Les confeffeurs des Rois de France tirez de l'ordre de faint Dominique. *ibid.*

L'hôtel de Luines. 45

Quelques maifons remarquables des environs. 46

… DES MATIERES.

Les filles saint Joseph. 47
Le Couvent de Belle-Chasse. Ibid.
Plusieurs belles maisons élevées aux environs. 48
La maison élevée par *Germain* BOFFRAND. 49
La maison du *Comte* de REVEL, à présent au *Comte* de BROGLIE. 50
La rue de Bourbon qui termine à la riviere. Ibid.
L'Hôpital de la Charité. 51
L'Eglise de cet Hôpital. 52
Le tombeau de *Claude* BERNARD, le nombre des maisons que les Freres de la Charité occupent dans le roiaume. 53
Inscription de SANTEUL sur la fontaine de la Charité ibid.
Cette fontaine est la seule pour le grand quartier de saint Germain de Prez. 54
La rue de Taranne. Ibid.
L'hôtel de saint Simon, à présent l'hôtel de la Force. Ibid.
La rue de saint Pere. 55
L'hôtel de Brissac. 55
L'hôtel de Cavoye. Ibid.
La rue de l'Université. 57
Le maison bâtie par *Antoine* TANBONNEAU, à présent l'hôtel de PONS. Ibid.
La maison bâtie par LAUGEOIS d'Imbercourt, Fermier general, à présent occupée par *Etienne* d'ALIGRE, Président à Mortier. 58
D'autres maisons remarquables dans le voisinage. 60
La maison du Président BAUDOUIN. 61
L'hôtel d'Auvergne. ibid.
L'hôtel de Maisons. 62
L'hôtel de Richelieu. Ibid.
L'hôtel d'Agenois. 63
Le Couvent des petits Augustins. Ibid.
Les figures qui décorent le grand Autel. 64
La reine *Marguerite* de VALOIS, premiere femme du roi HENRI IV. a été une des principales bienfaitrices de ce monastere. Ibid.

S ij

Inscription gravée dans un marbre qui se peut lire dans la chapelle que cette reine a fait bâtir. 65

La reforme des petits Augustins a été faite à Bourges en 1594. 67
PORBUS Peintre habile & MIGNARD, sont inhumez dans l'Eglise de ces Peres. 68
Excellente épitaphe d'un illustre Prélat, qui se lit dans le Cloître de ce monastere. 69
La rue de Seine. 71
L'hôtel de Liancourt, à present l'hôtel de la Rochefoucault. 72
A l'extrémité de la rue de Seine, ancienne maison bâtie par la reine *Marguerite* de VALOIS, à present au President GILBERT. 73

La rue Mazarine. 75
L'hôtel de Nesle. *Ibid.*
La rue des Fossez saint Germain. 76
Le théatre de la Comedie Françoise. 77
Remarque à la louange de la troupe des Comediens François. La tragedie est presque inconnue en Italie. 85
Il y avoit autrefois trois théatres à Paris, pour la Comedie Françoise. *Ibid.*
La rue Dauphine. 86
L'ancien College de saint Denys, détruit. 87
Dans la rue Christine, le nombreux & tres-curieux Cabinet de *Nicolas* MAHUDEL Docteur en medecine, de l'Academie roiale des inscriptions & belles Lettres. *Ibid.*
Le Couvent des grands Augustins. 91
Histoire de ces Peres & leur établissement à Paris. *Ibid.*
Inscription sous la figure du roi CHARLES V. qui se voioit autrefois. 92
Le grand Autel est un ouvrage moderne du dessein de le BRUN. 93
La chapelle des Chevaliers de l'ordre du saint Esprit & les tableaux qui s'y voient. 95

## DES MATIERES.

C'est dans cette chapelle que l'on faisoit la cere-
monie des grandes promotions   *Ibid.*
Inscription que l'on y voioit autrefois.    96
Traits d'histoire touchant l'origine de l'ordre
du saint Esprit.   *Ibid.*
Plusieurs personnes de distinction ont choisi leur
sepulture dans l'Eglise des grands Augustins. 100
Philippe de COMINES.   *Ibid.*
Guy du *Faur* sieur de PIBRAC.    102
Jean Baptiste SAPIN, Conseiller au Parlement.
  *Ibid.*

Son épitaphe.    104
Remy BELLEAU, Poëte célebre.   *Ibid.*
Son épitaphe.    105
Jacques de SAINTE-BEUVE   *Ibid.*
Son épitaphe.   *Ibid.*
La porte qui sert de principale entrée au Cou-
vent de ces Peres.    108
La quantité de couvents qu'ils ont dans le roiau-
me.    109
La chambre de Justice a tenu ses séances dans ce
monastere.   *Ibid.*
L'hôtel de Luines & l'hôtel de Nemours qui
étoient dans le voisinage ont été détruits. 111
L'hôtel de Conty.    113
Celui qui en a commencé les édifices.   *Ibid.*
Les embellissemens de cet hôtel.    115
Le College des Quatre-Nations.    117
L'exterieur de ce College.    118
L'Eglise ou la Chapelle de ce College.    119
Les inscriptions qui se lisent dans l'interieur de
la chapelle.    121
Les tableaux dont elle est décorée.    122
Le tombeau du *Cardinal* MAZARIN.   *Ibid.*
L'épitaphe de S. E.    124
Remarque de l'*Abbé* RICHARD, sur le tom-
beau du *Cardinal* MAZARIN & sur celui du
*Cardinal* de RICHELIEU.    125
*François* d'ORBAY a conduit l'édifice de cette
chapelle.    129

S iij

Pierre VARIGNON savant Mathematicien, y
   est inhumé. 126
L'interieur de ce College. Ibid.
La bibliotheque publique de ce College. 127
Les fonds pour l'entretien de ce College. Ibid.
Le dessein du Cardinal MAZARIN, pour l'éta-
   blissement de ce College. Ibid.
Inscription sur le quai qui donne sur la riviere.
   131
Dans le pavillon du côté du Pont-Roial, on peut
   voir plusieurs beaux tableaux de J. JOUVE-
   NET, Peintre tres-renommé. 132
Ses principaux ouvrages. Ibid.
Le Quai Malaquest. 135
L'hôtel de Lausun. Ibid.
L'hôtel de Bouillon. 136
La maison qui fait le coin de la rue de saint Pere.
   137
La maison bâtie par le President PERRAULT.
   138
Les Théatins établis par le Cardinal MAZA-
   RIN. 140
L'architecte de l'Eglise de ces Peres. 141
Les illustres qui ont paru dans cette maison. 142
Le P. Alexis du BUC. 144
Le P. QUINQUET. Ibid.
Edme BOURSAULT est inhumé dans l'Eglise
   de ces Peres. Ibid.
Le principal institut des Théatins. Ibid.
La derniere maison remarquable du Quai Mala-
   quest. 145
Le quartier de la Grenouillere. Ibid.
La maison du Comte de BELLE-ILE. 146
Celles de Robert de COTTE, premier Architecte
   du Roi. Ibid.
Belles maisons élevées sous la conduite de Ger-
   main de BOFFRAND. 147
La fameuse bibliotheque de J. B. COLBERT. 149
L'hôtel du Maine sur les desseins de Robert de
   COTTE, premier Architecte du Roi. Ibid.

## DES MATIERES.

L'hôtel d'Humieres. 150
La *Duchesse* de BOURBON, fait élever un grand hôtel à l'extrémité de la Grenouillere. *Ibid.*
Nouvelle rue dans ce quartier. 151
Le Pont-Roial. 152
En quelle année les fondations du Pont-Roial ont été jettées. 153
Description du Pont-Roial. *Ibid.*
Les medailles qui ont été enfermées dans la fondation d'une pile du Pont-Roial. 155
La dépense du Pont Roial. 165
*Boucher* d'ORSAY, Prevost des Marchands, a posé la premiere pierre du quay de la Grenouilliere. 166

---

# LE QUARTIER
## DE L'ILE DU PALAIS.

L'Etendue de l'isle du Palais selon le Commissaire de la MARE, dans son traitté de Police. 169
Le Pont-Neuf. 171
L'architecte de ce grand édifice. *Ibid.*
Le roi HENRI III. pose la premiere pierre avec ceremonie. *Ibid.*
Inscription sur la premiere pierre. *Ibid.*
Le roi HENRY IV. fait mettre la derniere main au Pont-Neuf. 173
Description du Pont-Neuf. 174
La vûe incomparable du Pont-Neuf. 176
La figure équestre du roi HENRI IV. 179
LOUIS XIII. érige ce beau monument. 180
Description de ce monument. 181
Les risques que le cheval de bronze a couru avant que d'arriver à Paris. 182
Inscription enfermée dans le ventre du cheval. 185
Toutes les inscriptions qui se peuvent lire autour de ce monument. 187

La Samaritaine. 195
Les décorations de ce petit édifice. 196
La rue de la Monoye 197
L'hôtel de la Monoye. 198
Le fort l'Evêque 199
La place Dauphine. 200
La place Dauphine, le Quay des Orfevres & le Quay des Morfondus, occupent à présent le terrain qui faisoit autrefois le jardin du Palais lorsque les Rois y tenoient leur Cour. 201
La rue de Harlay, & l'origine de son nom. 202

### L'EGLISE DE NOTRE-DAME. 203

La fondation de cette Eglise Cathedrale. *Ibid.*
L'édifice de cette Eglise est d'ouvrage Gothique. 204
Vers qui étoient autrefois à l'entrée de l'Eglise qui en marquoient toutes les dimensions. 206
Les deux grosses tours. 208
Inscription sur la grosse cloche. *Ibid.*
Les dehors de cette Eglise. 209
Les rois representez sur le frontispice. 210
La porte du côté de l'Archevêché. 211
Le grand Autel. 212
Les médailles posées dans les fondations du grand Autel & les inscriptions qui les accompagnent. 214
Le *Cardinal* de NOAILLES a fondé une messe à l'occasion de la dédicace du grand Autel. 218
Description du grand Autel & de tous les ornemens qui l'accompagnent. 219
Les nombreuses décorations du Chœur. 222
Les pierres antiques trouvées en fouillant au milieu du chœur. 223
Les savans qui ont taché d'en donner l'explication. 224
Les grands tableaux qui décorent le chœur & le nom des peintres de qui ils sont. 225
Les nombreux tableaux qui ornent la nef, & le

## DES MATIERES.

| | |
|---|---|
| nom des peintres. | 226 |
| La figure Colossale de saint Christophe. | 232 |
| La chapelle de la Vierge à côté de la porte du chœur. | Ibid. |
| La figure du roi PHILIPPE le Bel. | 234 |
| La chasse de saint Marcel. | Ibid. |
| Eloge du Chapitre de l'Eglise de Paris. | 235 |
| Plusieurs personnes considerables sont inhumées dans l'Eglise de Nôtre-Dame. | 236 |
| Le Maréchal de GUEBRIAND & son épouse. | 237 |
| Paul EMILE. | Ibid. |
| Son épitaphe. | 238 |
| Joachim du BELLAY. | Ibid. |
| Renaud de BAUNE & son épitaphe. | 239 |
| Claude JOLY qui a laissé sa bibliotheque au Chapitre. | 240 |
| Claude CHATELAIN. | 241 |
| Le tombeau du Maréchal de NOAILLES. | 242 |
| Louis le GENDRE. | Ibid. |
| Le palais Archiepiscopal. | Ibid. |
| Le nombre des Evêques de Paris. | 243 |
| Les Archevêques de Paris. | 244 |
| Les Suffragans de l'Archevêché de Paris. | Ibid. |
| Le Chapître de l'Eglise de Paris. | Ibid. |
| L'Eglise ancienne de saint Denys du Pas. | 245 |
| Le Cloître de Nôtre-Dame. | Ibid. |
| L'Université se tenoit autrefois dans le Cloître de Nôtre Dame. | 246 |
| La bibliotheque des Avocats. | 247 |
| Celui qui a fondé cette bibliotheque. | Ibid. |
| Les conferences qui s'y font. | 249 |
| Le nom des personnes illustres qui se sont distinguées dans le bareau, dont on voit les portraits dans la bibliotheque. | 250 |
| Saint Jean le Rond. | 251 |
| Gilles MENAGE y est inhumé. | Ibid. |
| Son épitaphe. | 252 |
| Jean du HAMEL y a sa sépulture. | 254 |
| L'Hôtel-Dieu & sa fondation. | 255 |
| Inscription sur la porte de la sale saint Charles. | 259 |

Figure antique vis-à-vis de la porte de l'Hôtel-
   Dieu. 260
Vers sur la fontaine vis-à-vis de la porte de l'E-
   glise de Nôtre-Dame. 262
Saint Christophe. *Ibid.*
Les Enfans Trouvez. 263
Saint Geneviéve des Ardens. *Ibid.*
Sainte Marine. 264
*François* MIRON y est inhumé, & l'éloge de
   ce grand Magistrat. *Ibid.*
Saint Pierre aux Bœufs. 265
Saint Landry. *Ibid.*
Le tombeau de la famille des sieurs de BOUCHE-
   RAT. *Ibid.*
*Nicolas* le TOURNEUX est inhumé dans cette
   Eglise. 266
Le tombeau de *François* GIRARDON & ses prin-
   cipaux ouvrages. 267
Saint Symphorien. 268
La Communauté des Peintres & Sculpteurs. 269
L'établissement de cette Communauté. 270
Saint Denys de la Chartre. 271
La Madelene. 272
Sainte Croix de la Cité. 273
*Pierre* DANET Curé de cette Paroisse, ses prin-
   cipaux ouvrages. *Ibid.*
Saint Pierre des Arcis. 274
Saint Marcial. 275
Saint Germain le Vieux. *Ibid.*
La maison des Barnabites. 277
Et leur établissement en France. 278
Le beau portail de leur Eglise. 279
La petite place proche de la porte des Barnabites. 281
L'histoire de l'horrible attentat de *Jean* CHA-
   TEL, sur la personne de HENRI IV. *Ibid.*
Le P. DANIEL raconte cet évenement. 283
Saint Barthelemy. 284
L'épitaphe de *Claude* CLERSELLIER, savant
   renommé de son tems. 287
*Louis* SERVIN Avocat General, est inhumé

DES MATIERES.

dans cette même Eglise, & son éloge. 288
Jean FOREST, Peintre Payisagiste. 290

## LE PALAIS.

Histoire de l'établissement du Parlement. 292
La grande sale du Palais, sa description. 293
Les chambres particulieres dans lesquelles on plaide. 296
La grande Chambre. Ibid.
LOUIS XII. a fait reparer la grande Chambre. 297
Les principales jurisdictions qui se trouvent dans l'enceinte du Palais. 298
Le premier Président du Parlement en 1725. 299
La Chambre des Comptes. Ibid.
Le premier Président de la Chambre des Comptes. Ibid.
La Cour des Aydes. Ibid.
Les Jurisdictions comprises sous le nom de la Table de Marbre. Ibid.
La Cour des Monoies. 300
Le premier Président de cette Cour. Ibid.
Plusieurs Souverains ont reçu les décisions du Parlement. Ibid.
Le roi CHARLES VIII. a fait bien des graces au Parlement. 301
Eloge du Parlement. 302
La Cour des Aydes. 304
Le grand arbre au pié du perron de la Cour des Aydes. Ibid.
La Chancellerie. 305
Le lendemain de la fête de saint Martin, la rentrée du Parlement. 306
La Conciergerie. 307
La tour de Montgomery. Ibid.
La Sainte-Chapelle. 309
L'ordre de l'Etoile & sa premiere institution. Ibid.
Saint Louis a fait élever l'édifice de la Sainte-Chapelle. 310
Description de cet édifice Gothique, d'une ex-

cellente & rare perfection. 311
Le grand Autel. 313
Tableaux d'émail à côté de la porte du chœur. 314
Le tréfor de la Sainte-Chapelle, & les précieufes reliques qui y font confervées. 315
L'hiftoire des reliques de la Sainte-Chapelle. 317
Le roi LOUIS XI. fit venir ces reliques au Pleffis lez-Tours. 323
Bien des chofes rares confervées dans la facriftie de la Sainte Chapelle. 327
L'agate onix. 329
Le tréfor des Chartres audeffus de la Sacriftie. 336
Les revenus de la Sainte-Chapelle. 337
*Nicolas Boileau* DES PREAUX, Poëte tres-célebre eft inhumé dans la baffe Sainte-Chapelle, & fon éloge. 338
La Chambre des Comptes. 339
La devife du roi LOUIS XII. 341
Eloge de ce grand Roi tirée des hiftoriens. 342
L'architecte de l'édifice de la Chambre des Comptes. 344
La Cour des Monoies. 346
L'hôtel du premier Préfident. *Ibid.*
La chapelle de faint Michel, dans l'enclos du Palais. 348
Les Ponts de la Ville de Paris. 350
Le Pont de Nôtre-Dame. 352
Vers de *Robert* GAGUIN. *Ibid.*
Le Pont N. D. fut achevé fous le regne de LOUIS XII. 353
Infcription attachée fur une des arches du Pont N. D. 354
Les maifons qui fe trouvent fur ce Pont. 395
Les pompes qui élevent l'eau de la Seine pour la commodité de plufieurs quartiers. 356
Vers de SANTEUL, fur la porte qui conduit aux pompes. 357
La quantité des eaux qui viennent de divers endroits. *ibid.*

Le

## DES MATIERES.

Le Pont au Change. 359.
Monument à l'extrémité de ce Pont. 360
Quand ce Pont a été commencé. 361
Le Quai de Gesvres; la maniere dont ce Pont est soûtenu. 362
L'Horloge du Palais; de quelle maniere le Cadran de cette horloge est orné; les vers qui s'y lisent. 362 & 363.
Quand le roi HENRI III. fut assassiné à Saint-Clou. 363
Ce qui arriva dans la cérémonie de son Sacre, & après sa mort. 363 & 364.
Le massacre de la saint Barthelemy donné au son de la cloche du Palais, & de celle de l'Hôtel de Ville. 365 & 366
Le Pont Saint-Michel. 367
Le petit Pont. 368
Le fâcheux accident qui lui arriva en 1718. *ibid.*
Le Pont de bois, quand il a été rebâti; & à quelle condition l'Entrepreneur l'a commencé. 370
Les Environs de Paris. 375

*Fin de la Table du quatriéme Volume.*

## APPROBATION.

J'AI lû par l'ordre de Monseigneur le Garde des Sceaux, la *Description de la Ville de Paris*, par Germain Brice, & je crois que les corrections & additions considerables que l'Auteur a faites dans cette huitiéme édition, la feront recevoir du public avec encore plus de satisfaction que ne l'ont été les précédentes, qui ont paru néanmoins avoir mérité son approbation. A Paris ce 22 de Février 1725. LANCELOT.

## *PRIVILEGE DU ROY.*

LOUIS par la grace de Dieu, Roi de France & de Navarre: A nos amez & feaux Conseillers, les Gens tenans nos Cours de Parlement, Maîtres des Requêtes ordinaires de nôtre Hôtel, Grand Conseil, Prevôt de Paris, Baillifs, Sénéchaux, leurs Lieutenans Civils & autres nos Justiciers qu'il appartiendra, SALUT. Nôtre bien amé le sieur GERMAIN BRICE Nous ayant fait remontrer qu'il soûhaitteroit faire imprimer & continuer à donner au public un Livre qui a pour titre, *Description de Paris*; s'il Nous plaifoit lui accorder nos Lettres de continuation de Privilege fur ce néceffaires: A CES CAUSES, Nous lui avons permis & permettons par ces Prefentes, de faire imprimer ledit Livre en tels volumes, forme, marge, caractere, conjointement ou feparément, & autant de fois que bon lui femblera, & de le faire vendre & débiter par tout nôtre Roiaume, pendant le tems de dix années confécutives, à compter du jour de la date defdites Préfentes; Faifons défenfes à toutes fortes de perfonnes, de quelque qualité & condition qu'elles foient, d'en introduire d'impreffion étrangere dans aucun lieu de nôtre obéïffance; comme auffi à tous Libraires, Imprimeurs & autres, d'imprimer, faire imprimer, vendre, faire vendre, débiter ni contrefaire ladite Defcription de la Ville de Paris, & des curiofitez qu'elle renferme, en tout ni en partie, ni d'en faire aucuns extraits, fous quelque pretexte que ce foit, d'augmentation, correction, changement de titre ou autrement, fans la permiffion expreffe & par écrit dudit fieur Expofant, ou de ceux qui auront droit de lui; à peine de confifcation des exemplaires contrefaits, de trois mille livres d'amende contre chacun des contrevenans, dont un tiers à nous, un tiers à l'Hôtel-Dieu de Paris, l'autre tiers audit sieur Exposant, & de tous dépens, dommages & interêts ; A la charge que ces présentes seront enregistrées tout au long, sur le Registre de la Communauté des Libraires & Imprimeurs de Paris, & ce dans trois mois de la date d'icelles ; que l'impression dudit Livre ci-dessus énoncé, sera faite dans nôtre Roiaume & non ailleurs, en bon papier & en beaux caracteres, conformément aux reglemens de la Librairie ; & qu'avant que de l'exposer en vente, il en sera mis deux exemplaires dans nôtre bibliotheque publique, un dans celle de nôtre Château du Louvre, & un dans celle de nôtre tres-cher & feal Chevalier Chancelier de France, le sieur Daguesseau ; le tout à peine de nullité des présentes, du contenu desquelles, Vous mandons & enjoignons de faire jouir ledit sieur Exposant, ou ses ayans cause, pleinement & paisiblement, sans souffrir qu'il leur soit fait aucun trouble ou empêchemens : Voulons que la copie desdites Présentes qui sera imprimée au commencement ou à la fin dudit Livre, soit tenue pour dûement signifiée, & qu'aux copies collationnées par l'un de de nos amez & feaux Conseillers & Secretaires, foy soit ajoûtée comme à l'Original : Commandons au premier nôtre Huissier ou Sergent, de faire pour l'execution d'icelles, tous actes requis & nécessaires, sans demander autre permission, & nonobstant Clameur de Haro, Charte-Normande & Lettres à ce contraires : CAR tel est nôtre plaisir. Donné à Paris le treiziéme jour du mois de Juillet, l'an de grace mil sept cens dix-sept & de nôtre regne le deuxiéme. *Signé.* Par le Roy en son Conseil, FOUQUET.

*Registré sur le Registre IV. de la Communauté des Libraires & Imprimeurs de Paris, page 193. N° 222. conformément aux Reglemens, & notamment à l'Arrêt du Conseil du 13. Aoust 1703. A Paris le 5. Aoust 1717. Signé*, DELAULNE, Syndic.

Le sieur Brice a cédé son droit au present Privilege à François Fournier, Libraire, pour en jouir en son lieu & place, suivant l'accord fait entre eux.

*Tome IV.*           T iiij

DE L'IMPRIMERIE
de la Veuve DELAULNE.

www.ingramcontent.com/pod-product-compliance
Lightning Source LLC
Chambersburg PA
CBHW072217240426
43670CB00038B/1585